中小学公共教育服务：一种责任伦理的视野

郭凤英　郭晓琳　著

上海交通大学出版社
SHANGHAI JIAO TONG UNIVERSITY PRESS

内容提要

本书主要通过对公共教育服务政策的分析，建构了公共教育服务理论，然后基于责任伦理学视角，运用公共教育服务理论，透视中小学职能，形成了中小学公共教育服务职能观，这是对以往观点的创新与超越。通过将公共教育服务与学校组织的制度伦理，与校长、教师的个体责任伦理加以融合和论证，实现理论对实践的宏观指导以及理论与实践在更深层意义上的耦合。本书适合教育主管部门，高等院校、科研机构以及教育学、管理学、社会学学科领域的教育研究人员，博士、硕士研究生和业界从业人员使用。

图书在版编目(CIP)数据

中小学公共教育服务：一种责任伦理的视野 / 郭凤英，郭晓琳著. -- 上海 : 上海交通大学出版社，2025.1.
ISBN 978-7-313-32095-7

Ⅰ. G632.0

中国国家版本馆 CIP 数据核字第 2025TS8185 号

中小学公共教育服务：一种责任伦理的视野

ZHONGXIAOXUE GONGGONG JIAOYU FUWU: YIZHONG ZEREN LUNLI DE SHIYE

著　　者：郭凤英　郭晓琳
出版发行：上海交通大学出版社　　地　　址：上海市番禺路 951 号
邮政编码：200030　　电　　话：021 - 64071208
印　　制：上海万卷印刷股份有限公司　　经　　销：全国新华书店
开　　本：710 mm×1000 mm　1/16　　印　　张：13.75
字　　数：224 千字
版　　次：2025 年 1 月第 1 版　　印　　次：2025 年 1 月第 1 次印刷
书　　号：ISBN 978 - 7 - 313 - 32095 - 7
定　　价：68.00 元

序

Preface

近二十几年，我国在建设“服务型政府”的改革实践中，提出了“公共教育服务”的理念。这是我国政府职能转变在教育政策上的体现和创新，也是政府自觉提供公共教育服务的开始。基于责任伦理学视角，“公共教育服务”理念既是教育制度在伦理学意义上的新阐释，又是中国传统制度伦理思想在教育领域的新发展。

在政府凸显公共服务职能的时代背景下，中小学作为公共教育服务组织，其公共教育服务问题既有现实的诉求，也需要理论的回应。因此，将公共教育看作一种服务，意味着国家政府、学校、管理者和教育者必须为学生提供公共教育服务。而本书中所界定的我国义务教育阶段的公立中小学(简称“中小学”)就必须为每一个学生平等地提供公共教育服务。这一理念本身是人的制度化生存和发展的内在要求，也是对学校教育之公共价值理性的解读和追寻。

要实现如上目标，需要解决好三对关系：学校与学生、校长与学生以及教师与学生之间的关系。第一对关系是作为组织责任主体的学校与服务对象学生之间的关系，学校作为公共教育服务的组织实践者，具有组织应承担的责任、应遵守的一般组织规范和不同于其他组织的特殊规范。第二对关系是作为个体责任主体的校长与服务对象学生之间的关系，校长作为管理者个体，拥有的学校法人身份要求其应该遵循怎样的权力伦理来实现公共教育服务责任。第三对关系是作为个体责任主体的教师与服务对象学生之间的关系，教师作为直面学生的教育者个体，特有的角色要求其应该秉承怎样的责任伦理来为学生提供直接的公共教育服务。当这三对关系中的学校、校长和教师主体实现了相应的责任时，中小学的公共教育服务职能应该可以得到充分、明确的发挥。中小学作为接受政府委托代理公共教育的机构，其公共教育服务职能的充分发挥既是政府职能转变的结果，也标志着公共教育制度在我国的确立。

本书通过对公共教育服务政策的分析，完成了公共教育服务理论的建构，然后基于责任伦理学视角，运用公共教育服务理论，透视中小学职能，形成了中小学公共教育服务职能观，综合运用文献法、规范分析法、历史比较法等，对中小学组织主体和校长、教师个体主体的责任伦理进行深入研究，从而站在公共教育服务的制高点上重新解读各主体相对应的责任伦理规范，而这些规范的整合与实现便是中小学成为履行公共教育服务职能组织的证成。

目录

Contents

绪论

一、研究对象及研究意义

(一) 研究对象

本书重在分析论证中小学公共教育服务的责任伦理。书中界定的中小学是我国作为公共教育主体的公立初中和小学(简称“中小学”),是由政府[①]出资办学,以为每个国民提供基本公共教育服务为宗旨,并保障每个国民平等拥有基本受教育权的九年制义务教育实施机构。强制性、福利性、义务性、公益性、普及性和普惠性成为中小学的显著特征。

“公共性本质和服务性特质决定了政府公共服务本质上是一种伦理活动。”[②]也就是说,公共性和服务性是政府的本质属性,而这种本质属性决定了政府提供公共服务的伦理特性。政府要实施伦理化的公共服务行为,既需要道德性的公共服务制度,又需要组织和个人具备伦理道德责任。教育作为政府最基本的公共服务之一,公共教育的公共性、公益性、平等性和服务性也表现为伦理的活动。

研究对象主要聚焦于:

第一,政策背景的研究。一方面,国家和政府作为行动主体对于国民的责任。在人类社会的发展进程中,公共事务和公共利益的存在成为国家产生的理由。而社会分工和人类群体的等级划分,又为责任的出现提供了合理性论证。

---

① 备注:本书中的政府与国家意义等同,是广义的政府,不是仅作为国家执行机构的狭义政府。

② 袁建辉.政府公共服务中的伦理关系研究[M].长沙:湖南大学出版社,2011.

国家作为政治组织和行动主体，对让渡部分权力、既是主体又是客体的国民负有不可推卸的责任。也就是说，国家和政府在获得公共权力的同时，承担管理社会公共事务和实现社会公共利益的责任，并通过对权力的有效制约来保证权责对等。

另一方面，公共服务的提出是我国政府职能转变的伟大创新。近二十几年来，中国政府在改革中提出“公共服务”的目标，如公共卫生服务、公共教育服务，并且有服务型政府、廉洁型政府、透明型政府和责任型政府等不同表述。2007年党的十七大强调要建设服务型政府和强化政府的公共服务职能，服务成为政府的一种基本理念和价值追求。政府不仅要管理，还要提供公共服务，这是政府职能的伟大创新和变革。2022年党的二十大报告提出“着力解决好人民群众急难愁盼问题，健全基本公共服务体系，提高公共服务水平，增强均衡性和可及性”①，既体现了坚持人民至上的根本立场，也为做好公共服务工作提供了行动指南。2023年中办、国办印发的《关于构建优质均衡的基本公共教育服务体系的意见》进一步明确了构建优质均衡的基本公共教育服务体系的目标和要求，以公益普惠和优质均衡为基本方向，全面提高基本公共教育服务水平，加快建设教育强国，办好人民满意的教育。包括实施义务教育学校标准化建设工程，推进城乡教育一体化，以及加强教师队伍建设等②。因此，随着我国服务型政府建立和对公共服务的强调，“公共教育服务”和“基本公共教育服务”等政策话语进入政策文本和公众视野。公共教育表达着一种新的教育价值取向和教育实践纲领。公共教育服务概念的提出，是中国教育发展史上的重要事件，说明中国教育改革进入了自觉建立公共教育制度的时期。政府理念和职能在转变，理论上不断提倡和呼吁公共教育服务，但是现实中对其内涵的理解仍有欠缺。

第二，学校相关主体对学生承担着重要的责任。教育改革的进行、教育事业的发展和教育组织结构的复杂化，以及对现代学校制度进行理论化建构的关注，都表明研究中小学制度伦理和责任伦理的紧要性和迫切性。责任是一个比较古

---

① 习近平：高举中国特色社会主义伟大旗帜 为全面建设社会主义现代化国家而团结奋斗——在中国共产党第二十次全国代表大会上的报告[EB/OL].(2022-10-16)[2022-10-25].https://www.gov.cn/xinwen/2022-10/25/content_5721685.htm

② 国务院.关于构建优质均衡的基本公共教育服务体系的意见[EB/OL].(2023-06-13)[2023-06-30].https://www.gov.cn/gongbao/2023/issue_10546/202306/content_6888957.html

老而重要的伦理学范畴。在现代性背景下，物欲横流和责任缺失成为社会发展的症结和隐忧。“责任伦理研究意味着责任伦理主体角色的重新定位，意味着责任伦理主体实践向生活世界回归，这必将成为理论与实践发展的必然要求，也是责任伦理研究落到实处的关键所在。”①除了研究学校对学生进行责任教育之外，研究学校自身、学校管理者和学校教师的责任显得更加重要。需要说明的是：本书中的责任，是伦理学意义上的责任，特别是公共教育服务意义上的责任。

首先，作为组织主体的中小学要实现公共教育服务意义上的责任。中小学作为政府实施义务教育的代行机构，是最高的组织主体，具有其自身特点的行动准则，承担着为学生提供公共教育服务的责任，以实现学校的公益性和开放性、学生的主体性和平等性为旨归。

其次，作为个人主体的中小学校管理者（主要指校长），其社会身份是具有公共权力的职业人，具有自身的职业伦理规范。校长的权力来源有二：一是政府部门的授权；二是作为社会公众的家长和教师的赋权，这种赋权从本质上讲是人民权利向公共权力的转换。因此，拥有公权力的校长在中小学管理中应当自觉承担与其法人身份相对应的责任，其责任的伦理性表现为自觉地提供公共教育服务。

最后，作为个体主体的中小学教育者（主要指教师），扮演着公共教育服务践行者的角色，具有本角色的职业伦理规范。在中小学教育教学中，教师具有践行教育公正的教学责任伦理，并且应当自觉地承担角色责任，自觉地为学生提供服务。

综上，本书以中小学公共教育服务相关主体的责任作为切入点，将研究问题的边界勘定在伦理学学科领域，确切地说应该是责任伦理学领域，将问题聚焦于：以公共服务为旗帜，以责任伦理为分析点，论证中小学学校组织的伦理规范、校长和教师的个体责任伦理规范的特殊性，以及进行归类和付诸实践的可能性。通过分析，建议政府和作为代行机构的中小学从理念到政策进一步改革自身，实现政府行政责任伦理和中小学公共教育服务责任伦理的结合，坚守公共教育的公益性，使中小学在主体责任伦理的导引下，为学生的成长和发展提供更加

① 田秀云，白臣.当代中国责任伦理研究的回顾与展望[J].伦理学研究，2010，(3)：133－135.

充分、明确的公共教育服务，这既是政府和学校的责任伦理要求，也是教育回归其公共服务本质的要求。无论是学校，还是校长和教师，履行责任伦理的终极目标都是提供真正意义上的公共教育服务。

（二）研究意义

自 20 世纪末以来，世界各国公共教育步入前所未有的改革期。学会生存的学习型社会提出，全民教育到终身教育的推动，都显示教育已成为全体民众共享的至关重要的公共服务。我国在行政改革和教育改革的进一步深化中，教育作为政府应该提供的、有质量的基本公共服务而备受关注。

1. 理论意义

（1）中小学公共教育服务相关主体与学生之间伦理关系的理解

笔者对国内外相关文献进行比较分析发现，自 20 世纪中后期以来，国外教育管理领域的学者更多关注政府干预教育的方式、学校教育存在问题的实证研究以及公共教育政策的变化研究。研究内容涉及各国教育制度和政府角色的变迁、公共教育引入市场机制、公共教育提供者与生产者之间的相互关系等。这些研究虽然没有直接对公共教育服务和学校责任进行研究，但可以不同程度地为本书的研究提供线索。

对于国内文献的分析发现，我国相关领域的研究主要包括以下几个方面：责任方面，突出人作为主体和政府作为组织对于自然环境和社会等的责任；学校教育方面，主要集中于学校内部的品德教育、责任教育、师生关系、课程与课堂教学等方面；学校管理方面，有关于校长角色、教师管理制度、不同学段的教育问题等领域的研究，如此等等。

关于公共教育服务和责任伦理的研究在 21 世纪初才多起来。我国学者对公共教育服务的研究主要包涵政府在公共教育服务中的责任和资源配置、构建教育公共服务体系、城乡基本公共服务均等化、义务教育均衡化等方面。从学校公共教育服务职能角度进行研究的文献几乎没有，更缺乏对中小学公共教育服务职能的系统研究和深度剖析。长期以来，学者们更多地关注政府在公共教育领域内应该做什么，现代学校制度如何构建，高等教育如何发挥应有职能等。从研究的成果和形式上看，关于公共服务的论文和专著较多，关于公共教育服务的偏少，关于中小学公共教育服务职能的论文和专著几乎没有；从研究的系统和深入程度上看，对于构建公共教育服务体系和基本公共教育服务均等化的研究比较深入，而对于政府职能转变与中小学职能存在什么关系缺乏研究；研究的学科视角，有制度伦理研究、公共管理伦理研究、行政管理伦理研究等。

总而言之，到现阶段为止，责任伦理的研究多是关于全面的社会责任伦理、职业责任伦理和环境责任伦理等内容；关于学校的研究，主要关注思想道德教育中的责任教育、教师伦理和教学伦理等，而对于以政府职能转变为前提，运用责任伦理学的视角对中小学提供公共教育服务应该承担的职能责任的研究几乎没有。

因此，本书将在分析和论证我国公共服务型政府背景下中小学应该是公共教育服务组织这一事实，以及分析论证学校、管理者和教育者的应然责任方面有所创新。

(2) 深化对中小学公共教育服务责任的理解

中小学发挥公共教育服务职能的相关主体责任及目前中小学在公共教育服务方面存在的问题需要分析和研究。本书运用公共教育服务理论来研究中小学服务职能，同时试图摆脱过多借用公共管理和公共服务理论研究公共服务的思路，以及从微观学校领域研究学校责任的思路，更多从公共教育服务理论的视野，借鉴责任伦理学的分析框架，对中小学服务的责任伦理进行较为系统全面的理论分析。政府责任作为引子，主要从学校与人民关系的宏观视角出发，研究公共教育服务的责任伦理理念和保障人民基本权利的学校职能模式。

因此，本书的研究在一定程度上力求厘清教育服务、公共教育服务、学校公共教育服务职能、责任伦理等基本概念，系统构建公立中小学特色的公共教育服务理论，分析学校的制度责任、校长的权力责任和教师的教学责任，以求增强中小学公共教育服务理论的解释度，为深化实践改革提供理论的导引和参照，从而深化和丰富对中小学责任的伦理理解。

2. 实践意义

首先，在中国建设公共服务型政府的时代背景下，公共教育服务成为现代公共服务最重要的内容之一，也成为政府为人民提供公共服务和福利的核心职能。对近二十几年来公共教育服务政策文献的解读可以发现，公共教育服务已经成为我国教育政策的重要内容，相关的政策话语有："办好人民满意的教育""基本公共教育服务均等化""建成覆盖城乡的基本公共教育服务体系""保障人民依法享有接受良好教育的机会""义务教育均衡发展"等。

其次，政府职能的转变，开启了教育改革和社会发展的新篇章。学校作为对青少年实施教育的机构，是国家和政府为全体人民提供教育服务的特殊组织，因此，学校的服务责任研究非常有价值，尤其是对政府积极推进的义务教育服务。

最后，中小学责任的伦理学研究非常重要，因为以前只强调教育职能，但不强调公共性，更忽视公共教育服务性。主要表现为：一是在政策文本中，没有明确提到中小学主体的责任，更没有提及中小学公共教育服务责任；二是在实践中，要么对中小学的服务责任认识不足，要么对中小学的服务责任理解有偏差，从而导致公共性与公益性缺失以及中小学服务意识不强、服务能力不够的问题。在此情形下，学生没有成为真正的学习主体和服务对象。

因此本书的实践意义在于，在进行理论分析的基础上，充分结合我国公共教育服务的实际，分析总结中小学公共教育服务已有的经验和存在的不足。这将有利于深入了解当下政府的重大理念和治道变革，有助于挖掘学校公共教育服务所体现的政府与人民的关系，能够加深对中小学的理解，尤其是进一步理解学校的公共价值、服务价值和服务责任，并提出合理化的建议，助益于中小学公共教育服务道德主体的实践自觉。

二、研究现状述评

（一）学校职能综述

对学校职能已有的研究成果进行分析，有利于我们把握新时期学校职能发挥的现实状况。尤其是义务教育阶段的公立中小学，其职能到底有哪些？原来的职能有哪些？这些职能如何概括？以前的职能在现代有了哪些变化？还有哪些欠缺和不足？通过综述以往的研究，可以明确自己的观点与研究方向。

1. 学校职能分析

按照惯常思维，从人才培养的价值取向进行分类，学校职能可以分为主要职能和派生职能，各种职能之间存在着冲突和融合。应然的状态是学校只具有主要职能，但实然的状态是学校还具有很多派生职能①。

---

① 董文军.市场经济与学校的非教育职能膨胀[J].教育理论与实践，1994，(6)：21－22.

首先,学校的产生已有数千年历史,最初的学校是伴随着文化的逐渐复杂化、文字的出现以及知识内容的扩大而产生的,因此最初的学校体现着传递文化知识的职能。随着历史的发展和进步,学校的职能在不断扩大。实现个体个性化的学校职能被当作学校的固有职能而被理解和认识。实现个体的个性化实际上就是促进个体发展的职能,是学校职能"个人本位论"的核心,指明学校教育的存在是为了实现个体的自我发展,使其成为完整的人。处在中世纪与近代之交的夸美纽斯提出"泛智论",认为学校是造就人的工厂,学校具有知识启蒙的职能。该观点主张学校的根本职责是使所有人通过接受学校教育而获得对现实生活有用的全面的科学知识,并使他们的心灵、智慧得到普遍的发展,从而达到人类知识启蒙的目的①。

杜威认为当时的教育没有考虑到人性化或者社会的道德问题,只提供缺乏合作的简单课程学习,没有对学生未来生活做准备。杜威强调学校加强民主教育、发挥民众培养职能的重要原因就是让学生通过为社区服务提高社会生活经验②。"学校的中心职责是教育;学校应该只接受那种可以被自然而又容易地转化为教育目标与活动的社会目的。"③即学校既要培养人,也要着眼于全体学生充分、全面、多元发展,不应该只关注那些维持和改进学校所必需的行政和管理活动。还有的学者认为,学校教育应使学生在教育过程中感受到自己是国家的好人民、是父亲的好子女、是有高尚情操和不断进步完善的人、是人类发展的创造者等所带来的尊严感④。

其次,学校具有实现个体社会化的工具职能,这些工具职能主要表现为经济职能、政治职能、文化职能等。第一,学校具有经济职能,即实现个人职业社会化,成为合格的劳动者⑤。近现代以来,随着社会的发展和科学技术的进步,现代学校的经济职能与政治职能成为学校最基本的社会职能。第二,学校具有政治职能,即实现个人政治社会化。谢兰荣认为近现代政治职能是学校两个最基本的社会职能之一。奴隶社会学校传递和选择文化的职能与政治教化的职能是

① [美] 夸美纽斯 J.A.大教学论[M].任钟印译.北京:人民教育出版社,1979:51.

② Dewey J. Democracy and Education. New York: The Free Press, 1916: 186,147.

③ Fenstermacher, G. D., et al. The Elicitation and Reconstruction of Practical Arguments in Teaching[J]. Journal of Curriculum Studies. 1993, 25(2): 1197.

④ Audi R. Practical Reasoning and Ethical Decision[M]. New York: Routledge,2005.

⑤ 董文军.市场经济与学校的非教育职能膨胀[J].教育理论与实践,1994,(6): 22.

统一的，学校传递和选择文化的职能围绕政治教化这个核心进行[①]。又如莱纳兹所认为的，在封闭社会里，学校的职能不在于改变学生的阶级地位，而在于通过教给学生适合于他们阶级出身的技能和价值观之后去巩固他们的地位。第三，学校的文化职能是指实现个人的文明化，使之成为文明人。有学者认为，古代学校的文化职能主要表现为传递和保存文化，学校是继承和弘扬文化传统的最好场所。近现代以来，学校对文化的功能不仅表现为传递和保存，更主要的是通过师生的互动和辛勤劳动塑造着文化，通过显性的教学计划课程和大量的隐性课程来实现这个职能。因此，相对于其他社会机构来说学校具有特殊性[②]。18 世纪法国资产阶级革命时期，伏尔泰提出发展学校、普及科学知识、消灭愚昧无知的呼吁。巴黎理工学校和巴黎师范学校都把传播文化科学知识、扫除封建愚昧作为学校教育的基本职能。

最后，学校发展中存在不确定的派生职能。第一，学校具有选拔职能。赵苗苗和侯怀银从学校的多种职能入手，分析了他们的冲突和融合。他们认为学校在国家、社会、社区、学校、教师以及学生等各个层面行使着不同的职能，且层面内外都存在职能冲突。主要表现为以选拔职能为重心，其他职能被不同程度忽略[③]。第二，学校具有过滤职能。“过滤理论”认为，学校具有根据道德与行为的质量对每个人进行“过滤”和排序的职能。这种过滤贯穿于整个教育过程，包括选择学校时的过滤，优质校的学生通常出身于富裕家庭而非贫民家庭；班级分配时的过滤和课程设置的过滤，学生的分布具有鲜明的资质差异；教师态度的过滤，教师往往偏爱优秀学生；环境差异的过滤，优质校或优秀班级通常有较好的学习环境。可以想见，本来文化贫瘠的平民子女在恶劣的学习环境中几乎无法健康成长[④]。第三，学校具有就业培训职能。学校更多是为了学生将来有更好职业的功利性和实用性追求，尤其是在竞争激烈的社会环境中，就业培训职能凸显。

莱纳兹认为，进入 20 世纪以来，学校的派生职能更加丰富。包括中学在内

---

① ［日］筑波大学教育学研究会编.现代教育学基础[M].钟启泉译.上海：上海教育出版社，2003：17.

② 谢兰荣.学校职能再认识[J].教育研究与实验，1991，(3)：11－14.

③ 赵苗苗，侯怀银.学校职能的冲突与融合[J].教育理论与实践，2011，(11)：21－24.

④ 王晓辉.关注教育平等[J].教育学报，2005，(3)：53－58.

的教育机构具有一些潜在职能：为恋爱和婚姻提供市场；担当监护的职能；提供日托让母亲加入劳动力市场等。同时，学校阻止青少年进入就业队伍缓和了失业及失业带来的社会不满①。

这些繁杂的学校派生职能，尤其是导致社会层级化加深的职能，某种程度上制造着社会对教育不公平的矛盾冲突，人的利益偏好和对未来的期许导致对教育的需求与不满。

通过以上分析可以发现，在不同历史时期和社会背景下，学校职能会在不同层面上有不同的表现，有时会因为某一工具性职能突出而影响甚至忽视学校的根本职能。比如，在历史上曾经出现学校教育过分强调促进经济发展的职能，过分强调人才选拔的职能等。我们认为，学校作为一种社会机构，必然受到社会政治、经济等制度的制约，但要注意学校职能的适度派生，使其职能不偏离学校本质太远。

2. 学校职能变迁与存在问题

学校职能变迁意味着政府职能影响和制约着学校职能，学校职能随着政府职能的转变而发生变化。学校职能经历了从古代和近代初期政府政治统治下的道德教化职能，到近现代政府管理视角下的理性启蒙职能，再到政府服务视角下努力实现为学习主体服务的公共教育服务职能。

在我国，经济的快速发展和国家开放力度的加大，对学校教育最为直接的负面影响是学校教育基础的结构性变化，表现为学生生命意义的消解，也是学校道德教育职能的消解。因此有学者提出，生态理念下的现代学校制度建设最适合学校教育，最有利于纠正学校职能的异化②。

1985 年，中共中央、国务院提出的教育体制改革、扩大学校办学自主权的政策没能落实到位。新时期虽然改革的成效已经显现，但中小学还缺失应有的权力，影响了学校各种职能的融合和发挥③。要建立现代学校制度，处理好政府和学校关系是教育改革的重要环节。在政府与学校的关系中，政府处在优势地位，

---

① ［加］莱纳兹.教育的各种职能[M]//霍葆奎主编.教育学文集·教育与社会发展.北京：人民教育出版社，1989：98.

② 朱小蔓，刘贵华.功能·环境·制度——基于生态理念的现代学校制度建设[J].华东师范大学学报(教育科学版)，2006，(2)：1-7.

③ 赵苗苗，侯怀银.学校职能的冲突与融合[J].教育理论与实践，2011，(11)：21-24.

政府的角色定位和职能转变是两者关系调整和优化的关键[①]。在此管理模式下，学校的服务能力受到限制，因此政府教育职能转变的关键与核心是激活学校的自主办学动力[②]。现代学校制度是本真的教育问题，以学生的发展为目的，不能当作经济问题和经济制度来处理[③]。

从政府与公立学校关系的法学角度分析政府对公立学校的管理职权及方式可以发现：公立学校的法人化是学校发展的普遍趋势，政府在学校教育中只能扮演有限的角色。虽然公立学校是政府举办的，但政府在公共教育体制中不应包揽所有教育事务，而是要积极承担教育公平的保障和促进者、学校教育发展的宏观调控者、学校基本制度的提供者以及教育事务的法律监督者等角色和职能[④]。

3. 对学校职能与家庭、社区关系的理解

对学校职能的理解蕴含着对与学校相关的家庭和社区这两种相关公共关系的重新理解。

从近代西方工业革命开始，家庭与学校的关系围绕教育的职能与权利经历了不同的演化进程，家庭因素对学生成长所产生的影响是学校教育改革不可忽视的力量[⑤]。我国的学校教育变革，要深刻重视家庭在学校教育中的位置，积极发挥学校在恢复家庭教育活力中的作用。

在现代学校制度的建立过程中，保障家长的教育权利非常重要，也是学校应该发挥的职能。因为家长教育权利的实质是学生的教育权利，中小学家长的权利保障关系到未成年学生受教育权利实现的问题[⑥]。

通过考察英国初等学校起源，我们知道16—18世纪家庭教育服务职能的有

---

① 褚宏启.政府与学校的关系重构[J].教育科学研究，2005，(1)：41－45.

② 叶忠.学校与政府关系的转型：从国家管理到公共治理[J].教育科学研究，2009，(8)：24－27.

③ 褚宏启.我们需要什么样的现代学校制度[J].教育研究，2004，(12)：32－38.

④ 周兰领.论政府与公立学校的行政法律关系[D].北京：中国政法大学，2007.

⑤ 杨启光，陈明选.家庭与学校教育改革的关系：西方的经验与中国的问题[J].华东师范大学学报(教育科学版)，2011，(12)：30－39.

⑥ 邱兴，邵英侠.现代学校制度与家长教育权利[J].四川教育学院学报，2006，(1)：1－3＋7.

限性催生了最初的现代化学校教育，家庭实施教育服务的职能转移到学校[①]。在美国，我们了解到学校是现代美国社会中履行教育职能的主要机构，但学生的成长是学校、家庭和社会共同担当的结果。美国的家长把教育子女视为自己的职责，主动与学校合作，参与到孩子的教育中去，对学校职能更好地发挥监督和辅助作用[②]。

对于中国的教育实践来说，农村留守儿童教育问题成为一个新的问题。改革开放四十多年的历程中，城镇化步伐加速使农村留守儿童教育问题凸显。农村留守儿童教育呈现出社会教育缺失、家庭教育不足等问题。因此农村中小学应该充分利用本土文化资源，转变和调整学校教育职能，与家庭教育和社会教育相结合，修正和补救家庭教育和社会教育的不足[③]。

4. 义务教育公立中小学职能

通过分析东西方专家学者的不同理解、表述和基于对现实的考察和概括，可以发现现阶段我国中小学职能本身的特点和存在的问题。下述这些分类不是简单的替代或对立关系，它们在一定程度上是相容的，而这个相容的基点就是现代学校所承担的教育使命和培养职能。

关于义务教育与公立学校，在《中国大百科全书·教育》中“义务教育”被定义为：“国家用法律形式规定对一定年龄儿童免费实施的某种程度的学校教育，也称为强迫教育、免费教育或普及义务教育。”“义务教育法规定义务教育的起始年龄和离校年龄，应达到的标准，要求全民遵行并视之为自己应尽的义务。这里的‘义务’一词，其涵义包括父母或监护人有使学龄儿童就学的义务，国家有设校兴学以使国民享受教育的义务，以及全社会有排除阻碍学龄儿童身心健康发展的种种不良影响的义务。”[④]即义务教育具有全民性、义务性、免费性、普及性和公益性等特征。世界上大部分国家和地区都实施义务教育，只是年限有差异，我国实行九年义务教育。

---

① 侯建新，张晓晗.家庭教育：英国近代初等教育的催生剂[J].天津师范大学学报(社会科学版)，2010，(6)：17－24.

② 杨慧敏.美国家长参与学校教育情况透视[J].外国中小学教育，2004，(10)：35－36.

③ 周益霞，申鸣.农村中小学教育职能转变探析——农村留守儿童教育问题研究[J].现代中小学教育，2011，27，(1)：7－9.

④ 中国大百科全书总编辑委员会《教育》编辑委员会.中国大百科全书·教育[M].北京：中国大百科全书出版社，1985：487.

公立学校是由政府提供公共财政保障，具有公共权力、履行公共服务职能的机构。在某种意义上说，公立意味着公共，这种理解来源于经济学上有关公共物品和私人物品的划分。

(1) 作为提供公共物品的机构，具有公共职能

根据沃伊克(VerEecke. W.)的观点，公共产品具有外部性、非排他性、不可分割性、非竞争性、非相称性等特征[①]。义务教育是由政府提供的最基本保障性质的公共教育服务，政府必须为全体人民提供平等的教育机会和充足的教育资源。但这种理解只是指明了教育产品的公共属性，由公共财政支持的公立学校不一定真正面向公众的公共生活[②]。也就是说，在义务教育阶段，中小学作为共同体在实践上面临公共建构的挑战。

有学者对广西义务教育阶段的边境学校职能现状和存在问题进行了研究。通过设计学校职能调查维度体系，对义务教育学校的个体发展、政治、经济、文化等职能进行了实证调查和分析。该研究认为学校要进一步发挥职能和作用，走向国门学校，就要着重于建设特色课程、完善社会支持体系和提升学生素质[③]。

(2) 作为实现公共利益的机构，具有公益性

有学者认为，学校公共利益的体现，可以通过学校培养出来的人是否关心公共利益、是否有能力围绕公共利益与他人进行协商和对话来判断。教育是为了维护和促进公共利益，但是这种公共利益不是单一个体的利益，也不是人类整体的利益，而是社会通过个人的合作而生产出来的事物价值的总和[④]。学校要想真正成为公共机构，就必须严肃对待进入学校的所有群体及其相关利益，并平衡这些群体不同的利益诉求，实现所在共同体的公共利益[⑤]。也就是说，学校要体现公益性职能。

杜威认为，学校作为社会生活的雏形或缩影，承担着平衡和协调各种社会群体及其利益的公共性功能。来自不同社会群体的学生具有不同的利益诉求，学校必须“平衡社会环境中的各种成分，保证使每个人有机会避免他所在社会群体

① 曲创.公共物品的公共性与公共支出研究[M].北京：经济科学出版社，2010.

② 金生鈜.保卫教育的公共性[J].教育研究与实验，2007，(3)：7－13.

③ 王枬，黄健毅.广西边境学校职能现状的调查研究[J].教育研究，2011，32，(3)：36－40.

④ 周义程.公共利益、公共事务和公共事业的概念界说[J].南京社会科学，2007，(1)：77－82.

⑤ 程亮.学校的“公共”建构：基于公民教育的反思[J].教育发展研究，2013，33(6)：6－10.

的限制，并和更广阔的环境建立充满生气的联系。”①

(3) 学校作为建构公共生活的机构

希金斯(Higgins. C.)和阿诺维茨(Anowitz. K.)认为公共利益不是自然的事实或一成不变的客观实在，而是由处在特定共同体中的个体共同建构的。这意味着学校(教育)不仅是实现共同体既定公共利益的工具或手段，而且肩负着为儿童提供公共生活、为社会建构公共生活的责任②。

学校让学生在学校教育过程中获得参与和建构公共生活的知识和美德。按照高尔斯顿(Galston. W.)的观点，这些美德包括勇气、守法、诚信等一般美德，独立、思想开通等思想美德，工作伦理、自我约束、适应经济变化等经济美德和尊重他人权利、自愿参加公共讨论等政治美德③。

综上所述，通过对学校一般职能、政府职能变迁与学校职能的关系、家长和学校的关系以及义务教育公立中小学的职能考察，可以做如下理解：

第一，学校作为专门的教育机构，其基本职能就是“教育”，促进人的发展是学校教育的根本目标和任务，但学校教育中的多种职能所表现出来的现象有时是矛盾的。借用米德的理论，把自我(self)分成 I 和 me。me 为客体，I 为主体，后者凭借着“追求理念的教育”得以形成富有个性和创造性的人。自我正是凭借这两方面的相互作用而获得发展，缺了后者就不是真正意义上的学校教育。能发挥这一职能的只有学校④。所以学校理应把人的发展作为它本身具有的价值，承担起发展人这个最基本、最重要的职能。学校如果放弃或忽视这一职能，便会造成学校职能的严重失调。

第二，在人类历史进程中，学校职能变化与政府职能的转变密切相关。从古代和近代初期的道德教化职能，到近现代的理性启蒙职能，再到现当代为学生服务的职能，是历史的不断进步。但现实中，中小学的公共教育服务职能还没有被充分发挥出来，还存在能力不足和服务意识不强的问题。

---

① [美] 杜威著.民主主义与教育[M].王承绪译.北京：人民教育出版社，2001.

② Higgins C, Abowitz K. What Makes a Public School Public? A Framework for Evaluating the Civic Substance of Schooling[J]. Educational Theory, 2011, 61, (4): 365 - 380.

③ [加] 金里卡.当代政治哲学[M].刘莘译.上海：上海译文出版社，2011.

④ [日] 筑波大学教育学研究会编.现代教育学基础[M].钟启泉译.上海：上海教育出版社，2003：108 - 109.

第三，学者们无论是从建立现代学校制度的角度去分析学校职能，还是去努力建构学校的公共性、公益性和生活性，都有利于更好发挥学校的职能。当然现实中还要厘清政府、学校、家长和社区之间的关系，实现各方合作共赢的局面。

第四，在这些研究中，从学校提供公共教育服务视角来深入分析学校职能问题上还有欠缺，现有研究更多是从管理的角度，借用公共教育服务的术语来理解为学生提供学习的便利，而不是真正为学习主体服务，为学生学习和成长服务。特别是义务教育公立中小学还存在学生主体性缺失、对学生平等权利缺乏自觉维护、学校过度市场化和对社区开放不够的问题，以及政策文本中对于中小学职能没有明确说明的问题。

因此，这些都为本书用公共教育服务理论研究中小学职能留下了分析和探索空间。

（二）公共教育服务综述

公共教育服务理论还没有现成的理论体系，需要进行建构。任何理论体系的形成都有其渊源。因此，为了建构能够支撑本书的公共教育服务理论体系，需要对与公共教育服务相关的研究进行分析和综述，包括相关的概念，如服务、教育服务、公共服务、公共教育等的内涵分析；主要理论来源分析；政府与学校、学生关系在公共教育服务中的体现，以及义务教育与公共教育的关系等。另外，我们认为公共教育服务理论主要汲取了新公共管理理论、公共治理理论、公共选择理论和新公共服务理论等的营养，并促进公共教育服务对象、主体、责任等的形成。

1. 服务的概念界定

(1) 国内外从经济学视角对服务概念的研究

国外学者对于服务的界定大致可以表述为：服务是无形产品，服务是劳动的特殊价值，服务具有易消失性，服务是行动、过程和结果，服务是一种经济活动等①。

斯密(1776)认为：服务业生产的易消失性是个现实问题，“(它们)在其发挥职能的短时间便消失”。这使得它既不能贮存，也不能进一步交易。生产与消费

---

① 程大中.生产者服务论——兼论中国服务业发展与开放[M].上海：文汇出版社，2006.

的同时性使从事的工作失去价值，“(服务)很少留下什么痕迹和价值”。

萨伊(1803)认为：无形产品(服务)既是人类劳动的果实，又是资本的产物，要获得一种技能就要钻研，而从事钻研就必须预付资本。

穆勒(1848)认为：服务是指劳动产生的效用并未固定或体现在任何物体中，即给予一种快乐，消除不便或痛苦，时间可长可短，但不会使人或物的性质得到永久性改善。

巴斯夏(1850)认为：这(劳务)是一种努力，对于甲来说，劳务是他付出的努力，对于乙来说，劳务则是需要和满足。劳务必须含有转让的意思，因为劳务不被人接受也就不可能提供，而且劳务同样包含努力的意思，但不去判断价值同努力是否成比例。

马克思(1862)认为：服务一般用以表示劳动所提供的特殊使用价值，和其他商品一样；但是，服务成为劳动特殊使用价值的特有名称，因为劳动不是作为物品，而是作为活动提供服务的。

富克斯(1968)认为：服务“就在生产的一刹那间消失”，它是在消费者参与的情况下提供的，它不能运输、积累和贮存，缺少实质性。

希尔(1977)认为：服务应定义为隶属于某一经济单位的个人或物品状况的变化，这种变化是经过该个人或该经济单位同意之后由其他经济单位实施的。服务生产与消费同时进行，因此变化是同一过程的变化。

佩蒂特(1987)认为：一种服务表示使用者变形(在对个人服务的场合)或使用者的商品的变形(在服务涉及商品的场合)……所以享用服务并不含有任何可以转移的获得物，只是改变经济人或其商品的特征。

瑞德尔(1986)认为：服务是提供时间、地点和形态效用，同时给服务接受者或其所有物带来一种变化的经济活动。瑞德尔对服务的定义，在视角上避免了希尔和佩蒂特所犯的错误，更具有科学性。

贝森(1973)认为：服务是一种供出售的能产生有价值的利益和满足的活动，这些活动是消费者本身不能完成或本身不愿意去完成的。

Berry(1980)把服务(services)解释为：一个行动，一次表演，一项努力；科特勒(1983)认为：服务是一方给另一方提供的基本上属于无形的行为或绩效，不导致任何所有权的转移，服务的生产可能与物质产品相关，也可能不相关；泽丝曼尔和比特纳(2000)认为：服务是行动、过程和结果；菲茨西蒙斯(2001)认为：

服务是一种顾客作为共同生产者的、随时间流逝的、无形的经历。

国内关于服务概念的研究。

叶万春等(2001)的观点：服务是具有无形特征却可给人带来某种利益或满足感的可供有偿转让的一种或一系列活动；徐章一(2002)认为：服务在本义上是指以知识和技术为供应链提供重大的增值利益和为顾客创造增值价值；陈祝平等(2002)把服务定义为：用以交易并满足他人需要、本身无形和不发生所有权转移的活动。

王丽华(2007)给服务下的定义是：一种顾客作为共同生产者创造顾客感知价值的、随时间消逝的无形经历。"顾客"是指服务的接受者；"作为共同生产者"是指顾客是服务生产的各项投入中最重要的投入；"创造顾客感知价值"是对服务过程及表现的目的和核心的强调；"随时间消逝的"是强调时间在创造服务价值中起的作用；"无形经历"是指顾客对服务结果的主观判断和感觉①。

(2) 综合视角对服务概念的研究

庄丽娟(2004)认为，经济学家们对服务的定义大致可分为三类：统计角度、现象描述和服务特征。经过理论借鉴和分析，将服务定义为"不同经济主体之间通过使用权的让渡获得运动状态的使用价值，并使服务消费者获得消费利益或满足感"②。蔺雷、吴贵生(2007)在总结国内外学者对服务本质研究的基础上把服务界定分为三类，分别从过程角度、服务的内在特性以及与实体产品的对比中加以界定③。

孟旭、张树青(2009)认为，经济学家定义服务的视角通常有四种：将服务等同于劳务；将服务等同于服务接受者自身或其物品的变化；将服务看作是导致服务接受者或其所有物产生变化的原因；认为服务是某种使用价值发挥效用，与这种使用价值是商品还是劳动无关④。

刘选和张兴华(2008)从服务营销、服务管理、服务创新的角度界定服务的概念，并从服务科学的学科角度给出了服务概念的准确界定⑤；冯俊，张运来和崔

---

① 王丽华.服务管理[M].北京：中国旅游出版社，2007.

② 庄丽娟.服务定义的研究线索和理论界定[J].中国流通经济，2004，(9)：41－44.

③ 蔺雷，吴贵生.服务创新(第2版)[M].北京：清华大学出版社，2007.

④ 孟旭，张树青.关于服务定义研究视角的探讨[J].商业时代，2009，(15)：17－18.

⑤ 刘选，张兴华.基于服务科学学科的服务概念界定[J].甘肃科技，2008，(12)：59－61.

正(2011)从服务产生的根源出发,构建了行为、产品、组织、产业及社会的多层次服务概念体系,并基于以上五个层次厘清了服务的特征[①]。

如上这些研究,大多从经济学视角来解释服务的内涵,各种不同的界定基本上概括出了服务的无形性、易消失性、有用性等特征。

2. 公共服务的概念起源与政府的关系

人们一般认为,20世纪初莱昂·狄骥(Leon Duguit)第一次提出公共服务概念,并对公共服务的概念和内涵进行了系统描述。他从公法学视角阐明了公共服务的概念和意义,而且将其定义为政府有义务实施的行为。“任何因其与社会团结的实现和促进不可分割、而必须由政府来加以规范和控制的活动就是一项公共服务,只要它具有除非通过政府干预,否则便不能得到保障的特征。”[②]

其实,公共服务的概念最早是从古希腊时期、从政治学的角度提出的,是源于人们对国家起源和公共性问题的讨论[③]。古希腊将城邦看作共同体,社会成员的活动具有公共性。柏拉图将多人居住的公共住宅区称为城邦[④]。亚里士多德说国家是一种社会的共同体,人类本性上是一种政治动物,因此要构建以实现善业为目的的社会团体。“国家与市民社会是复合的,其符合的基础和纽带是城邦正义和善业,一切社会共同体的建立都是为了实现某种善业。”[⑤]霍布斯(Thomas Hobbes)在《利维坦》中提出关于国家起源的社会契约理论,包含了通过国家提供公共物品的思想。卢梭从天赋人权和主权在民的角度提出,国家起源于人们按照自由意志缔结的社会契约。他认为,按照公意建立的国家才能领导国家的各种力量,国家和政府的职责就是保障民众的生命权、财产权和自由权。“治理社会就应当完全根据这种共同的利益。”[⑥]

有学者对我国公共服务的理论来源进行了梳理,指出我国公共服务的理论基础主要是对国外新公共管理理论和新公共服务理论的移植。新公共管理运动主张用市场化方式来提供公共服务,从而极大提高了公共服务效率;新公共服务

---

① 冯俊,张运来,崔正.服务概念的多层次理解[J].北京工商大学学报(社会科学版),2011,(2):110-117.

② [法] 莱昂·狄骥.公法的变迁[M].沈阳:辽海出版社/春风文艺出版社,1999:40.

③ 陈振明等.公共服务导论[M].北京:北京大学出版社,2011:33.

④ [古希腊] 柏拉图.理想国[M].郭斌和等译.北京:商务印书馆,1986:58.

⑤ [古希腊] 亚里士多德.政治学[M].吴寿彭译.北京:商务印书馆,1983:3-9.

⑥ [法] 卢梭.社会契约论[M].何兆武译.北京:商务印书馆,2003:19.

理论站在对新公共管理理论批判与反思的立场上，坚持以人民为中心，更加重视人的发展和民主参与。中国共产党的服务思想是党的根本宗旨和一切工作的核心，贯穿于党的理论和实践中。主要体现在全心全意为人民服务，立党为公、执政为民，群众路线，以人为本，社会公平正义，共同富裕，服务型政党建设，改革创新等方面。

3. 教育服务是政府为人民提供公共服务的重要部分

对于公共服务的理解有广义和狭义之分。广义上，公共服务基本等同于政府的全部职能；狭义上，公共服务主要指政府为公众提供的包括社会保障、公共卫生、公共教育、公共基础设施建设及管理等的各项服务①。因此，广义上理解公共服务，就要对政府、民众与社会之间的关系进行重新认识和界定，"民众是拥有广泛权利的自由平等的国家主人，政府要以实现和维护民众的各种权利为目标。"②从社会层面上理解，政府要考虑长远发展，要提供稳定的就业、义务教育和社会保障，确保社会健康发展③。

也就是说，无论从广义还是狭义上界定公共服务，教育作为人民的权利，公共教育都是政府为人民提供公共服务的重要部分。

从教育的本质分析，政府也应该是公共教育服务主体之一。因为公共教育服务主体要从事公共教育事务，而公共教育事务是公众共同需求的产物，是公共利益的外在体现。在需要运用强制性权力的义务教育领域，政府有无法替代的作用。政府对于其他主体无法自主调节的冲突和无力解决的问题，具有最终调节的权威作用和补救功能④。

4. 服务型政府的提出为研究学校教育服务提供了理论依据

政府职能的变迁经历了从古代与西方资产阶级革命成功初期体现政治统治特征的政府，到资本主义制度确立和具有管理导向的管理型政府。在管理行政的社会治理模式中，管制和管理成为基本的公共物品。从传统管理型政府开始，真正意义上的公共服务就产生了。政府拥有权威和资源，既是公共物品的生产

① 于燕燕.政府在社区服务中的作用[J].北京社会科学，2006，(S1)：103.

② 余世喜.公共服务型政府的内涵及其分析基础[J].暨南学报(社会科学版)，2007，(3).

③ 金起文，吴英旗.公共服务型政府的内涵及其特征研究[J].集团经济研究，2007，(30).

④ 傅树京.发展多元化服务主体：公共教育改革的路径选择[J].中国行政管理，2007，(11)：76－78.

者又是公共物品的提供者，因此成为提供公共物品和公共服务的唯一主体而形成垄断[①]。

之后的新公共管理理论虽然没有根本超越官僚制对效率和业绩专注的价值取向，但公共服务已经是新公共管理的追求。新公共管理将权力中心主义转化为服务中心主义，提出了公共服务的新思维，但仍然是以集权的形式出现。在这样的官僚制组织结构中，强调对组织系统的合理性设计，要求制度安排和结构设计从属于权利本位和效率第一的目标。但是在公共领域中，代表行使公共权力的行政人员的真正角色应该是“公共人”，而不是“组织人”或“经济人”。因此基于“公共人”假设的行政改革应该是遵循着统治行政-管理行政-服务行政的方向发展[②]。

随之而来的新公共服务理论强调对服务的价值和意义的关注。治理理论也是在批判新公共管理的基础上产生的，强调建立公平、法治、责任的公共服务体系，因此扩展了公共服务治理主体的范围。这些理论都为西方服务行政的建立提供了理论基础，也促进了我国服务型政府理论的构建[③]。

对于服务型政府的认识，张康之教授认为服务型政府是把公众服务作为政府存在、运行和发展的根本宗旨的政府[④]。王娟认为服务型政府是后工业社会或信息社会出现的新型政府管理模式，是对放任型政府和管制型政府的扬弃[⑤]。孙秀艳认为服务型政府是针对传统计划经济下政府以计划指令、行政管制为主要手段的管制型政府模式而提出的新型现代政府治理模式[⑥]。21 世纪初政府管理学校教育的职能还处于“从经验的、人治的、非理性的传统管理阶段向科学的、法治的、制度化的现代理性管理阶段过渡”。因此，政府与学校两者之间更多是管理和被管理、控制和被控制的关系[⑦]。

统治型政府背景下的教育是为了控制和统治；管理型政府背景下的教育是

---

① 石国亮，张超，徐子梁.国外公共服务理论与实践[M].北京：中国言实出版社，2011：59.

② 张康之.公共行政的哲学与伦理[M].北京：中国人民大学出版社，2004.

③ 王慧.服务型政府背景下的学校教育服务[D].首都师范大学，2009.

④ 张康之.寻找公共行政的伦理视角[M].北京：中国人民大学出版社，2002.

⑤ 王娟.服务型政府的内涵与要求[J].郧阳师范高等专科学校学报，2007，(1)：74－77.

⑥ 孙秀艳.我国建立服务型政府理论研究述评[J].中共福建省委党校学报，2004，(9)：20－24.

⑦ 黄崴.西方古典组织理论及其模式在教育管理中的运用与发展[J].华南师范大学学报(社会科学版)，2000，(6)：81.

为了追求管理和效率；在服务型政府时代，教育事业更鲜明地表现出公共服务的价值取向，是为了人受教育权利而服务。服务型政府背景下，教育就是服务，而且是政府必须通过学校教育提供的公共服务。

邢永富教授在《服务型政府背景下的教育服务性》一文中提出了对教育服务的独到见解：服务的提供者利用自身的某种优势，按照自己的目的和要求强制对象接受服务，这是传统政治条件下的政府行为表现；市场经济条件下的商业服务中，服务的提供者和受益者以平等互惠的关系进行服务交易；服务的提供者基于某种文化、宗教、伦理等道义责任，向服务对象提供无偿而合宜的帮助。教育服务，就是基于社会正义、伦理原则和道德理想等由教育者为学习者提供的服务。

因此，政府职能的变迁和服务型政府理论的兴起为研究学校公共教育服务提供了理论依据。

5. 公共教育服务的内涵与进展

对公共教育服务的内涵、特点及性质的把握，是深入研究学校公共教育服务职能的保障，是众多关于公共教育服务职能研究中重要的、不可规避的首要问题。对于公共教育服务内涵的理解，不同学者从不同研究视角和落脚点得出的结论也不尽相同。

公共教育服务已成为当今各国政府最为重视的公共服务领域。公共教育服务是教育公平的基础，是政府的基本责任。教育公共服务水平是衡量一个国家、一个地区和一个城市社会经济发展水平的重要指标之一[①]。

目前学术界有时将“公共教育服务”表述为“教育公共服务”。我们认为，这与现代政府主要职能逐步转向公共服务以及现代学校和公共教育制度的发展等时代背景并不相悖，而是彰显了从传统公共行政理论到新公共管理理论再到新公共服务理论范式的转变与发展。也就是说，与此相关的“教育公共服务和公共教育服务”“教育公共服务体系和公共教育服务体系”以及“教育基本公共服务体系和基本公共教育服务体系”这三组概念的内涵和实质相一致[②]。

① 何鹏程.教育公共服务体系构建研究——以上海实践为例[D].华东师范大学，2012.

② 谢凌凌.基本公共教育服务体系：一个理论框架的构建[J].教育学术月刊，2012，(8)：24.

经济学内涵：经济学理论将公共物品定义为具有以下特征的物品或服务：生产具有不可分性；规模效益特别大；初始投资量巨大，经营所需资本小；生产具有自然垄断性；消费非排他性，即一个人享用一种公共物品并不妨碍另一个人对同一公共物品的消费；消费具有社会文化价值等①。根据上述定义，公共物品或公共服务所具有的最本质特征是消费上的非排他性和消费上的非竞争性。从如上分析来反观教育，教育具有一定的竞争性和排他性②。因此，教育并不是真正意义上的公共物品，它具有准公共物品的性质。教育产品又称为教育服务，对于教育这种产品性质的重新界定，使得人们对于教育的供给方式和财政来源有了新的认识。

从教育具有的非排他性和不完全的非竞争性特点这些特征上理解，教育在资源配置方式上可以由政府和非营利机构提供，营利性组织适当介入。即“市场应当有限介入，政府应当适度保持调节功能”③。

公平性内涵：公正公平是公共教育服务的价值基础，只有坚持公正公平才能为人民群众提供公共教育服务，才能真正体现公共教育服务的真谛。公共教育服务要关注个体之间的不公平，努力构建“学有所教”和“因材施教”的公共教育体系，这才是实现公共教育服务的根本目标。

服务价值内涵：一是基于道义责任，服务的提供者向服务对象提供无偿的恰当的帮助。教育在本质上属于这种服务关系，即为学习者提供帮助。二是基于人发展的需要。人的身心、精神和价值等层面的发展，需要依靠公共教育服务价值的未来性来引领，因此公共教育服务具有服务性和前瞻性。

此外，在服务型政府背景下，作为公共教育服务提供者的政府，赋予了公共教育服务以法治性和责任性的内涵。

6. 政府公共教育服务职能体现政府与学校、人的关系

首先，公共教育既能促进人的理性发展，也包含实现公共善的意愿。沃尔特·范伯格认为现代和后现代意义上的公众是理想的监管者，公共教育的目的

① [英]伊特韦尔等主编.新帕尔格雷夫经济学大辞典(第三卷)K－P[M].北京：经济科学出版社，1992：207.

② [美]詹姆斯·M.布坎南.公共财政[M].赵锡军等译.北京：中国财政经济出版社，1991：22.

③ 劳凯声.人文社会科学研究的问题意识、学理意识和方法意识[J].北京师范大学学报(社会科学版)，2009，(1)：13.

就是为了培养这种公共群体对共有价值观的集体反思[①]。因此可以说公共教育具有培养人才的责任，具有培养人民集体反思的能力。我国的学校教育存在着“私化”现象，消解了教育的公共性。因此，公共教育应该促进社会的公共善，培养具有公共理性和公共精神的社会成员[②]。

其次，公共教育所提供的公共物品形态是公共教育服务。因此，国民主体对公共教育的支配权必须通过享受公共教育服务来实现，没有公共教育的服务价值，就不可能实现国民主体对公共教育的支配。此外，公共教育的服务价值必须具备“直接的人民服务性”，即公共教育的服务宗旨直接指向人自身，该特征使得公共教育与其他公共服务事业相区分[③]。

基于此，在政府与国民的关系中，需要构建服务型的教育。“服务型教育”既是富有教育正义内涵的教育伦理命题，又是富有社会正义内涵的政治伦理命题[④]。服务型政府呼唤服务型教育，同样服务型教育既需要教育理念的根本转向，又需要“服务型政府”的根本支持。

最后，公共教育作为服务型政府的公共服务事项之一，理应遵循服务行政原则和价值取向。在政府与学校的关系中，政府和公立学校的关系比较相关，这是由教育的公益性决定的。教育的公益性决定了必须通过市场以外的资源配置机制来提供。在我国，“公立学校之所以会成为教育提供的主要形式，是因为通过公立学校这种公共选择机制，可以有效地解决由于教育产品的非排他性所带来的无人付费消费的问题。同时，通过无偿或低价提供教育服务产品，政府还可以解决由于教育产品的非竞争性所带来的定价问题。”[⑤]因此，可以说公立学校系统是实现教育公益性的最重要的保障机制。

7. 义务教育的本质

依据服务水平，公共教育服务可分为基本公共教育服务和非基本公共教育服务。基本公共教育服务是典型的纯公共产品，对公共属性要求很高。义务教育属于基本公共教育服务，其公共性程度远高于其他教育领域，因此应当

---

① 沃尔特·范伯格，陈佳.重思公共教育的作用[J].复旦教育论坛，2011，9，(2)：15－20.
② 金生鈜.保卫教育的公共性[J].教育研究与实验，2007，(3)：7－13.
③ 李西顺.服务价值：公共教育之吁求[J].现代教育管理，2010，(11)：4.
④ 邢永富.服务型政府背景下的教育服务性[J].中国教育学刊，2009，(2)：15.
⑤ 劳凯声.教育体制改革的公益性诉求[J].理论视野，2008，(7)：23－26.

强化政府的公共教育服务职能。另外，基本公共教育服务与其他的教育产品不同，具有公益性、均等性等特征，这就要求政府不但要提供有形的产品和服务，还要保障服务的基本覆盖面。因此，在义务教育阶段，应更多体现实质公平①。

义务教育的本质是政府为人民提供的权利平等的公共教育服务。新中国成立后，义务教育思想在高度集中的管理模式中缓慢推行，直到1986年《中华人民共和国义务教育法》颁布，义务教育才走上法制化的发展轨道。我们知道，义务教育内含政府与人民互尽义务和互负责任，国家以法律政策的形式保障一定年龄儿童接受学校教育的权利与义务。义务教育的性质决定了它是一种具有强制性的、法律保障的、免费特征的教育制度，是政府为公民提供的公共教育服务②。

政府应该根据教育不断变化发展的需要，建立义务教育公共管理与服务体系，做好政府分内的事情。各级政府在义务教育中的作用，一是提供良好的外部保障，不断推进制度创新，为义务教育的发展创造条件；二是加强对教育发展的内部调控，对义务教育资源的生产、分配、效果检验做好调控的职能。

此外，义务教育对于个人和社会均有益，具体可以从下表中看出：

表1.1　不同收入国家教育对个人和社会的回报率比较

国家分类	社会回报率(%)			个人回报率(%)		
	初等	中等	高等	初等	中等	高等
低收入国家(<610美元)	23.4	15.2	10.6	35.2	19.3	23.5
中低收入国家(<2 450美元)	18.2	13.4	11.4	29.9	18.7	18.9
中高收入国家(<7 620美元)	14.3	10.6	9.5	21.3	12.7	13.8
高收入国家(>7 620美元)	……	10.3	8.2	……	12.8	7.7

从表格中的数据可以看出：无论是个人还是国家，在基础教育初级阶段获

① 谢凌凌.基本公共教育服务体系：一个理论框架的构建[J].教育学术月刊，2012，(8)：22.

② 贺武华.略论义务教育发展与政府职能拓展[J].教育发展研究，2005，(4)：25-29.

得的利益最大，重视义务教育成为必然选择。就社会回报率来看，越是基础的教育，社会获得的回报率就越高，因此对于基础教育，特别是基础教育中的义务教育，永远是政府不可推脱的责任[①]。

义务教育作为一种基本人权的免费教育，从根本上讲就是一种对所有人机会均等的教育。因此，必须通过政府服务职能的回归，促进政府服务义务教育和义务教育学校提供服务的双重质量提高。

8. 学生为学习主体

主体性是全面发展的人的根本特征[②]。教育使人成为人，就意味着人的自主性的提升，就是让人成为自己和学校发展的主人，这既是好教育的特征，也是人格培育的目标使然[③]。

义务教育中小学是国家实施义务教育的代行教育机构，学校决策者应该明确他们应当为受教育者的活动服务，特别是要为受教育者的发展服务。教育的主体性既表现为教育主体的主体性，又表现为教育活动的主体性。在教育过程中，学校教育要做到：把受教育者当作主体，并为其主体性的发挥创造条件，培养其立足自我并超越自我的价值追求与自我教育能力[④]。

世界范围内基础教育发展趋势是从注重规模与速度向注重质量和效益迈进。以美国为例，“美国教育学者将20世纪80年代中期以来的改革看作是美国历史上继进步主义教育改革和20世纪60年代的公平教育改革之后的第三次教育大改革，即优质教育改革。”[⑤]

我们国家在普及九年制义务教育之后，民众对优质教育的追求也成了新的热点。政府承担义务教育的职责也将不断拓展。政府在提高义务教育质量和承担义务教育责任方面主要体现在：增强为学生服务的意识，提高办学水平，为社会尽可能提供优质的义务教育资源。

相对于学习者来说，教育是外部因素，这种外因只能通过内因起作用，也就是说，通过激发学习者的内在动机来完成学习的过程，实现成长和发展。因此，

① 郑巧.义务教育均衡推进：公共服务型政府的选择[J].福州党校学报，2007，(2)：35.
② 王策三.教育主体哲学刍议[J].北京师范大学学报(社会科学版)，1994，(4)：80-87.
③ 李润洲.学校场域中公民人格的文化建构[J].教育发展研究，2012，32，(2)：34-38.
④ 王道俊.关于教育的主体性问题[J].教育研究与实验，1996，(2)：1-3.
⑤ 徐辉.当代国外基础教育改革[M].重庆：西南师范大学出版社，2001：217.

义务教育中小学应以学生为学习主体提供真正意义上的公共教育服务①。

综上所述,公共教育服务理论和公共教育服务的研究随着公共服务理论和研究的深入逐渐丰富起来。

首先,公共服务从概念的起源就与国家和政府密切相关,是政府理所应当的职能,因此对政府提供公共服务的强调,与其说是政府职能的转变,不如说是政府职能的回归。

其次,作为政府提供公共服务的重要方面,公共教育服务已经在各国政府的实践中得到重视。而且随着政府职能的不断变迁和我国服务型政府理念的提出,公共教育服务的内涵不断扩大,在新时代有了新的进展。

最后,因为义务教育和公立学校的特点,公立中小学的义务教育研究也随着公共教育服务的研究而关注度逐步提高。但是,对于义务教育中小学应该为学习服务、为学生服务的研究则刚刚起步。

因此,公共教育服务理论还有很大的研究空间和重要的研究价值。

(三)责任伦理综述

西方责任伦理的研究已成规模且影响较大。1919 年马克斯·韦伯在《以政治为业》的演讲中第一次区分了信念伦理和责任伦理,并提出责任伦理的概念。20 世纪下半叶,西方应用伦理学重新建构以责任为核心的伦理学体系,其中贡献最大的德裔美籍著名哲学家约纳斯于 1979 年在《责任原理:技术文明时代的伦理学探索》中首次阐明责任伦理观。随后约纳斯在《技术、医学与伦理学——责任原理的实践》中又将责任伦理与具体技术实践相结合。2001 年底在法国里尔召开的第一届全球公民大会上通过了《人类责任宪章》等等。可以看出,不到一个世纪的时间里,西方责任伦理的研究以惊人的速度发展起来。

但是,在西方产生重大影响的责任伦理,在我国还比较陌生。直到 2010 年,程东峰教授《责任伦理导论》的出版,才开启了人们从伦理学视角对责任的研究。在他看来,我国责任伦理的研究不是无源之水无本之木,责任研究的理论渊源来自中国责任本位的传统文化;来自改革开放后我国学者从伦

① 邢永富.服务型政府背景下的教育服务性[J].中国教育学刊,2009,(2):14-16.

理学以外的学科视角对责任的研究；来自西方责任伦理研究的思想成果和我国学者对马克斯·韦伯、约纳斯等人西方责任伦理学的译介。程教授是这样建构它的责任伦理思想的，“世俗社会的责任伦理的推动力，只能是民主的自由的互相尊重的共生共存。”[①]在这里，共生共存成为责任伦理的首要原则。

目前我国责任伦理研究领域宽泛，涉及公共行政责任伦理、企业责任伦理、网络责任伦理、大众传媒责任伦理、教师责任伦理、学术责任伦理、环境责任伦理、公共责任伦理及全球责任伦理等多个研究领域，研究程度向纵深发展，研究方法日益丰富。但研究内容和范式还是缺乏与本土的有机结合。也就是说，当前我国责任伦理的内生性研究不足。因此，在我国责任伦理研究的过程中，既要注重当代西方责任伦理思想的发展，又要注重责任伦理思想的本土化，实现中西责任伦理思想的沟通与古今责任伦理文化的融通，不断拓宽研究领域，创新研究方法，构建中国特色的责任伦理理论体系和实践路径[②]。

在本书中，我们主要从相关概念的界定、不同组织的责任伦理和个体的美德责任伦理几个方面进行责任伦理的研究综述。

1. 相关概念研究

(1) 责任、角色与任务的相互关联

程东峰认为责任和角色相关联，扮演的角色越多越大，责任就越多越大；责任又和任务相关，责任是意志的自觉，任务是外力的要求。经过主体自由确认和自觉服从的任务就转化为责任，此时两者是同一的。此外，责任的范围很大，包括面向未来的责任、面向世界的责任、面向现代化的责任、面向整个宇宙的责任等。也就是说责任是行为主体对特定社会关系中的任务的自由确认和自觉服从。角色本质上是人的社会责任的分配和实现，完成社会责任在人与人之间的传承，因此角色是责任伦理的逻辑起点[③]。

约纳斯认为：“人类是唯一能为其行为承担责任的生物……我们有责任的理念，我们也为有此能力而感到骄傲。”[④]也就是说人类有能力承担责任，也就应当

---

① 程东峰.责任：世俗社会的伦理[J].中国工人，2011，(3)：48－50.

② 田秀云，白臣.当代中国责任伦理研究的回顾与展望[J].伦理学研究，2010，(3)：133－135.

③ 程东峰.责任伦理导论[M].北京：人民出版社，2010：26－27.

④ 甘绍平.应用伦理学前言问题研究[M].南昌：江西人民出版社，2002：119－120.

承担相应的责任。

崔欣伟在对“责任”进行了深入的理论研究和词源学分析后，将责任的含义概括为：“主体自觉履行其社会角色要求的分内事，并对其履行情况和后果的担当。它包括三个方面，即明晰责任、履行责任和承担责任。”①

(2) 伦理与道德的区别与联系

关于伦理，黄建中有非常详尽的解释。他认为：“伦理为人群生活关系中规定行为之道德法则也。”②也就是说“伦”强调的是一种关系的法则。而人伦则是多人相聚居时彼此之间应该遵守的秩序法则；成中英认为“理”是人的心、性的基础，是存在于人的内心的一种价值，可以理解为人理、天理、物理和地理等。我们研究的伦理是人伦之理，可以理解为处在社会中的人的辈类之间秩序关系维系要遵循的原则。将传统的解释和现代的实际相结合，人在进行社会活动中需要遵守的伦理秩序也就是人在扮演相应角色时应该担当的责任。这种与角色相关联的责任既可以表现为个体在私人关系中的责任，也可以是作为组织中的一员或者是以组织形式承担的公共关系中的责任。在公共领域中，个人只能代表但不能代替组织的责任，而是承担自身应承担的责任；更不能以有利于私人利益的伦理原则来取代有利于公共利益的伦理原则，否则会导致角色的错位和权力的异化。

“道德”一词在古代是分开使用的，现在一般连起来使用，指调节人与人之间关系的特殊行为规范的总和。冯友兰先生总结了道的六种含义，核心的意思就是“指导”就是路，是真理，换句话说，也就是人在道德方面要遵循道德的路前行，一直前行就能到达善和至善。道德之所以重要，是因为它有调节的功能。道德的调节性，突出地表现在自觉的调节上。道德的调节不同于政治、法律和宗教，它一般通过良心调节，不具备政治和法律那样的强制性和惩罚性。它的强制性一定程度表现在使个体自内心自省而产生愧疚和不安的道德心理，从而调整自己的行为。由此可见，道德调节是一种自觉的调节③。

总之，伦理和道德既相区别又相联系。伦理是道德应该遵循的理，也就是社会道德之理。或者说伦理先于道德，道德是伦理的产物。伦理和道德关系相当

① 崔欣伟.学校责任教育论纲[M].北京：中国社会科学出版社，2012：65.
② 黄建中.比较教育学[M].济南：山东人民出版社，1998：26.
③ 林崇德.教育与发展[M].北京：北京师范大学出版社，2002：555.

于知和行、理论与实践的关系，是密不可分的。

(3) 责任伦理的不同界定

责任伦理学作为超越了传统伦理学的新的伦理学理论，它的道德思维模式、道德规范体系等都为当代社会的道德难题提供了解决思路，其中最深层的东西是它的新道德思维：责任伦理。责任伦理之“新”在于它的他者思维、复杂思维与境遇思维，不同于传统伦理的以“己”为本位、思维的复杂性以及思维的律法主义思维取向①。

1919 年在德国社会学家马克斯·韦伯区分的责任伦理和信念伦理中，责任伦理是对可预见的行为后果的伦理追问；20 世纪七八十年代以来，德谟克利特的快乐主义责任观认为，为了使自己真正快乐或幸福而按照“公正”原则做事就是负责任；西塞罗的实践理性主义责任观认为，人能凭借理性履行道德责任，达到道德上的善；亚里士多德的德性责任论认为，一个人的行为选择归于人的内在德性，人应对自己的行为及后果负责；康德的道义论责任观认为，责任是一切道德价值的泉源，有道德之人就是要承担一定的责任；苏格拉底的原始契约责任观认为，人的任何行为受德性知识的指引才能做善的事情，强调社会责任是个人与城邦订立契约的基础；柏拉图的角色契约责任伦理观认为城邦管理者分统治者、武士、劳动者三个等级，他们依据自己的角色做适合的工作，担当各自的责任。

综合上述概念的典型界定可以发现：只有人应该承担责任，而且人具有这个能力；人承担责任可以以个体的方式，也可以以群体(组织)的方式；人在社会中都充当一定的角色，角色和责任是相关联的，角色不同，责任便不同。扮演私人关系角色的人与扮演公共关系角色的人在责任的承担上不能错位，更不能以公谋私；人在社会中就要遵循人伦之理，包括私域和公域。

2. 组织的责任伦理研究

(1) 营利组织的责任伦理

对于企业和公司来说，营利是其主要目的。但是，在经营中也必须遵循诚实、守信等原则，这就是商业伦理。商业伦理作为应用伦理学范畴，主要探讨企业对利益相关者的社会责任，也包括企业自身在生产销售、人力资源、财务管理、

① 曹刚.责任伦理：一种新的道德思维[J].中国人民大学学报，2013，(2)：70－76.

货源以及环境管理等方面的伦理事项[①]。

关于企业的责任伦理研究，有从商业伦理内涵和功能角度进行的研究，指出企业责任伦理的两个层次：一是禁令性伦理指令，指企业产品的生产、销售过程不能给消费者和公众带来危害，二是企业有主动承担参与公共事务、提供公共产品等社会责任[②]。

对于企业社会责任的研究有两种代表性观点：古典经济学观点和社会经济责任观点。前者认为企业以增加利润为己任，企业创造的经济价值多少是衡量企业成功与否的标准。企业的目标是实现利益最大化，社会责任应该由政府部门承担。此外，企业缺乏处理社会问题的能力。而社会经济责任观点则认为企业社会责任是经济责任以外的责任。企业承担社会责任，一方面是自身利益所需；另一方面，企业作为除政府外最有力量的组织，承担相应责任是企业存在的使命和必须面对的现实。

世界银行认为，企业社会责任是企业与利益相关者的关系、价值观以及有利于所在社区发展的相关政策和实践的总和，是企业贡献于可持续发展的承诺，包括遵循商业伦理、维护职工权益、保护环境和发展慈善事业等[③]。

研究指出，交换自由、诚实守信、服务至上和公平竞争等是商业伦理的主要原则，强调道德建设与教育是商业伦理建设的必由之路[④]。

对企业责任与企业社会责任的研究认为，企业社会责任的具体内涵主要包括五个方面：企业对投资者的责任；企业在道德上对员工的安全、福利、教育方面的责任；企业对消费者的责任，包括诚实守信、定价合理，以及全心全意为消费者服务的意识；企业对包括供应商在内的相关企业忠实履行契约的伦理精神和共谋发展的责任；企业对社区的慈善、公益事业以及环境可持续发展方面的责任。虽然目前的企业仍需要强制性的他律作补充，但是这些社会责任应该成为

---

① 晁罡，程鹏，鲁常玉.西方商业伦理教育沿革及影响研究[J].华南理工大学学报(社会科学版)，2012，(3)：29.

② 杨光飞.企业伦理：意涵及其功能[J].伦理学研究，2005，(6)：55－60.

③ 朱金瑞.当代中国企业伦理的研究历程及若干热点问题述评[J].中州学刊，2007，(1)：147.

④ 倪愫襄.商业伦理的基本原则及其建设[J].长沙理工大学学报(社会科学版)，2004，(3)：24－27.

道德主体努力的方向[①]。

对我国企业社会责任的研究认为，企业社会责任是企业与社会互动的结果。企业受社会共同价值与规范的制约，这些规范要求企业承担社会责任。企业社会责任包含利益相关者理论、企业伦理理论以及企业公民理论等[②]。

因此，营利组织要遵循商业伦理，在获得经济利润促进经济发展的同时，加强对社会的公共责任。

(2) 非营利组织的责任伦理

政府和学校都是不以营利为目的的公共服务组织，因此具有很强的社会责任伦理。非营利组织追求的价值取向是"以志愿求公益"，是一种利他精神。

在政府的行政责任伦理研究中，政府作为行政主体责任伦理主要表现为政府和行政人员的责任意识和行为取向。这种责任是关乎未来的、前瞻性的责任。在我国，要求行政主体既要有责任意识，还要有责任行为。将全心全意为人民服务、忠于职守、廉洁自律、克己奉公等责任意识落实到行动上。"责任意识是人格的精神之骨。高度的责任心是创造性劳动和正义行为的内在动力……只有履行自己的社会责任、做出有益的贡献，才能真正领略人生的价值。"[③]

公共管理伦理主要集中于管理与伦理的融合研究，强调管理也必须遵循伦理。"管理就是协调，而伦理就是协调的形式或标准、尺度。它们的关系是内外互为，内容与形式统一的关系。"[④]换句话说，管理以调和人与人之间的关系为旨归，而制度伦理则是这种关系的标准与保障。

关于学校责任伦理的研究。由于学校管理，特别是中小学管理的特殊性，伦理或制度伦理对学校管理就具有了特殊的功能价值。在学校中，人们对遵守学校伦理规范的行为予以表扬和鼓励，对违背学校伦理规范的做法则进行谴责和惩罚。这种舆论和良心意识会使组织中的每个成员受到"一种无形的导向力和

---

① 周勇.论责任、企业责任与企业社会责任[J].武汉科技大学学报(社会科学版)，2003，(4)：29－33.

② 孔令军.转型时期中国企业社会责任研究[D].吉林大学，2008.

③ 田秀云.伦理学概论[M].北京：科学出版社，2009.

④ 邓凡.中小学管理中的伦理价值研究[D].广西师范大学，2008.

约束力”[①]，从而无形之中对组织成员的思想意识和行为方式产生刺激和影响。

此外，学校制度的伦理性和强制性对组织中的管理客体既表现出制度的德性功能，又表现出制度的理性功能，从而充分体现了伦理的价值导向功能。按照现代教育管理的观点，学校管理中的伦理可以通过情感传递的方式增强学校作为组织的凝聚力，也可以通过公正、公平的制度伦理激发成员的责任心从而实现自我素养的升华，还可以通过伦理意识和伦理判断加深对学校管理的认识从而给出正确的评价。

所以，对于中小学来说，其制度责任伦理的研究是比较新的领域，如何将西方的责任伦理研究与我国的中小学实际相结合，还有待进一步的研究。

3. 个体的美德责任伦理研究

(1) 校长的权力责任伦理

对校长的研究多集中于校长领导力方面。有研究认同组织层次上的校长领导力的理论框架，认为其包含结构领导力、人性领导力、政治领导力、教学领导力和文化领导力等五向度，并通过实证进行理论论证[②]。

校长权力伦理建设的路径研究认为：建设的可能性之一是校长权力运行有公共精神、服务精神和人道主义精神作为道德基础；之二是校长权力伦理自身具有遏制权力异化的作用。因此权力伦理建设的基本路径包括：校正与强化校长权力价值观，增强校长道德自律，构建校长权力伦理制度并完善校长监督机制，实行道德的社会权力化约束等[③]。

校长的道德领导研究，主要是基于托马斯·萨乔万尼的学校道德领导思想开展的研究。这方面的研究比较多，比较典型的是通过研究我国中小学校长管理中存在的现实问题，提出校长应转变领导方式，走向价值引领的道德领导[④]。

校长责任研究，从权责一致的角度认为校长的责任包括政治责任、经济责

① 邓凡.中小学管理中的伦理价值研究[D].广西师范大学，2008：23－25.

② 孙锦明.中学校长领导力研究[D].华东师范大学，2009.

③ 江来登.中学校长权力伦理建设论[J].湖南社会科学，2005，(4)：33.

④ 师月月.我国中小学校长道德领导价值及实现途径研究[D].首都师范大学，2013.

任、文化责任、道德责任等。认为校长责任的研究域包括实然和应然两个方面[①]。

校长服务角色的研究，认为校长角色具有服务的本质，并按照不同的标准划分校长角色服务的程度；通过个案研究，归纳出校长角色的核心能力应该包括管理能力、创新能力、经营能力和教育能力[②]。

校长作为教育家的研究，指出对校长的伦理诉求应当分为职业责任伦理和社会责任伦理两个层次，校长职业的责任伦理底线包括热爱教育、恪尽职守；关爱教师和学生；奉公守法；勤奋好学、善于思考；服务等五个方面。但是作为教育家的校长有更高的要求，要有担当社会责任的伦理素质[③]。

总之，对校长的研究普遍强调学校的伦理管理、道德领导、教育家校长等。以责任伦理学的视角对中小学校长的权力责任伦理的研究几乎没有，给我们留下了研究空间。

(2) 教师的责任伦理

教师作为直接服务于学生的主体，教学作为学校的主要教育活动，对于教师与教学的研究很多。有学者对教师责任的内涵和分类进行了详细的分析，认为教师责任有广义和狭义之分。广义的教师责任指的是职业责任和社会责任；而狭义的教师责任仅指教师职业必须担当的责任[④]。

学者主要对教师责任伦理进行了研究，认为当代教师所处的复杂环境中，出现信念伦理与现实的价值冲突。研究指出当代教师应该将责任伦理作为自我价值定位，实现对学生价值的启蒙与生命的尊重[⑤]。

对教学伦理的研究很多。研究从新课程改革的视角，重新审视教学，发现了教学伦理缺失的问题，并进行归因分析，给出建构的原则[⑥]；还有的研究从伦理

---

① 孙锦明，袁新海.校长责任：一个亟待重视和研究的问题[J].教学管理，2004，(11)：12－14.

② 苏令.校长服务论——校长角色定位及服务能力研究[D].南京师范大学，2004.

③ 高鸿源.教育家校长的职业责任伦理与社会责任伦理[J].中国教育学刊，2010，(9)：5－8.

④ 李保强，陈忠伟.教师责任范畴：内涵、外延及其架构[J].教育科学研究，2013，(5)：11－17.

⑤ 杨跃.论教师的责任伦理[J].教师教育研究，2006，(9)：80－83.

⑥ 张弘弘.新课程改革视角下教学伦理的缺失与构建[D].山西师范大学，2014.

学和教学论的角度，认为追求优良道德是我国教学价值的时代诉求，也是对当前教学改革的规约。希望教学回归善的本性，成为实践优良道德的事业[①]。

总之，教师的责任伦理主要表现为尊重生命的教学公正，遵循教学使人向善的伦理追求等。

4. 对现有研究的评价

(1) 已有研究的特点

第一，研究具有多学科视角。对于公共服务理论和学校责任的研究融合了经济学、管理学、教育行政学、公共管理伦理学、行政伦理学、责任伦理学等多学科的视角。因为视角不同，对问题的关注点也有很大差异。总体来说，经济学和管理学视角的研究比较多。

第二，研究内容较为宽泛。各项研究主要针对不同层次的学校职能，并对学校的各种职能进行分析；对公共服务的研究围绕基本公共服务均等化、城乡基本公共服务均等化、义务教育均衡化、公共教育服务体系构建等方面展开。在这些研究中，关于公共教育、建立学校现代制度和发挥学校育人职能的研究较多，内容非常宽泛。

第三，研究成果较为丰富。关于学校和公共服务等的相关著作和论文在近二十几年来特别多，这与我国服务型政府理念的提出和国家深化改革、转变政府职能、办人民满意的教育的时代背景相关，也与人们对教育的关注度提高有关。

(2) 已有研究的不足

第一，侧重于高校职能研究。关于学校职能的研究主要基于教育行政学视角，注重政府管理理念创新、教育行政组织机构建设、现代学校制度构建、权力的分配等。对于政府和学校的关系以及学校职能的研究更多是关于高等学校与政府关系建构，以及高等学校的教育职能等。在服务型政府背景下，对于政府和中小学校关系以及中小学的公共教育服务职能如何发挥存在研究不足的现象。

第二，对于责任伦理的研究有所欠缺。主要包括政府和行政人员的行政责任伦理，公共管理视角的责任伦理等。对于中小学的伦理道德责任研究主要包括学校道德教育，学校责任教育，校长道德领导，教师伦理和教学伦理等。从学

① 霍海洪，戴双翔.优良道德：教学伦理价值的时代诉求[J].全球教育展望，2008，(7)：6-10.

校、校长和教师三方面对中小学公共教育服务的责任伦理研究几乎没有。

第三，缺少跨学科的研究。相关研究在单一学科内已经有了不少成果和进展，形成了许多比较成熟的观点，值得总结、学习和借鉴，而且为本书提供了重要的理论基础及方法论提示。但是，跨学科的研究不多。

(3) 给予本书的启发

第一，从伦理学视角研究中小学公共教育服务责任，关注学校作为组织的制度责任伦理、校长作为管理者个体的权力责任伦理以及教师作为教育者个体的教学责任伦理，是一种学科视角的创新。

第二，义务教育公立中小学提供的教育服务具有自身的特点。它不同于其他学校提供服务的准公共物品性质，而是更加凸显主体性、平等性、公益性和开放性的纯公共物品。目前的中小学在这些问题上存在不足，需要通过分析论证来进行深入研究。在新时期和未来的发展中，需要重新理解和界定政府及学校的责任。

第三，随着国家对公共教育服务的逐步重视和相关政策的陆续出台，以及社会公众和家长对中小学服务职能的关注，中小学公共教育服务的责任研究将会成为公共教育服务研究的热点。

对于公共教育服务的探索和思考仍在继续。在教育管理中如何弱化教育行政的垄断地位而强化主导地位？教育投入和资源分配如何在维护公益性的前提下达到最佳状态？在保障人民义务教育等基本教育权利的前提下如何实现更高质量的公平？追求公共教育服务的工具理性在促进社会发展的同时如何保障公共教育服务价值理性的不再缺失？中小学的公共教育服务责任是什么？应该如何更好发挥？诸多问题需要进一步的研究和思考。

本书所能做的除了对公共教育服务理论进行新的构建和解释，对中小学应该承担的责任和发挥的职能进行学理论证和分析，更是寄希望于抛砖引玉地收获更多关注和共鸣，使服务意识更加深入教育行政部门、学校，直至教育的方方面面。

中小学公共教育服务并非排斥管理，并非弱化管理者的权力而形成放纵；公共教育服务也不是拒绝市场的适度介入而导致政府和学校的巨大资源压力，而是对宽严相济教育关系的构建，对学生权利平等的保障，对教育公共利益的维护，对社会和谐开放的努力，归根结底是对本真教育的追求。这一切完全可以在中小学这一基本人权保障的领域内通过提供公共教育服务来实现。从应然走向实然，这既是一种理想，更是一个目标。

三、概念界定

（一）中小学

1. 以往学者对学校的定义

（1）学校是一种非营利组织

不为创造利润或追求直接的经济效益为目标，而是继承和发扬人类的文化遗产；学校的直接服务对象是学生，因此学校必须维护学生的利益；学校将一定社会的规范、信念等灌输给学生，要求学生遵循和发扬。学校是一种有计划、有组织进行系统教育的机构①。

（2）学校是一种行政组织

从教育行政组织的定义看，广义的教育行政组织是整个教育行政系统，狭义的教育行政组织仅指管理教育事务的机关。学校作为整个教育系统的一员，属于广义上的教育行政组织一类。

（3）学校是一个开放的系统

受20世纪60年代提出的开放系统理论影响，学校被看作是一个开放的社会系统，正规的学校教育被看作一个输入—输出的过程。开放系统理论从动态的角度，将学校和学校教育看作由一个个循环系统组合而成的过程，学校和周围环境保持一种平衡状态。

2. 本书中的中小学内涵

本书中的中小学具有组织性质，因此具备一般学校组织的基本特征。组织是人们为了达到某个共同目标，而将彼此行为联合并协调起来所形成的社会群体②。学校提供的产品和服务不仅使个人在教育的投资中获得回报，而且使整个社会的收益更大。中小学作为义务教育的重要实施机构，是一种特殊的精神性组织，既具有一般社会组织的特点，也具有特殊性。

---

① 樊浩，田海平等.教育伦理[M].南京：南京大学出版社，2000：44.
② 史万兵.教育行政管理[M].北京：教育科学出版社，2005：61－62.

中小学是一个公益组织，而其公益性又有其独有的特征，即是提供公共服务、具有纯公共物品性质的公益性组织。要把握本书中的中小学的内涵和外延，就要考察义务教育和公立学校的概念内涵。“义务教育”所内含的意思是政府与人民互相尽义务、互相负责任；人人享有受教育的权利；国家具有以法律政策的形式保障一定年龄少年儿童接受教育的权利与义务。义务教育的性质决定了它是一种具有强制性的、法律保障的、服务性的、权利平等的、免费的教育制度。公立学校是由政府依照教育法设立，为了实现公共教育目的而存在、在法律规定的范围内具有独立的权利能力、依法独立履行职责，并独立承担法律责任的教育公务法人。因此，公立学校在行政法上是独立的主体。

基于对义务教育和公立学校的理解，中小学是按照学制划分的小学与初中学段，本书认为，中小学是目前我国实现九年制义务教育的阶段，与政府关系最为相关。在服务型政府背景下，作为公共教育服务执行者的中小学，其职能更加凸显服务性。“公立”强调的是由政府出资，具有公共性和公益性；“义务”更多是从政府和人民关系、学校与人民关系的角度去研究和考察。

因此本书中的学校界定为义务教育阶段的公立中小学，指在我国目前发展阶段九年义务教育的学校，而且是由政府出资兴办的公立学校；作为非营利的特殊公共组织，以提供特殊的精神服务为特点，通过教育教学过程的实践来完成学生主体的自我建构和心智发展。为了研究的准确性和范围的确定性，本书没有包括同样提供公共教育服务的私立中小学。

(二) 公共教育服务

我们认为，可以从四个维度分析和界定公共教育服务。

1. 公共服务

服务作为一种理论上的概念和实际发生的行为，是社会发展到一定历史阶段的产物。从词源意义上考察，服务是为集体利益、他人利益或某种事业而工作，以提供活动的形式满足他人需要的一种活动。英语中的服务一词“service”的中心意思是“为他人做有益的事”①。

---

① 井敏.服务型政府概念辨析[M]//谢庆奎，佟福玲.服务型政府与和谐社会.北京：北京大学出版社，2006：35.

从类型学上考察，服务分为私人服务和公共服务。公共服务以公共权力和公共资源投入为特征，目标是实现社会福利最大化，政府是提供公共服务的核心主体，其提供方式可以多样化。

(1) 公共服务的政治学和伦理学解释

霍布斯在《利维坦》中指出，国家的本质是每个人将自己的行为授权，大家订立信约来做有利于和平和共同防卫的一种人格，这成为公共物品思想的源头。之后休谟在论述人性时的观点隐含了公共物品消费的“不可分性”和“搭便车现象”。这些在政治学和伦理学领域对于公共物品的描述，奠定了公共物品理论的基础①。

(2) 公共服务的经济学解释

根据学者考证，狄骥于1912年提出公共服务概念，在狄骥关于公共服务的解释中，政府职能和公共权力主要是从政府具有公共服务的供给义务角度来定义的。1919年瑞典经济学家林达尔首次使用公共物品概念。因为国家改革和政府管理理论研究的经济学转向，公共服务概念伴随公共物品概念的演变逐渐流行起来。1954年保罗・A.萨缪尔森在他的《公共支出的纯粹理论》中对公共物品的分析性定义，“扩展其服务给新增消费者的成本为零，且无法排除人们享受的物品”奠定了研究公共服务供给方式的基础。

公共物品理论作为新政治经济学的一项基本理论，是正确处理政府与市场关系、政府职能转变、公共服务市场化的基础理论，有助于我们进一步理解公共服务和公共教育的内涵。

(3) 公共服务的行政学解释

按照新公共行政学派代表弗雷德里克森的观点，公共服务是指促成民主发展、培养公共精神、维护社会公正和公共利益的政府行为或官员行动②。也就是说与公共利益相关联的服务，才是真正意义上的公共服务。

本书认为，公共服务是政府及公共部门以公益性为前提，以公共物品为载体，以权利和正义为公共价值，运用公共权力，为实现人民福利最大化而进行的实践。

---

① 陈振明等.公共服务导论[M].北京：北京大学出版社，2011：9－10.

② [美] 乔治・弗雷德里克森.公共行政的精神[M].张成福等译.北京：中国人民大学出版社，2003.

2. 公共教育

在顾明远主编的《教育大辞典》中，公共教育（public education）被定义为："① 国家、社会团体或个人举办的为社会公众服务的教育……以公立学校为主体，包括其他社会教育机构如图书馆、广播电台、电视台、博物馆以及剧院、影院等方面的教育。② 共同内容的教育，如公共课。③ 与义务教育同义。"

公共教育是国家发展到一定历史阶段的制度成果。现代公共教育理论起源于文艺复兴后，卢梭、狄德罗等人提出的国民教育思想，孔多塞提出在教育的私人性基础上建立公共教育的思想，认为教育应由中央政府管理，教育是国民的权利，人人都应享有这项权利。公共教育是国家集学校的所有权、投资权、管理权于一身，体现公益性和平等性的一种教育制度。公共教育形成和发展于工业经济时代，公益性和平等性是它的本质和首要特征，国家垄断性是它的第二特征①。

本书认为公共教育是以公共价值为导向，以公共利益为指向的教育，公共教育本身是一种公共善，公共教育本身具有服务价值。

3. 教育服务

经济学的教育服务理论认为，教育服务具有商品属性。教育服务市场中，交换双方的主体是学校和学生及其家长。学校是教育服务产品的生产者和供给者，学生、家长、企业、政府则是教育服务产品的消费者和需求者。教育服务具有交换性、市场性、生产和消费的同时性与共发性、消费者的多层次性和多元性②等特征。

从教育学角度看，教育服务是教育机构和教育劳动者利用教育设施设备、教育技术，通过劳动所创造的，向社会、家庭及学生等教育消费者提供的用于提高或改善受教育者智力素质和思想观念，促进受教育者全面发展的非实物形态的产品。

从教育的本质看，"教育是一项直接与社会文化发展相联系，并深入到人们的精神世界，促进人们的心灵交流和交往的精神活动和文化事业。"③教育作为一种服务，具有教育服务目标的特殊性、教育服务品位的高尚性、教育服务产品

① 朱利霞.转型期西方公共教育发展前瞻[J].教育发展研究，2006，(22)：30－34.

② 靳希斌.论教育服务及其价值[J].教育研究，2003，(1)：44－47.

③ 邢永富.教育公益性原则略论[J].北京师范大学学报(人文社会科学版)，2001，(2)：51.

的精神性、教育服务效果的长期性、教育服务过程的复杂性。

教育服务具有伦理性，这是由教育的伦理性决定的。教育总体价值导向是对人的生命的关怀，因此教育服务要尊重人的生命成长、个体完善、内在需求、个人自由和个体生命差异。教育服务具有伦理的规范。在教育服务领域中，必须遵循正义和人道主义的法则，体现公正和平等；在教育过程中，教育服务伦理性体现为教育服务的提供者（政府、学校、校长和教师）和教育服务对象（学生、教师、家长、社区公众）的责任。

因此，教育服务是利他主义的，是人道主义的，教育服务提供者服务的内在动力是道义和道德责任。教育服务的价值向度即服务伦理，包括塑造学生至善人格的实质伦理和将学生作为学习主体并为其提供优质教育服务的形式伦理。

4. 公共教育服务

公共教育服务是由法律授权的政府、非政府公共组织及其他企业单位，在教育的生产和供给中所承担的职责和履行的职能。它以满足广大人民及其组织特定的教育需求为宗旨，以教育公平为导向，对公共教育资源进行优化配置，实现为社会培养人才、提高国民素质、促进经济发展、建设和谐社会等目标。

公共教育服务是政府向人民提供公共服务中的重要方面。政府提供的公共服务包括公共教育服务、公共卫生服务、就业服务和社会保障等。其中提供公共教育服务是政府最重要的职能。公共教育服务本身是在责任中服务，服务本身就体现了一种责任，没有责任的服务不能算是真正的服务。随着我国行政体制改革深入和政府公共性服务职能加强，必须加强公共教育服务体系的创新，提高公共教育服务水平。

本书认为，公共教育服务的范围可以分为广义和狭义两种。广义的公共教育服务面向全社会，而狭义的公共教育服务从学校角度确定。本书中的公共教育服务是狭义上的公共教育服务，而且只是中小学的公共教育服务。基于学校的公共教育服务是面向社会的公共教育服务的前提与基础，而后者又为前者提供了保障与可持续性发展的空间[①]。

---

① 李保强，马婷婷.公共教育服务的概念及其体系架构分析[J].教育理论与实践，2014，(7)：36.

（三）责任

国内外学者从不同的学科视角对责任的本质、概念、内涵、价值和范围进行分析，并将责任划分为多种类型。亚里士多德认为，责任和德性相联系；费希特认为，责任与良心相关联。良心也是人的德性之一，因此两者都是从人的德性的视角来解读责任。鲁卡斯认为责任概念的核心是一种应答，他在《责任》一书中明确提出“责任是指他人向我询问时我必须做出回答”的观点。他的观点与法国哲学家列维那斯对责任的解读不谋而合。列维那斯强调的是一种对他者的责任，并且指出责任是塑造伦理主体的理由，主体的存在便是责任的存在。程东峰认为：“责任是行为主体对在特定社会关系中对特定任务的自由确认和自觉服从。”①在他后来出版的专著中，又将责任的内涵和外延进行了新的解读，强调责任在时空上的延伸，指出责任的客观存在性和与时俱进性。崔欣伟认为：责任是“主体自觉履行其社会角色要求的分内事，并对其履行情况和后果的担当。它包括三个方面，即‘明晰责任’‘履行责任’和‘承担责任’”。

我们认为，责任是指作为个体和群体组织主体的人在从事社会活动中必须承担相应后果的法律和道德要求，尤其是行为主体自觉的道德担当。义务是责任的另一种表述，自由是责任生成的根本基础，责任具有主体性和伦理性特征，是客观与主观、自律与他律、事实与价值的统一。只有强者对弱者才具有责任，责任体现的是一种上下关系。责任具有社会价值、伦理价值、道德价值以及法律价值。本书中对责任的理解和界定受到列维那斯关于“他者”伦理哲学的影响，受到雅斯贝尔斯对法律道德以及形上责任讨论的影响，也受到阿伦特对个人责任与集体责任分析的影响。

（四）责任伦理

“责任伦理”作为马克斯·韦伯最早将其与信念伦理区分而产生的概念，是基于行为者履行责任的行为，在时间上是一个过程，要求行为人在行为发生之前就能预见行为完成之后可能产生的结果，并努力去克服负面的影响。汉斯·约纳斯的整体性责任伦理观提出了一种“跨时空的远距离责任伦理”“整体性的责

---

① 程东峰.责任论[M].北京：中国林业出版社，1994：15.

任伦理”“连续性的责任伦理”，认为人不仅要对过去发生的事及后果负责任，还要对未发生的事负有预见性的责任，而且突出了人类整体的、连续的责任①。

我国学者认为责任伦理是把道德义务转化为内在需求，关涉的是公平、公正、正义或善，强调的是一种前瞻性、关护性、整体性、自律性和可持续性发展的责任。也可以这样理解：责任伦理本身属于社会伦理，也属于规范伦理学，用以调节个体与个体之间、个体与组织之间以及组织与组织之间的关系。

我们认为，“责任伦理”作为责任伦理学的深层次内涵，是伴随当代道德困惑而应运而生的新的道德思维模式与道德规范。本书中的责任伦理是指对责任进行伦理学分析，分析责任的伦理价值与道德价值，或者说是从伦理道德的视角来分析责任，是责任的道德要求及行为主体的道德担当。

具体来说，学校责任伦理体现的是学校相关组织主体和个人主体“应该承担什么责任”的伦理要求。学生作为直接接受教育服务的主体，人民作为间接接受教育服务的主体，希望作为政府教育机构的学校教育实现角色职能的转变和责任的担当，使作为客体的教育指向主体的方向，也就是通过最佳路径即教育服务的选择，将所得出的公共教育服务思想用来明确学校、校长和教师的责任，并指导中小学公共教育的实践，充分发挥中小学的公共教育服务职能。

三个行为主体的责任伦理分析，是指对主体的责任进行伦理学或者责任伦理学的分析。中小学作为组织主体，它的责任主要表现为组织的制度伦理；作为管理者的校长和作为教育者的教师都是个体主体，虽然都是个体，但是两者在为学生服务意义上又有区别。校长的责任主要表现为在中小学管理中的权力伦理；教师的责任主要表现为教师在实践教学和师生关系构建中的教学伦理。

（五）学校公共教育服务职能

已有研究认为学校职能包括教育职能和派生职能。教育职能，也可以说是教育职责，它本身是一个价值问题，是对呈现一定价值的教育的追求，具有社会性、主观性和应然性的特点。

教育职能不同于教育功能，教育功能不以人的意志为转移，具有教育“起到

---

① 董翔薇，贾鹏飞．论行政主体的责任伦理建设[J]．齐齐哈尔大学学报（哲学社会科学版），2012，(2)：43.

了什么作用”的意味，因而具有自然性、客观性和实然性的特点。因此两者有区别，又存在相互促进的互动①。

学校公共教育服务职能体现的是人民作为主体，依据自身需要对学校“应起什么作用”的价值取向选择。

充分发挥公共教育服务职能的中小学应该是尊重学生主体性和平等性，保障学校公益性、公共性、伦理性和服务性，对服务职能和相关责任的越位与缺位进行反思、并对应有的职能和责任进行构建的公共教育服务组织。这既是在理论意义上对公共教育服务背景下中小学职能的重新理解，也是在实践意义上对中小学体现公共教育服务性的要求。

四、本书研究思路与内容

（一）研究思路

本书的总体思路可以分解为：

1. 基本假设

当前中小学服务的责任伦理还不到位，主要是服务意识不够和服务能力欠缺造成的，可以通过增强责任伦理意识、提供公共教育服务的路径予以解决。运用公共教育服务理论透视学校的制度伦理建设不足、校长的权力责任伦理欠缺和教师的教学伦理缺失等问题，到达中小学公共教育服务责任担当、职能充分的境界，从而使研究问题在深层次上得到解决。

2. 基本思路

对义务教育中小学承担的责任伦理进行反思，分析四十多年教育改革发展过程中，中小学在发挥应有职能方面存在的责任伦理不到位问题，用公共教育服务理论来进行分析和论证。这既是对实践的关照，也是一种理论的创新，更是一种历史的总结。

3. 基础视野

基于公共教育服务的伦理视野，在问题意识的引导下，遵循将现实问题上升

---

① 杨丽敏.浅析教育职能和教育功能[J].中国劳动关系学院学报，2010，24，(3)：116－117.

到学理问题的逻辑分析论证思路，从中小学、伦理、责任、责任伦理、公共教育服务职能等一系列概念分析入手，从公共教育服务政策的梳理中感悟，逐渐深入探寻公共教育服务伦理的基本框架。从而对公立中小学公共教育服务伦理进行分析论证，具体包括学校作为组织的制度伦理原则、本质及基本规范特征，校长和教师作为个体的责任伦理价值、职业规范及公共责任理念等，并在此基础上给出中小学公共教育服务的政策建言。

综上，本书意图在公共教育服务意义上深入分析和重新解读学校的伦理规范，将公共教育服务与学校组织的制度伦理，与校长、教师的个体责任伦理加以论证，实现理论对实践的指导以及理论与现实的结合。

（二）研究内容及主要观点

本书除绪论外，还包括六章内容。

第一章是梳理相关政策文本。主要关涉我国公共教育服务政策产生的背景与政策亮点分析，以及公共教育服务政策的理论与实践意义（通过分析我国公共教育服务政策出台的政治、经济和文化背景，如：政府观念创新和教育行政管理职能转变的时代召唤；以人民为中心的社会的发育与公共教育服务的诉求；西方公共教育发展的困境与出路给我们的启示；我国公共教育理念的演变与选择等）。

第二章是理论基础部分。一是关于公共教育服务理论，包括公共教育服务的界定，即基本概念、本质、公共教育服务与相关概念的关系；公共服务思想的来源；义务教育的基本公共教育服务本质；公共教育服务的核心主体等。二是关于责任伦理实现的学校公共教育服务职能。本书从伦理学的角度，确切说是责任伦理学的视角，来分析如何实现责任的主体认同，具备怎样的伦理规范来履行责任。

第三章主要分析中小学的组织特征、公共教育服务的责任伦理内涵基础与前提。学校责任伦理的框架建构不是虚幻的道德理想，而是真实体制和机制维持的核心价值和规则系统。中小学作为共同体性质的组织，作为践行立德树人的公共性组织，只有实现了组织责任伦理才是真正意义上的公共教育服务组织。中小学的组织责任伦理包括：人性假设与制度文化的“和谐校园责任”、以人为本的“教育场域责任”以及体现公共善价值的“共同体责任”。

第四章重点阐释校长作为管理者的个体权力责任。在中小学场域中，相对于教育者和学生来说，在党组织领导下，校长作为权力主体的决策者、领导者身份与学校服务精神的创建是校长进行伦理管理的责任；校长作为专业引领者的教育家身份与行动是校长的教育责任；校长的公共节操与社区、家长的合作是校长职业责任伦理的追寻。

第五章阐述了中小学教师作为公共教育服务践行者角色应该体现的责任。我们认为，中小学教师作为直接的服务者，与学生之间存在主体间性的关系，因此研究中小学教师的责任伦理，先分析教师的主体特征以及其蕴含的责任伦理，再对教师的责任伦理进行解构和建构。教师的责任伦理包括：教学中对生命的尊重与课堂文化引领；构建师生关系中的关怀与对话；体现人才培养的责任坚守。

第六章提出中小学公共教育服务职能充分发挥的政策建言。我们认为，政府作为中小学职能发挥的支撑力量和本体存在，为了实现如上目标，从四个方面给出建议：进行伦理管理的价值选择；营造工具理性与价值理性结合的组织文化；担当共同责任伦理的学校、校长和教师主体；实现学校、家长和社区的共同合作。

（三）创新点

其一，整体研究设计和理论分析框架的创新。首先解读我国政府的公共教育服务政策，然后基于公共服务、公共教育、教育服务等相关理论，构建了用以透视中小学主体责任的公共教育服务理论，用公共服务的视角分析中小学发挥职能和履行责任中存在的问题，最后基于存在的问题提出强化中小学公共教育服务责任的建议。至此完成各章节间的逻辑衔接，并实现用基于责任伦理学视角的公共教育服务理论分析学校职能和责任的框架创新。

其二，对中小学实践中存在的职能不足和责任不到位进行分析的维度创新。本书将中小学发挥应有职能和承担责任方面存在的问题分成公共教育服务与学校的制度责任伦理、公共教育服务与校长的权力责任伦理、公共教育服务与教师的教学责任伦理三个分析维度，是六种关系考察的创新，即政府与学校关系、学校与学生关系、校长与学生关系、校长与社区关系、教师与学生关系以及学生与学生关系。

其三，在东西方伦理学的比较中实现公共教育服务内涵的创新。一方面，中国的古代和西方的古代都重视责任伦理。中国传统儒家思想基本上都强调人与生俱来就承担着责任，“三纲五常”说到底就是人应该承担的各种责任。西方古代也强调责任伦理。另一方面，近代以来西方是权利伦理，而中国还是责任伦理。西方从马基雅维利开始，或者说是从霍布斯开始，就是权利本位了。中国讲的“为人民服务”是一种责任伦理的服务观。

其四，提出较有前瞻性和实用性的对策。在强化中小学公共教育服务的责任上，本书提出了较有前瞻性和实用性的对策，即把公共教育服务当作义务教育的基本理念，学校担当起组织制度伦理建设的责任，校长履行好伦理管理的责任，教师努力成为教学公正的伦理型的教师。这样，中小学成为真正意义上的公共教育服务机构，为学生的学习服务，为学生的成长服务，并在公共教育服务中提升中小学生主体地位、保障中小学生平等发展、实现中小学社区公益最大化以及密切与社区公众的联系。

第一章 中小学公共教育服务与责任伦理的政策概述

研究公共教育服务的学术动机源于政策变化所传递出的信息，即我国政府开始进入自觉提供公共教育服务的历史阶段。近些年，我们国家在建设服务型政府的改革实践中提出了“公共教育服务均等化”“办人民满意的教育”等教育政策理念。这是政府职能的伟大创新在教育领域的体现，也是国家和社会进步的标志。

政府的公共教育职能是从国家职能中分化而来的，为了履行公共教育行政职能，作为最重要主体的政府必须采取一定的方式方法。在不同国家和不同的历史时期，政府履行职能的模式和手段会有很大差异和变化。在模式上，有“全能政府观”理念下的直接管理和微观管理模式，也有“有限政府观”指导下的间接管理和宏观管理模式；在手段上，有单一的行政手段、经济手段、法律手段和政策手段，也有几种手段的综合运用。严格意义上，政策手段是行政手段的一种，但是政策手段更加广泛，通常以规范性文件的形式表现，“具有调整和规范教育活动、教育关系以及规范和调整教育主体的权利与义务的功能。”①

总而言之，我们国家从转变政府职能到提出服务型政府的理念，体现了政府为人民提供公共服务意识的凸显。学校作为为未成年人提供学习机会的场所也是一种服务，而中小学则是提供公共教育服务的主阵地。公共教育服务作为一项政策，在中央政府出台的政策文本和地方政府出台的标准中得到强调和提倡。因此本书搜集、梳理和分析公共教育服务政策产生的背景和主要特征，形成关于公共教育服务理论的基本观点和理论框架，然后用公共教育服务理论来透视这

① 龚怡祖.当代教育行政管理[M].北京：北京大学出版社，2009：25－28.

项政策背后的价值取向，来发现目前中小学提供公共教育服务方面存在的问题，从而运用责任伦理学的视角来分析公共教育服务主体的责任。通过研究，期望给出可行性的政策建言。

一、公共教育服务与责任伦理的政策背景

在回顾历史和对公共教育服务政策的梳理中我们发现：以公立学校为主体的公共教育体系已经有200多年的历史，公共教育服务也在各个国家存在了很多年。就我们国家来说，公共教育服务业已存在，但当时仍然处于不自觉的状态。

改革开放四十多年来，尤其是近二十年，公共教育服务作为政府教育管理职能转变的趋势呈现出不可逆转之势。那么公共教育服务政策产生的背景是什么？有哪些要点和亮点？这些政策的理论和实践意义是什么？如何在学校尤其是中小学贯彻公共教育服务的理念和要求？为了充分发挥中小学的公共教育职能，中小学相关主体应该承担什么责任？对于这些问题的回答应该可以帮助大家了解政策的实质、政策背后的价值、政策影响力以及与当今中国社会发展的关系等重要的全局性问题。

此外包括教育领域在内的各个领域虽然都在讨论公共服务问题，但是对政策本身的了解和政策话语的解读还不够清晰，对以此为现实背景的中小学公共教育服务的责任问题和职能问题更是缺乏深入探讨。所以在此进行我国公共教育服务的政策分析，为我们后面深入研究中小学公共教育服务责任提供政策上的参照和支撑。

公共教育服务政策体现自身的历史传统和文化特点，完全不同于西方我国有着责任伦理、制度伦理的传统，实行的公共教育。

（一）公共教育服务政策背景：政治、经济、文化的冲突与妥协

1. 政治背景：政府职能转变、政策出台和管理角色变迁的传递性

任何一项政策的出台都与当时的政治背景密切相关，因为政策本身就是国家政府的政治性决策，是国家管理社会事务必须颁布的带有指导性质的文件，是政府履行其行政管理职能的文本性标志。不同时期和不同国家为了处理好自身

与社会的关系，为了扮演好自身的角色，担负起自身应尽的责任，就会对自身的行政管理职能进行不断的变革。一方面，教育行政职能作为政府行政职能的重要组成部分，会伴随政府职能的转变而变化，并有其转变的现实根源；另一方面，教育行政职能转变经历一系列政策出台、教育立法的路径选择和政府教育管理角色的变迁这样的发展历程。

(1) 政府观念创新与职能转变催生教育行管理职能的变革

政府作为国家的代名词，拥有对国家事务进行管理的合法权利，具备管理国家事务的组织能力，因此也承担着管理国家事务的公共责任。教育作为政府公共管理的一个重要方面，是政府对人民受教育权利的保障。因此，政府的观念创新与职能转变会直接引起教育管理方面的变革。换句话说，政府职能的转变反映在教育上就是教育行政管理职能的转变和学校职责的重新理解和界定。我国提出的服务型政府理念和政府职能转变有外在的影响，也有自身的现实背景。

第一，受西方公共行政改革的热潮影响。始于西方 20 世纪 70 年代末 80 年代初的政府行政改革，在全世界产生了较大的影响。作为经济高速发展、对民生有着极大关注的中国，也积极投入到这种变革的浪潮中。

在我国，最突出的表现就是政府职能和角色的转变。21 世纪初中国首次使用“服务型政府”概念，并将“服务型政府”理解为“为人民服务的政府，用政治学的语言表述是为社会服务，用专业的行政学语言表述就是为公众服务。”[①]顾名思义，“服务型政府”概念所蕴含的公共服务内涵成为政府最重要的理念和责任。有目共睹的是，中国改革开放四十多年中，公共服务概念在中国社会发生着巨大的变化，特别是近二十几年来，关于政府公共服务的话语非常流行，也成为人们关注的焦点。

在这场变革中，中国的教育和学校的发展也浸润其中。“公共教育服务”“基本公共教育服务”等话语频繁出现在各种学术研究和政策文本中，“优质学校”和“义务教育均衡化”也成为学校教育追寻的目标。可以说，“服务型政府”和“公共教育服务”理念的产生和发展归根到底是新时代政府角色转变和职能创新的结果。

第二，我国教育行政管理存在弊端成为其现实根源。

---

① 张康之.限制政府规模的理念[J].行政论坛，2000，(4)：12 - 13.

洞察政府职能的这种变化，可以发现其与时代背景的密切相关性，也可以发现我国教育行政管理方面曾经存在的弊端，这也成为教育行政管理职能转变的现实根源。

在计划经济时代，政府是无所不包、无处不在的全能政府，教育行政机构的权力也渗透到各级各类学校的每个角落，触及学校具体事务的微观领域，某种程度上束缚了教育事业的发展，出现了统得过死、管得过严的倾向。这种倾向在计划经济体制下得到传承和强化。因此自 1985 年始，教育行政管理职能的转变一直是中国教育改革发展的主题。但依然或多或少存在以下问题：

其一，在管理关系上，政府与学校关系没有理顺。教育行政的推行虽然在一定程度上有利于对学校从上到下的检查、监督和管理，但是也出现了过度行政化的倾向，在一定程度上束缚了学校自主的发展，对学校的自主办学权有很大制约。

义务教育作为人人皆可享受的公共服务，政府在提供服务的过程中，应倾向于不发达地区，以实现覆盖城乡为目标的基本公共教育服务体系的政策要在落实上加以强化，真正落到实处。

其二，在管理方式上，过于直接和微观。政府在管理学校过程中，自身位置需要精确把握。因为在现实中，存在管得过于直接和微观的现象。政府应该担当的角色是宏观调控与间接管理，从而实现对学校的监管和督促。而具体的教育教学应该放手交给学校，实现管理上的放权。

学校管理具有公共管理和行政管理的某些特征，因此责任伦理的管理更适合学校这样提供特殊精神服务的组织。学校在履行政府教育目标和满足人才培养的要求时，要关注学校组织的制度伦理建设，要关注管理者的权力责任伦理和教师的教学责任伦理。

(2) 我国教育行政职能转变的政策选择和政府管理角色变迁

第一，教育改革的路径选择。

教育行政职能转变的最初政策表现。我国新时期的教育体制改革受制于、也落后于国家的政治体制和经济体制改革，在 20 世纪 80 年代才得以展开。1985 年《中共中央关于教育体制改革的决定》和 1993 年《中国教育改革和发展纲要》是教育改革领域两个最重要的纲领性文件，对我国教育改革路径和实践起到了指导性作用。

1985年的《中共中央关于教育体制改革的决定》是中国教育制度开始变革的起点，这项政策关注的重点是政府教育管理职能的转变和权力下放。《决定》指出，“在教育事业管理权限的划分上，政府有关部门对学校主要是对高等学校统得过死，使学校缺乏应有的活力；而政府应该加以管理的事情，又没有很好地管起来。在教育结构上，基础教育薄弱，学校数量不足、质量不高、合格的师资和必要的设备严重缺乏……”因此，《决定》认为：“要从根本上改变这种状况，必须从教育体制入手，有系统地进行改革。改革管理体制，在加强宏观管理的同时，坚决实行简政放权，扩大学校的办学自主权。”①

《决定》的出台，在两大管理制度上实现了突破。一是“地方负责、分级管理”体制的确立，二是校长负责制的推行。虽然校长负责制的实行经历了一个逐步推进和完善的过程，但这项改革是我国实行改革开放国策以来在教育管理领域的又一重要成果。《决定》提出“学校逐步实行校长负责制”，并进一步要求“有条件的学校要设立由校长主持的、人数不多的、有威信的校务委员会，作为审议机构。”学校在执行这项管理制度变革的过程中，学校具有了自主的权力，可以按照现有的条件，灵活地设置审议机构，从而有利于校长负责制的实施。1993年的《中国教育改革和发展纲要》进一步指出要改革办学体制。②

以上两个阶段教育行政管理改革的重心放在政府与学校的关系问题上。而随着社会主义市场经济体制的完善，教育管制改革要处理的不仅仅是传统意义上政府与学校的双方关系，还涉及政府与社会、政府与市场、政府与教育机构等之间的关系。

教育政策选择的优化表现。教育部《2003—2007年教育振兴行动计划》(以下简称《计划》)和2010年《国家中长期教育改革和发展规划纲要(2010—2020年)》(以下简称《规划纲要》)对教育发展具有新的导引功能。

《计划》对教育工作的指导思想可以概括为“一个宗旨”“三项任务”和“八字方针”。其中一个宗旨就是教育为人民服务、办好人民满意的教育。该政策还强调制度创新和依法治教，进行一揽子立法和修法计划，并且提出要切实转变政府

---

① 国务院.中共中央关于教育体制改革的决定[EB/OL].(1985-05-27)[2013-09-15]. http://www.moe.edu.cn/publicfiles/business/htmlfiles/moe/moe_177/200407/2482.html

② 中国教育改革和发展纲要[J]. 中国高等教育，1993，(4)：8-17.

职能，建立公共教育服务体系的构想，即“建设相关配套制度，建立公共教育管理与服务体系”。党的十六大上提出的政府职能主要体现在经济调节、市场监管、社会管理和公共服务的基础上，强调凸显社会管理和公共服务的职能。将教育财政作为政府公共财政的重要内容，政府要落实教育的优先发展，坚守教育的社会公益性和公平性，增加财政性教育投入，建立和完善公共教育管理与服务体系。在义务教育方面，重点推进农村义务教育发展和改革，特别强调巩固和完善以县级政府管理为主的农村义务教育管理体制，努力提高九年义务教育的质量和水平，实现城乡协调发展。

《规划纲要》在管理体制改革中提出：“各级政府要切实履行统筹规划、政策导引、监督管理和提供公共教育服务的职责，建立健全公共教育服务体系，逐步实现基本公共教育服务均等化，维护教育公平和教育秩序。改变直接管理学校的单一方式，综合应用立法、拨款、规划、信息服务、政策指导和必要的行政措施，减少不必要的行政干预。”[①]政策文本中两次提到“公共教育服务体系”“基本公共教育服务均等化”，说明公共教育服务的重要性和合乎时代的特征。其中提到的“统筹规划、政策导引、监督管理和提供公共教育服务”等政府的职责，其背后隐含的是政府职能的重大改革和创新；提到“综合应用立法、拨款、规划、信息服务、政策指导和必要的行政措施”等六种措施，强调了政府的职责到位又不要缺位或者越位。这些内容进一步明确了政府转变职能的要求，要在“管什么”和“怎么管”两个方面有所作为。

言而总之，以上两项政策措施是在追求更高质量的教育公平前提下提出的。随着时代的进步和社会的发展，教育的发展有了很大的进步，但是教育不公平等问题也越来越凸显。“公共教育服务”和“义务教育均衡化”等话语开始出现。因此，如何切实转变政府职能、将公共教育服务的理念变成公共教育服务的实践，以促进教育管理和教育决策的科学化与民主化成为新的思考议题。经探究，应该解决如下几方面的问题：

首先，要解决权力观和执政观的问题。政府的教育行政权来源于国家教育权，是一种政治公权力。按照人民受教育权的角度，在法律上具有公共性的特

① 国务院.国家中长期人才发展规划纲要(2010—2020年)[EB/OL].(2010-06-06)[2013-09-15].http://www.gov.cn/jrzg/2010-06/06/content_1621777.htm

点；而在社会层面上，按照契约论的思想，又具有服务性的特点，因此政府要依法行使权力、自觉履行职责。

其次，在管理的范围上，实现上下级政府的合理分工。国家总的教育决策应与下一级政府依据地方特色出台的规定相结合。此外，公办中小学和民办中小学都是按照国家的教育目标进行的公共教育，除了财政支持的差异，两者应该享有共同的政策支持。

最后，要正确定位管理职能，转变管理方式。政府要增强间接管理和宏观管理，依法理顺和学校的关系，切实保障学校的办学自主权，明确职权范围的有限性，减少对学校具体事务的管理，做到行政行为的不越位、不缺位和不错位，管好该管的，放手不该管的，使政府的行政行为透明、有效，接受社会和公众的合理监督。

第二，政府教育管理角色的变迁。

伴随着政府职能的转变，政府的角色也发生了变化。政府不再完全介入学校管理的方方面面，学校获得了更多的办学自主权。政府的新角色主要体现在以下几个方面：一是教育体系的构建。政府从宏观上调控教育规模、教育结构和学校布局，增进教育类型的多样性和公平性。尤其是对于义务教育，逐步建立城乡一体的基本公共教育服务体系。二是教育条件的保障。政府实行公共教育财政制度，通过公共财政拨款到中小学，保障中小学的基本办学条件。并且关注教师专业发展，加大对中小学教师的培养，不断开发人力资源。三是教育标准的制定。通过法律法规和政策等手段，建立健全各级各类教育标准，尤其是出台了公共教育服务标准，为公共教育服务提供了依据和参照，为中小学明确自身的服务职责指明了方向。四是教育服务的提供。政府提供的公共服务，逐步从一般走向优质，即为人民提供高质量的公共服务。政府做到不仅有能力管理公共教育，而且善于管理公共教育。这是政府政治上的“善治”理念在教育领域的实践转化。五是教育公平的维护。政府在资源配置上体现均衡，兼顾效率和公平两个目标，逐步缩小城乡之间、城市之间、地区之间和校际的义务教育差距，推进教育均衡化发展，逐步实现高质量的公平。六是教育质量的监管。除了上述政府应尽的职责，政府还应对教育质量进行全面的监管，实行问责制，完善督导制度；政府不再垄断学校的管理权，而是与学校和社会合理分权，实现治理主体的合作化与多元化。

综合上述，我们发现教育管理体制是改革开放四十多年教育体制改革的一个中心问题。按照李伟涛先生的观点，体制改革经历了恢复稳定（“文革”结束～1984 年）、重点突破（1985～2000 年）和全面深化（2001 年至今）三个阶段，从提高管理效率为主逐步转向促进教育公平。在此期间，学校的主体性不断提升，体制改革本身也从单纯依靠政策来推进过渡到依靠政策和法规共同规范与推进。

2. 经济背景：市场经济与教育公益的碰撞

在国际教育市场化浪潮的冲击下，我国的公共教育改革也呈现出市场化趋势。市场化本身是对政府管理的有益补充，但是教育的过度市场化使公共教育的公益性受到冲击。

现代政府作为公共行政的主体，承担着实现公共利益的责任。在政府要实现的公共利益中，教育成为其为人民提供的首要的公共服务。教育的本质特征就是公共性和公益性，而中小学教育作为基本人权保障性质的绝对平等的教育，它的公益性质更是突出。

公立中小学本身是具有行政意义的组织，在体现委托—代理性质的专门教育机构的职能中，当然要遵循行政伦理的规范与要求。公共利益既然是公共的，就不是私人的。

义务教育由于具有极强的公益性，而国家对其人民基本素质的培养是国家赖以存在和发展的基础，因此义务教育在现代社会一般要求免费提供，其发展所需的经费应主要由政府财政提供①。在教育资源配置过程中，坚持以人为本、满足教育需求、优化教育结构、提高教育效率，主动、负责任地通过法制化路径建立起能够促进人与经济社会全面、协调和可持续发展的教育方式。

3. 文化背景：本土视野与他域借鉴的融合

(1) 西方公共教育的产生与发展

在西方，“公共教育”制度古已有之，古希腊的城邦教育是最早出现的公共教育。近代以降，随着西方“国民国家”兴起，西方各国创建了“公共教育”制度。也就是说自古希腊开始的西方文明，立的规矩和打的基础就是公共教育，城邦教育是公共教育的创立和实践的开端。

---

① 李玲馨.教育公共性与有为政府分析[J].阜阳师范学院学报(社会科学版)，2010，(1)：141－145.

日本学者大田尧的《把自然还给孩子：关于当代教育问题的思考》表达了两个观点：一个观点是公共教育是西方教育的本质所在。中国是农耕文明与道德教化传统，西方是商业文明和公共教育传统。这个观点指出了东西方文明的差异。中世纪公共教育有所衰落，但没有完全断绝，例如意大利有些城市国家仍然有公共教育。

另一个观点是公共教育与公平、平等紧密相连。近代以来，西方国家在建立国家的时候，纷纷创办公共教育。比如，法国大革命前后，明确提出公共教育的概念，卢梭是公共教育的重要代表，还有启蒙思想家爱尔维修等也具有公共教育的思想；德国于19世纪提出公共教育，康德、黑格尔和费希特是主要代表；美国的贺拉斯曼也提出公共教育的思想，提倡建立公共学校、公立中学。这些国家会产生公共教育思想与他们的历史传统、文化传统有密切关系。

迄今为止，“公共教育”成为人类教育现代化最重要的制度成果，因此具有重大的历史意义。如果说近代资产阶级创立国家之初在教育上有所创新的话，那么最大的创新就是对公共教育制度的创建。我们甚至可以说，公共教育制度的创建比其他任何制度的创立都重要。

古希腊的城邦教育人员较少，又不包括奴隶在内，只能说是公共教育的初步尝试。而近代西方不乏人口众多、领土广袤的国家，在创建国民国家时提出和建立公共教育制度，的确是了不起的突破和创新。

(2) 我国公共教育理念的演变与选择

第一，我国公共教育概念的“姗姗来迟”。

在中国古代几千年的文明发展中，没有公共教育的理论和实践。在清末和民国初年出现了公共教育的萌芽，开始提倡义务教育。但是，为什么中国直到21世纪才提出公共教育的概念？究其原因，一方面是我们国家本身缺乏这样的教育传统，缺少一种传承与积淀；另一方面是新中国建立后，学界对公共教育概念的研究不够深入。

目前关于公共教育的研究已开始增多，但是我们认为对于公共教育的研究还不够多，对于公共教育内涵的理解还存在偏差。西方的观点认为公共教育就是公立学校教育，但是我们认为，公共教育不完全等同于公立学校教育[①]。

---

① 邢永富教授认为：“公共教育包括公立学校教育，但不限于公立学校教育。公共教育承载着人类的正义理想，是教育正义理想的制度实践。”笔者认同这一观点。公共教育制度的创立是人类在制度上的创新和在教育上的突破，因此具有重要的历史意义和现代价值。

第二，公共教育制度的自觉建构。

虽然公共教育制度最早是由资本主义国家创建的，但是在现代教育中，它成为世界上各个国家普遍推行的教育制度。对于我们国家来说，近二十几年来，从服务型政府理念的提出，政府公共服务职能不断彰显，政策文本中与公共教育服务相关的话语逐渐增多，到学术界对基于国家的改革实践做出的理论研究的呼应，这些都表明我们国家开启了自觉建构公共教育制度的新篇章，是重大的进步。

我国公共教育制度的建设是历史发展到现阶段教育现代化的需要。现代教育对人民权利的关注和社会中人民意识的觉醒成为现代化的重要标志，建立现代学校制度是教育发展的重要环节。作为社会主义国家，我们的公共教育制度不能完全照搬西方的公共教育制度，而应该扎根于中华民族的传统，合理地借鉴西方的成果，结合我国教育发展的实际，形成具有中国特色的公共教育制度体系，保障公共教育服务的充分实现。

我国公共教育制度的建设也是促进教育公平的需要。随着我国教育的发展，人们对教育公平的吁求在某种程度上成为重要的社会问题，因此国家出台相关政策和进行公共教育制度建设，是关注民生和民本的政府公共服务职能凸显的体现。教育公平作为教育现代化的基本价值取向，是实现社会公平的重要基础。而公共教育制度是对教育公平的制度保障，因为公共教育制度的价值基础就是公平和正义。

我国公共教育制度的建设还是保障人民权利的需要。改革开放带来的变化改变着人们的物质生活和精神世界。在政府突出强调公共服务的时代背景和政策背景下，人民的权利意识不断增强，主要表现在民主的参政议政、个体权利的保障等各个方面。对于现代教育来说，人民既是教育主体又是教育客体，既有教育权利又有教育义务。公共教育制度是对人民权利和义务的规范，这些规范建立在保障人民权利的基础之上，对人民权利的保障是公共教育制度的基本价值。

此外，公共教育制度的成功建构还需要配套支持，因为这是一项复杂的社会系统工程，不能孤军作战。对于政府来说，要加强教育法律制度建设，深化教育行政制度改革，进一步创新政府角色职能，加强政府的公共服务能力，协调好政府与社会的关系；对于学校来说，要增强学校教育的公益能力，实现充分、明确的公共教育服务职能①。

公共教育的普惠性、公益性和服务性特征需要制度的保障，因此我们国家建立公共教育制度是提升政府公信力与学校服务力的重要制度建设，是为人民提供公共教育服务的制度保障和制度创新。

（二）政府责任伦理的政策体现：两部重要法律的颁布

1.《义务教育法》的颁布与修订：强调国家公共责任

从1986年的《义务教育法》颁布，到2006年的《义务教育法》修订和其他文件的出台，表明政府开始意识到公共教育的重要性，开始强调国家的公共责任，这是时代的进步和政府职能的伟大创新。

2006年修订的新《义务教育法》是我国运用法律形式巩固公共教育改革成果的重要标志。新《义务教育法》第二条将义务教育定性为国家必须予以保障的公益性事业，明确了义务教育的公益性和政府的责任。

此外《义务教育法》第二十二条规定："县级以上人民政府及其教育行政部门应当促进学校均衡发展，缩小学校之间办学条件的差距，不得将学校分为重点学校和非重点学校。学校不得分设重点班和非重点班。县级以上人民政府及其教育行政部门不得以任何名义改变或者变相改变公办学校的性质。"这是对政府承担义务教育均衡发展责任的法律确认，也是对人民平等接受义务教育的政策先声与法律保障。

新《义务教育法》的出台，意味着在基础教育方面，政府切实承担应有的职责和发挥自身的引导功能。政府作为公共教育的提供者，主要责任在于提供教育经费和制度供给。公共教育的生产者则可以是政府，也可以是市场和非营利组织。国家与社会在公共教育领域中的边界划分，不仅有利于政府实现对公共教育的有效干预和控制，而且有助于推进民办教育的发展。

因此我们认为，在公共教育服务理念下，中小学公共教育除了体现契约精

① 备注：本节中关于公共教育制度的建设问题，参考和整理了邢永富教授讲授的"我国的公共教育理论与实践"的讲座。先生的观点对我启发很大：公共教育制度建设对于实现真正意义上的公共教育服务起着决定性的作用，国家政策中传递出的信息需要我们对公共教育服务进行更为深入的解读与理论研究，以期为公共教育服务的实践提供理论导引和政策建议。

神、关注权利和义务，更强调学校教育的公共性本质、公益性价值和公共服务精神。

2.《中国教育改革和发展纲要》：对政府责任伦理的关注

1993年的《中国教育改革和发展纲要》指出要“改变政府包揽办学的格局，逐步建立以政府办学为主体、社会各界共同办学的体制”。这正是学校走向市场化的开始。

《纲要》还强调：“政府要转变职能，由对学校的直接行政管理，转变为运用立法、拨款、规划、信息服务、政策指导和必要的行政手段，进行宏观管理。”这一改革一定程度上破除了中央政府“部门办学”的体制，勘定了政府从宏观上管理教育和社会参与办学的范围与边界，也是对政府责任的进一步明确。

总之，办学体制的改革有利于提高教育质量和效益，但是由于执行中存在的问题，学校改革实践中出现了过度市场化的倾向，是对公共性的挑战。因此，重新思考学校教育的公共性和公益性成为学界需深入探究的重要问题。

（三）政策亮点：满意、均衡、均等、服务体系等话语

1. 公共教育服务政策的理想归宿：实现政府职能在教育领域的转变

教育部发布的《2003—2007年教育振兴行动计划》的宗旨是指教育要为人民服务、办好人民满意的教育。也就是说，“办人民满意的教育”是我国政府在教育政策上的目标和承诺，是政府的公共服务职能在教育领域的体现。

“办人民满意的教育”宗旨体现了政府关注民生、以民为本的价值追寻，是对政府公共服务的最好诠释，体现了政府的管理理念和服务精神。

“满意”的解读与实现。因为在实际工作中存在令人“不满意”的现象，所以我们强调作为行政主体的政府和行政人员应该履行好自己的义务，担当起自己的责任，让人民“满意”。

现实行政工作中，有部分行政人员虽然打着“为人民服务”的旗号，但并没有真正树立为人民服务的理念。责任感的缺失可能会对国家和社会产生恶劣的影响和后果，因此行政人员应该树立为人民服务的服务意识和维护公共利益的责任意识。反映在教育事业上，就是要把提供公共教育服务当作自己不可推卸的责任和义务，努力实现教育的公平公正，重视和解决公众的合理教育诉求。这样

的教育才是令人满意的。

中小学教育是国家推行的义务教育，是人人平等接受教育的阶段。但是在实践中重点校、薄弱校的差距造成入学机会的不平等。对于中小学来说，作为基本服务和基本权利性质的公共教育场所，应该以服务周围社区为公益目标，实现就近入学。

为解决外来务工人员子女的义务教育问题，国家出台相关政策，通过一些规定遏制择校现象，对义务教育阶段的学生必须保障他们的入学机会，公共资源向落后地区和农村倾斜，强调基本公共教育服务均等化，提倡义务教育均衡发展等等。这一列政策的制定和实施，就是在向“办人民满意的教育”的目标靠近。

2. 公共教育服务政策的现实目标：保障人民的基本受教育权利

“基本公共服务均等化，指全体人民都能公平可及地获得大致均等的基本公共服务，其核心是机会均等，而不是简单的平均化和无差异化。”[①]这一政策的亮点是政府公共教育服务政策的现实目标，是对人民基本受教育权利的保障。

（1）基本公共教育制度的建立是公共教育服务实现的基础

国家建立了基本公共教育制度，通过保障所有适龄儿童少年享有平等受教育的权利，从长远和总体上提高国民的基本文化素质。

“公共教育”作为现代国家的教育制度，是现代教育的本体性制度。公共教育制度是以公共价值为理念和依据，以追求现代教育公正和人民主体性为目标，以保障人民的教育权利与教育事业的民本性民主性为旨归，并用来规范公共教育行为，调节公共教育关系，塑造公共教育模式，建构公共教育秩序的制度[②]。

作为国家的本体性制度，公共教育制度来源于国家的公共品性，并与国家的公共品性相联系。

基本教育制度是关于国家组织的教育制度规定，是对国家教育事业的价值基础的规定，是对国家与国民关系的规定。基本教育制度涉及国家教育权力和

---

① 国务院.国家基本公共服务体系“十二五”规划[EB/OL].(2012-07-11)[2013-09-15].http://www.gov.cn/zwgk/2012-07/20/content_2187242.htm

② 邢永富.“公共教育”是现代教育的本体制度[J].国家教育行政学院学报，2012,(11)：48.

国民教育权利等根本问题，具有普遍性、基础性和根本性的特征，对于其他教育制度具有奠基作用；非基本教育制度是人们在基本制度框架内针对具体教育领域而构建的教育制度。例如，在现代条件下，国家教育制度属于基本教育制度，而学校教育制度则属于非基本教育制度。

（2）基本公共教育服务是基本人权性质的教育服务

在我国，目前的基本公共教育主要是指九年义务制教育，而高中教育和大学教育虽然也是公共教育，但是属于非基本公共教育。所以教育服务也就包括基本公共教育服务与非基本公共教育服务。

提供基本公共教育服务，是对基本人权的保障，是国家政府和公立中小学必须保障的人人平等的教育服务。基本公共教育服务的费用是由国家公共财政支持的，而且我们国家目前实行的是免费的义务教育。因此基本公共教育服务的公益性、普惠性、平等性是最显著的特征。

（3）均等化的本质体现政府的职责和中小学的责任

均等化是大致的均等，主要指机会均等，内含政府在资源配置等方面不实行简单的平均主义，而是向贫困地区和弱势群体等的倾斜。

《规划纲要》提出建设平等校园环境，认为构建平等校园是落实教育公平、权利平等理念的直接要求和集中体现。实践中，有些学校在办学、管理以及招生过程中，制定的政策或者规章制度有意或者无意间违背了权利平等原则，甚至构成歧视。因此，《规划纲要》从建立平等理念入手，要求以平等态度对待所有学生为核心，明确学校要在体制和机制上落实和体现师生平等、管理者与师生平等、性别平等和民族平等，消除任何不合法、不合理的分类及区别对待，并特别强调要把保障残疾人的平等受教育权作为依法治校、建设平等校园的重要内容。对中小学来说，平等的落实和体现相关要求是学校义不容辞的责任。这是对教育公平的维护和人权平等的保障。

3. 公共教育服务政策的正义方略：义务教育绝对平等的本质展现

21 世纪的第 1 个 10 年前后，为什么我国提出“义务教育均衡发展”？正是因为存在着义务教育发展不均衡的问题。中小学作为义务教育的阶段，政府公共财政支出保障了学校的基本办学条件，对推动基础教育和提供基本公共教育服务起到了支撑性作用，有利于人民基本受教育权利的实现。但是，除了地区、城乡、城市之间以及不同学校之间的自然差异，由于重点校、实验校的政策执行，虽然努力发展优质教育的初衷是好的，却在某种程度上加剧了义务教育的不均衡。

我国适时提出“义务教育均衡发展”的政策，这是对教育公平的维护。正义蕴含绝对平等和差别平等，义务教育绝对平等的本质要求资源配置的差别平等。因此，均衡意味着对农村落后地区、偏远山区、特殊群体和弱势群体的政策倾斜，实现与城市和发达地区的均衡；均衡还意味着校级之间义务教育资源配置的差别平等，着力改善薄弱中小学，使区域内公立学校均衡发展为“家门口的好学校”，发挥公共教育服务职能的优质学校。

义务教育均衡发展有着重要意义。国务院印发的《关于深入推进义务教育均衡发展的意见》进一步明确，义务教育均衡发展，“对于坚持以人为本、促进人的全面发展，解决义务教育深层次矛盾、推动教育事业科学发展，促进教育公平、构建社会主义和谐社会，进一步提升国民素质、建设人力资源强国，具有重大的现实意义和深远的历史意义。”[①]与此同时，文件还指明了义务教育均衡发展的指导思想，提出了基本目标要求，明确各级政府的责任，并推出了相关措施和建议。

2024 年 9 月全国教育大会上，习近平再次强调：“要坚持以人民为中心，不断提升教育公共服务的普惠性、可及性、便捷性，让教育改革发展成果更多更公平惠及全体人民。优化区域教育资源配置，推动义务教育优质均衡发展，逐步缩小城乡、区域、校际、群体差距。”[②]

总之，推进义务教育均衡发展要遵循教育规律和人才成长规律，积极推进义务教育学校的标准化建设，均衡合理地配置教师、设备、图书、校舍等资源，努力提高办学水平和教育质量。切实缩小校际差距，加快缩小城乡差距，努力缩小区域差距，办好每一所学校，促进每一个学生的健康成长。

4. 公共教育服务政策的公平措施：克服区域差异的发展理路

2012 年 7 月 11 日国务院印发《国家基本公共服务体系“十二五”规划》中提出：“基本公共服务体系是指由基本公共服务范围和标准、资源配置、管理运行、

① 国务院.国务院关于深入推进义务教育均衡发展的意见[EB/OL].(2012 - 09 - 05)[2013 - 09 - 15].http://www.gov.cn/zhengce/content/2012-09/07/content_5339.htm

② 新华社.习近平在全国教育大会上强调 紧紧围绕立德树人根本任务 朝着建成教育强国战略目标扎实迈进[EB/OL].(2024 - 09 - 09)[2024 - 09 - 10].https://www.cac.gov.cn/2024-09/10/c_1727654609245631.htm

供给方式以及绩效评价等所构成的系统性、整体性的制度安排。”[①]也就是说，作为一种制度安排，基本公共服务体系的构建需要五部分的协调和配套才能实现体系的系统性和完整性。

首先，我们认为，政府提出的建设“覆盖城乡的基本公共教育服务体系”是克服义务教育区域差异的发展理论和公平措施。城市和农村的发展存在较大差异，除了经济上存在的先进与落后，表现在教育上这种差异就更加突出。随着现代国家的发展，每一个人都平等的享有受教育的权利。公立中小学教育作为义务教育，是国家为每一个人提供的基本公共教育服务，因此，要努力缩小城乡的差距，实现义务教育的全覆盖。

其次，该政策的提出说明城乡一体化的重要性。一个国家的文明、稳定与发展需要整体国民素质的提高，而教育是提高人民基本素质的重要方式。公共教育服务的需求主体是服务的受益者，也是公共教育服务体系产生与发展的内在动力。根据受益对象不同，需求主体可以分为广义和狭义两类。狭义上的需求主体是作为直接受益者的各级各类学生；广义上的需求主体包括直接受益者和家庭、学校、非营利组织、社区、政府等间接受益者[②]。

换种说法，人的发展和进步是国家进一步发展的动力和源泉。因此，在构建公共教育服务体系过程中，国家和政府起着主导作用。而对于基本公共教育服务体系的构建，政府必须提供全方位的政策支持和财政支持。我们知道，义务教育是基本人权性质的教育，而且现代国家人民意识的觉醒使得公平成为人们最重要的政治诉求之一。因此，实现教育的城乡一体化意义深远。

最后，构建基本公共教育服务体系体现了教育形式的多样性与完整性。一个国家的教育事业是多种教育形式的集合，学校教育、终身教育、职业培训等多种形式都为人民素质的提高承担着相应的责任和义务。因此，构建多样化的基本公共教育服务体系可以加快城乡一体化的目标实现，同时也有利于政府公共服务职能的发挥。

---

① 国务院.国家基本公共服务体系“十二五”规划[EB/OL].(2012 - 07 - 11)[2013 - 09 - 15].http://www.gov.cn/zwgk/2012-07/20/content_2187242.htm

② 李保强，马婷婷.公共教育服务的概念及其体系架构分析[J].教育理论与实践，2014，(7)：36.

二、我国公共教育服务政策的意义

（一）政府职能转变的风向标

公共教育服务相关术语的提出与相关政策的出台，是政府职能转变的表现。这表明政府从统治者与管理者角色，回到为人民服务的平等的公仆角色。政府的服务逐步从不自觉走向自觉，即自觉、主动地为人民提供公共服务。

1. 政府职能从统治走向服务

（1）古代强调统治

国家政权的所有职能部门都是为了维护本阶级的利益。即便客观上对人民有利的社会公共事务管理，也是为了达到缓和社会矛盾和维持阶级统治的目的。国家的行政管理模式是“人治”式的，是司法与行政统一的中央集权。

国家的最高统治者是凭借父辈的特殊地位进行权位的继承，是世袭制的，而不是通过民主的方式产生的。在政权的更替中，前朝的国家公职人员多数被新一代国家政权接纳，因为他们都是经过儒家思想的熏陶选拔出来的，能够自觉地维护专制制度，维护国家的统治。

（2）近代走向管理

从新中国成立初期到20世纪五六十年代，中国实行计划经济体制。在这种体制下，政府既提供公共物品，又提供一般物品，既直接分配投资，又直接管理消费。这种高度集权的管理体制制约经济发展，成为最大体制性障碍。因此，20世纪70年代末到80年代末的行政管理改革主要围绕“简政放权”这一中心思想展开。之后又经过一系列政府职能改革，实现统治行政让位于管理行政。

（3）现代凸显服务

近二十年来，随着我国政治文明和社会文明的发展和进步，政府职能开始发生重大的转变。政府职能的变迁使得公共服务成为政府的主要职能之一。据此，我们认为，当代政府职能的变迁和服务型政府的实践，是政府公共服务取向改革的产物，这为研究学校公共教育服务提供了依据。

从古至今，政府在不同职能的执行中，基于本身需要干预教育事业，赋予教育统治、管理与服务的属性特征。因此，政府职能的变革会引起教育的变革。21世纪初，政府管理学校教育的职能还处于“从经验的、人治的、非理性的传统管理阶段向科学的、法治的、制度化的现代理性管理阶段过渡”①。因此，受计划经济和传统集权制的理念影响，教育行政部门对学校享有绝对的支配权，行政权力入侵学校微观领域，导致政府与学校之间更多是管理和被管理、控制和被控制的关系。

从新时期开始，政府提出转变政府教育管理职能。“各级政府要切实履行统筹规划、政策引导、监督管理和提供公共教育服务的职责，建立健全公共教育服务体系，逐步实现基本公共教育服务均等化，维护教育公平和教育秩序。改变直接管理学校的单一方式，综合应用立法、拨款、规划、信息服务、政策指导和必要的行政措施，减少不必要的行政干预。”新时代系列政策的出台，明确了政府的公共教育服务职责，提出了公共教育服务发展的目标，要求改变学校管理方式。

总而言之，政府职能逐渐从统治到管理再到服务，是进步和改革的结果。三者之间不是互相的否定和推翻，也没有绝对的界限，甚至在很多时候是并存的。只是在社会发展的某一时间，政府在某方面的职能相对凸显。

2. 政府的服务从不自觉到达自觉

按照社会契约论的观点，政府的公权力来自于人民权利的部分让渡。因此政府与生俱来就有公共性和服务性。权力与责任的共生关系要求权力主体在获得权力的同时必须承担公共事务管理的责任。在这种情形下，政府的管理是不自觉的，只是对自身职责的履行和完成。

随着时代的进步，政府不断进行改革的实践。西方的公共行政改革影响了我国的政府管理理念，加之我们国家在四十多年改革实践中遇到的问题和取得的经验教训，近些年来我国政府创新性地提出建设服务型政府的理念，开始主动进行行政伦理建设和制度建设，并不断地反思和出台政策，以及对已有政策进行修订等。

政府的服务意识提升和行政责任践行都表明政府把为人民提供公共服务作

① 黄崴.西方古典组织理论及其模式在教育管理中的运用与发展[J].华南师范大学学报(社会科学版)，2000，(6)：81.

为自身的重要职能，因而秉持公共精神来实现为人民服务的宗旨。换句话说，政府为人民服务的状态从不自觉走向自觉。

由此，随着服务型政府的建设和行政改革的不断深入，政府对社会各方面的公共事务管理，逐渐进入自觉提供公共服务的阶段。这是政府执政理念的伟大进步和政府职能的卓越创新。

3. 政府自觉的服务强化教育的公共服务性

随着我国改革开放政策的推行，行政改革和教育改革也开展得如火如荼。教育作为政府提供公共服务的重要领域之一，公共教育服务的话语逐渐进入学术与政策的话语体系当中。因此，公共教育服务政策的出台是政府自觉提供公共教育服务的标志。

为什么说服务型政府理念下的政府要实现自觉服务则必须强化教育事业的公共服务性呢？因为"服务型政府比起以往政府类型更加强调'主权在民'的本质定位，更加强调政府及官员与人民群众之间的'仆—主'关系定位，更加强调政府及官员作为公共利益'服务者'的角色定位，更加强调政府及官员全心全意为人民服务的责任定位。"①政府这种自觉服务的意识和行为有利于教育事业的发展。

其一，政府服务意识和责任意识的自觉为教育的发展提供了政策支撑。我们国家相继出台的相关政策文本中都有对教育事业的规划和要求，彰显教育在国家发展和个体发展中的重要性。本书中分析的政策亮点、进行的政策解读都体现了政府对教育发展的政策支持和制度保障。

其二，政府自觉的服务是对人民权利诉求的回应。随着人民意识的觉醒，人民参与社会管理的权利要求和参与能力都不断提高。现阶段，人民对于公共教育服务价值的诉求主要集中在教育公平问题上，尤其是机会公平。

（二）中小学职能的新要求

公共教育服务政策的提出，对义务教育的公立中小学来说影响最大。立足于学校的公共教育服务职能若能充分体现，学校、校长和教师都要承担与自身角色相当的责任，从而保障学生权利实现，促进学生的发展，最终服务于国家和整个社会的进步与发展。

---

① 邢永富.服务型政府背景下的教育服务性[J].中国教育学刊，2009，(2)：14.

1. 中小学对人民基本权利意识的唤醒

权利意识，是人民对于权利义务的认知以及实现权利方式的选择，也包括自身权利受到损害时，以何种手段予以补救的一种心理反应。要求成员在平等的法律地位上对等地实现利益[①]。作为一种伦理精神，权利意识与人民的伦理意识是一致的，体现着个体人格的独立、尊严实现和人格完善。“权利的道德意义就在于依据道德得到应该得到的东西，使作为道德主体的人享有应该得到的道德自由和利益，包括道德选择的自由、人们在一定道德关系中的地位、尊严和受惠性以及道德行为的公正评价等。”[②]可见权利的道德意义对于社会秩序的完善以及个人品质的完善都起着重要的作用。

随着国家和社会的发展，人民的权利意识增强，其中教育问题成为全社会关注的问题。义务教育一方面是对人民权利的保障，另一方面也是人民应尽的义务。

“所谓人民权利，就是指具有一国国籍的自然人所享有的在自己意志支配之下，以实现某种利益并受法律保护的一种行为自由。这种权利，其实是将人的价值法制化，它体现的是人民—权利人的一种自主性，即人民在自己意志支配下和法律范围内有选择地实施或不实施某种行为，他人不得加以阻扰，他也可以请求国家或者要求其他人民为一定行为或不为一定行为。”[③]也就是说，人的权利是一种受法律保护的自由和自主，是神圣不可侵犯的，是任何组织和个人不能随意干涉的。

我们分析义务教育，可以分别站在人民权利和人民义务的视角进行解读。站在权利的角度，人民接受政府提供的公共教育服务，有利于人民自身素质的提高和生活质量的改善，教育使人成为人，使人获得自我解放和自由成长的精神食粮；而站在义务的角度，保障适龄儿童接受教育是人民的义务，带有强制性。因为国家的进一步发展需要国民素质的整体提高，只有通过教育才能实现人才培养的目标，满足国家建设的需求。所以，义务教育的实现是权利和义务的结合。

2. 中小学公共性的深度理解

义务教育属于公共教育，公共性是公共教育的本质特征，因此义务教育具有公共性。义务教育的公共性主要体现于对公共利益的维护和公共善的诉求，并

---

① 曾坚.对中国公民权利意识的历史考察及反思[J].贵州大学学报(社会科学版)，2001，(1)：36－40.

② 胡训玉.权力伦理的理念建构[M].北京：中国人民公安大学出版社，2010：189.

③ 李文汇.公民权利与国家权力关系之法理分析[J].社会主义研究，2000，(3)：35－37.

且以培养能够积极参与社会公共生活和践行公共善的现代人为目标。

我们知道，国家作为公共组织，兴办教育是其义不容辞的责任。国家的发展促成了公共教育理念的提出。公共教育具有启蒙人获得参与公共事务的权利、平等接受教育的权利等义务。通过接受公共教育，人才有可能成为拥有权利和美德、具备公共精神、关心公共利益、履行公共责任的人。

义务教育是公共的，那就不是私人的。也就是说公共教育属于公共资源。公共资源就是为公共领域服务的，那就不可以为私人领域服务。既然如此，义务教育阶段的中小学存在的损公肥私和对优秀教育资源的抢占行为，就是对教育公共性的挑战。教育管理者和教育者要充分理解公共的内涵，在中小学教育中培育公共精神，遵循公共伦理，承担公共责任伦理。

3. 中小学公共服务责任的新诠释

(1) 保护学生的个性与主体性

过去，教育存在着全面发展和独立个性的对立状况。教育虽然不能没有统一要求，要促进受教育者的社会化，但是应该在对其社会成员的质量规格具有统一标准的前提下，不排斥个性的自由发展[①]。由于我们的教育用统一性排斥个性自由发展，所以抹杀了受教育者的主体性、独立人格，把受教育者当作工具，而不是目的，从而压抑了受教育者的自由发展[②]。这种抹杀学生主体性、过于工具化和功利性的教育指导思想和教育实践是对教育服务理念的违背。

教育的本真就是以人为目的，以人的发展为归宿。为了学生的自由发展和主体性发挥的教育就是服务，服务就意味着奉献；教育是具有公共性的服务，这就意味着对公共利益的维护；义务教育是人的基本权利，意味着是政府授权学校提供公共服务，中小学教育就是政府为人民提供的公共教育服务。

(2) 将责任转化为有利于学生自由发展的条件

如果说在学校教育场域中存在一种带有责任性质的“转化”的话，那么这种“转化”完全不同于工厂生产中以产品为成果的“转化”，而是一种以课程产品为媒介的特殊精神服务。

在实践过程中，受教育者作为主体，将教育目标转化为利于受教育者成长的

① 邢红军.再论中国基础教育课程改革：方向迷失的危险之旅[J].教育科学研究，2011，(10)：15.

② 王道俊，王汉澜.教育学[M].北京：人民教育出版社，2002：117.

教育资源和教育设计；在具体的教育情境中，作为双主体的教育者和受教育者，通过主体间的有效互动促成“转化”的发生。也就是说，学校场域中的教育服务经由学校教育中的各类主体利用教育资源，开展教育活动，创造教育条件，施加教育影响，实现受教育者个体的自由发展，从而达到“成人”“育人”的价值目标。

（三）具有理论和实践意义

1. 凸显了国家作为最大的正规教育主体的属性

（1）国家是正规教育产生的前提

我们知道，国家的产生是文明的开端，国家的公共权力来自人民让渡的部分权利，国家从而名正言顺地履行维持秩序、保护国民安全、为国民提供公共服务的职能。国家是正规教育存在的充分必要条件，正规教育因为国家存在而存在。没有了国家，正规教育也就不存在了。

（2）教育实现国民的社会化

国民不是天生的，需要通过教育完成个体的社会化，因此具有公共性的正规教育得以产生。正规教育是具有公共性质的教育，它的实质就是公共教育。

公共教育一方面促使个体完成个性化，另一方面促使个体完成社会化。在这个过程中，公共教育自身得到发展。

在学校场域中，学生既是享受公共服务的客体，又是具有为自己做出选择和承担责任的主体，主客体统一于学生自由成长为全面发展的人的价值追求中。

（3）国家是最大的教育主体

教育是国家兴办的事业，教育目标和培养人才的规格是由国家规定的，因此国家决定着教育的方向和功能，因此可以说，国家是最大的教育主体。

虽然公共教育的主体是多元的，但是由于国家的组织本质与教育的教化功能，国家成为最大的公共教育主体。国家的教育主体性推动了公共教育的发展和公共教育服务政策的产生，反过来，公共教育政策的出台又进一步增强了国家的教育主体功能。

2. 表明了政府对教育公平和人民权利的关注与努力

（1）有利于教育公平的实现

我们知道，教育公平是社会公平的重要基础，实现教育公平的关键是保障机会公平。国家教育规模和质量在现代有了大幅的进步与发展，惠及全国人民。但是人民对教育存在一些不满，主要体现在对教育不公平现象有意见。政府不回避批评和存在的问题，努力通过政策的调整来促进教育公平，公共教育服务也因此在近二十几年间成为国家政策理论和实践的主题。

政府在公共教育服务的相关政策中，多次提到要促进教育公平，并提出基本要求、根本措施，强调教育公平是政府的主要责任。例如，在《规划纲要》中指出"把促进公平作为国家基本教育政策……基本要求是保障公民依法享有受教育的权利，重点是促进义务教育均衡发展和扶持困难群体，根本措施是合理配置教育资源，向农村地区、边远贫困地区和民族地区倾斜，加快缩小教育差距。"此外，号召全社会共同努力促进教育公平的实现。

教育公平实现的关键问题是人民平等受教育权的保障问题，尤其是义务教育均衡化。城乡和地区差异的缩小，有利于保障义务教育均衡发展，加快农村寄宿制学校建设等，从而实现覆盖城乡的基本公共教育服务目标。直面实际问题并积极提出解决办法表明了政府为人民服务、促进教育公平的决心和责任。

(2) 体现教育政策的民生性与民本性

公共教育服务的相关政策中，都渗透着政府以民为本，以人为本，关注民生的价值取向和目标追求。我国人口众多，分布广泛，因此经济、文化上的地区差异和城乡差异必然存在。政府的公共服务惠及全国人民，因此在政策上凸显对落后和偏远地区的倾斜。

在教育政策上，除了免费九年义务制教育的普及，在《规划纲要》等相关政策文件中强调政府为人民提供公共教育服务必须尽到的责任，如"办人民满意的教育""建成覆盖城乡的基本公共教育服务体系，逐步实现基本公共教育服务均等化，缩小区域差距。"

(3) 促进国民整体素质的提高

公共教育相关政策的出台，必定带来教育发展的新局面，而且提倡的集团办学和教育社区的建设，都有利于形成教育的合力，培养更多有责任感的人，构建和谐的伦理社会。

3. 有利于学校公共教育服务职能的充分发挥

(1) 对学校提出了新的要求和期望

学校作为政府下设的教育机构，它的权力同样是人民赋予的公权力。既然是公权力，就应该以实现公益为目的，就应该以创设良好的公共生活环境和扩大人民福祉为责任。这就是公共服务和公共责任的由来。

各项政策的出台，涵盖了教育的多种形式和各个方面，也对各级各类的公共教育学校提出了新的要求。这些新要求既是国家对学校教育的期望，也是学校应该承担的责任。学校教育践行着国家的发展理念和对国民的责任，学校要凸显服务的本质。

(2) 为学校发挥职能提供政策支持

国家其他政策的配套出台，为学校提供了更全面的政策支持、财政支持、师资和生源支持等。这是促进学校教育发展的动力，有的政策通过法律的形式固定下来，有的形成正式的制度，这些设计和选择都是为学校发挥应有的职能保驾护航，有利于学校公共教育服务职能的发挥。

(3) 通过中小学实现基本公共教育服务的提供

新中国成立以来我国就有“为人民服务”的思想，加之受西方公共行政改革的影响，我国政府在反思和借鉴的基础上，开创性地提出“服务型政府”理念。教育作为国家职能构成的重要部分，作为实施国家教育理念的机构，“服务型政府理念”在教育中就反映为学校是公共教育组织。中小学作为义务教育的实施主体，作为政府实现人民基本受教育权利的代理机构，是公共教育服务型学校。既然是服务性质的学校，就要以学生的发展好坏作为评价学校服务优劣的标准。

中小学作为国家为人民提供基本公共教育服务的场所，国家给予最大的政策和财政支持。基本公共教育服务作为目前国家对人民基本教育权利的保障，中小学有责任完成政府为人民服务的转化。

学校要为学生的成人提供服务，这种服务不是针对顾客的服务，而是以人的品格养成与能力培养为目的、以教育活动和课程体系为产品的教育服务，是基于公正、公益和平等的公共教育服务，是体现责任伦理的精神服务。中小学必须提供责任伦理学意义上的公共教育服务，强调组织和个体都要提供服务，提供服务的关键是中小学要承担主体责任伦理。

第二章 公共教育服务的理论基础

目前，公共教育服务理论还没形成完整的、系统的理论。

一般认为，公共教育服务理论研究源流有两个，一是来源于近代的公共教育理论，二是来源于公共行政和公共管理理论。工业革命早期，其更多受近代公共教育理论的影响，后期基本上与公共行政的演变同步。无论是在新公共管理或是新公共服务理论中，公共教育一直是其不可或缺的内容之一。在两大理论体系的相互交叉、渗透过程中，当代公共教育服务理论逐步形成。

随着我们国家改革的不断深入，政府的公共服务职能得以凸显，关于“公共服务”“服务型政府”“基本公共服务均等化”等的相关学术研究也日益丰富起来。

教育作为国家培养人才的重要方式和人民应该享有的权利，是政府提供公共服务的重要组成部分，因而关于“公共教育服务”“义务教育均衡化”“构建公共教育服务体系”的表述也随之成为讨论的热点和现时代的话语。因此，研究和构建公共教育服务理论具有重要而深远的意义。

一、公共教育服务理论相关概念内涵及拓展

对于教育的研究，除了关注微观教育学，也需要从宏观教育视角，借鉴其他学科的养分。构建系统的公共教育服务理论，离不开对公共教育服务相关概念内涵的梳理和分析。

（一）公共教育服务相关概念的内涵追寻

与公共教育服务相关的概念包括：服务、教育服务、公共服务、公共教育、教育公共服务等，对这些概念的简单梳理和内涵追寻，可以为构建本书视域中的公

共教育服务理论提供养料和借鉴，成为公共教育服务理论不断丰满和完善的前提与基础。

1. 关于“服务”含义的分析与研究

服务是一种复杂的社会现象，具有各种不同的表现形态。因此，自英国古典政治经济学家威廉·佩蒂首次涉足服务范畴的研究到现在已过去300多年，这期间学者们从不同的视角界定服务概念，基于不同行业和不同学科背景，学者们对服务概念的界定也各不相同，因此目前没有一个可以普遍接受的权威定义。

通常我们认为，服务有日常含义和学术含义之分。比如，“服务”在古代是“侍候，服侍”的意思，随着时代的发展，“服务”被不断赋予新意。现代汉语中，服务是指为别人、为集体的利益而工作或为某种事业而工作。这一点和英语的service(服务)意思相近，主要是指为他人做有益的事。这是服务的日常含义。在学术上，“服务”的含义在不同学科领域是不同的，如经济学有经济学的解释，政治学、行政学、伦理学等又有各自学科的理解。

(1) 经济学视角对服务概念的研究

服务概念在经济学领域中使用最多，因此从经济学的视角，中外学者对于服务概念的解释给予了很多研究和界定，主要强调服务的无形性、差异性、不可分割性、不可储存性和所有权的非转移性等基本特征。

程大中所著《生产者服务论——兼论中国服务业发展与开放》①一书中，针对“经济学意义上的服务概念的演变”，把国外学者对于服务的界定进行了梳理，使我们了解了服务的无形性、容易消逝性等特征。

国外关于服务概念的研究也很多，学者们分析了服务的多层次结构，包括服务行为、服务价值等方面。

(2) 其他学科对服务的理解与界定

在政治学的学科视角中，“服务”体现着不同的关系存在。站在国家的角度，服务代表着国家权力与个人权利之间的关系；在组织当中，服务体现着组织与个人之间的关系。

国家的来源预示着权力与权利的共在。我们知道，按照契约论的观点，国家最初产生是为了摆脱对他人的恐怖心理，为了保障安全和维持秩序。为了达到

① 程大中.生产者服务论——兼论中国服务业发展与开放[M].北京：文汇出版社，2006.

这样的目的，人们通过社会契约组成组织机构，形成具有最高权威、最大范围和最大普遍性的“组织—规范—秩序”系统。这个系统需要一种强大的力量进行管理，从而保证其成为具有公序良俗的组织。这种权威力量就是国家权力，是由人民让渡、得到人民认可、为人民福祉而存在的公权力。既然这种公共权力来源于人民让渡的部分权力，为人民服务，保障个体安全、自由权利和财产权利等便成为国家必须履行的职能。国家作为政治共同体，其一，设立法律和道德规范，形成一种社会秩序，维持社会的发展；其二，依靠暴力来维持国家的主权和权威。

在行政学意义上，人们经常讲“管理就是服务”，实际上是强调管理的服务性特征。在行政管理中，政府本着为被管理者服务的理念，通过制定公共政策，制定有效的管理制度，从而高效率整合和利用公共资源，实现公共利益的最大化。

这些研究为我们对服务概念的理解提供了借鉴和帮助，但是今天我们所研究的公共教育中的服务，在内涵和外延上都与经济学、政治学和行政学对服务的界定有很大差异。我们的服务是从伦理学意义上或者责任伦理学视角进行界定的。服务更多强调的是责任，包括组织责任和个体责任，这些责任的实现就是服务的达成。

可以说，在国家的治理和服务中，存在着不同的伦理规范。对服务者来说，仅仅依靠道德伦理来让他们自觉遵守职业道德和强化服务精神是不够的，还需要像行政伦理这样通过法律制度的规范来强制和约束服务者的行为和程序。道德伦理需要服务者内化于心，从而自觉地践行服务精神；行政伦理的法治化有利于服务型政府的建设，并强化政府的服务本质，有利于服务者的服务理念提升，并且培育他们的公共意识、平等意识、合作意识、责任意识和奉献意识等素养，自觉维护公共利益。

2. “教育服务”的内涵

邢永富教授在《服务型政府背景下的教育服务性》一文中提出了对教育服务的独到见解：市场经济条件下的商业服务中，服务的提供者和受益者以平等互惠的关系进行服务交易；服务的提供者利用自身的优势，按照自己的目的和要求强制对象接受服务，这是传统政治条件下的政府行为表现；服务的提供者基于某种文化、宗教、伦理等道义责任，向服务对象提供无偿而合宜的帮助。教育服务是基于社会正义、伦理原则和道德理想等由教育者为学习者提供的服务。

教育的本质在于为学习者服务，这样的教育必然是以人为本的。同时，教育的本质在于为所有的学习者服务，这样的教育必然是以民为本的。以人为本和以民为本的教育必然是服务性的教育。教育不可能替代学习者的学习和发展，因此教育只能是一种服务。

无论是从广义还是狭义上界定公共服务，教育作为人民的权利，是政府为人民提供公共服务的重要部分。

统治型政府背景下的教育是为了实现控制和统治；管理型政府背景下的教育是为了追求管理和效率；在服务型政府时代，教育事业虽然仍具有此前的某些特征，但是更鲜明地表现出公共服务的价值取向，即为了人民受教育权利而服务。服务型政府背景下，教育就是服务，而且是政府必须通过学校教育提供的公共服务。

3. “公共服务”的概念起源、内涵与分类

（1）公共服务的概念起源

人们一般认为，20 世纪初莱昂·狄骥第一次提出公共服务概念，并对公共服务的概念和内涵进行了系统的描述。其实，公共服务的概念雏形最早源于古希腊时期人们对国家起源和公共性问题的讨论[①]。

也就是说，公共服务从概念的起源上就与国家、政府密切相关，公共服务是政府必须承担的职能。在意义上，公共服务与私人服务相对应，其投入的资源或公共权力具有公共性，以实现“最大多数人的最大幸福，同时这种最大多数人的最大幸福的实现并不是通过剥夺少数人幸福而赢得。”[②]为最终目标，并且主要由政府这个公共机构来承担。

学校作为教育行政机构的下设部门，不是一种自然存在，而是国家人为设定的公共角色，因此具有为公共事务提供公共服务的责任。

（2）公共服务的内涵

公共服务的本质特征是公益性，这一性质决定了政府具有义不容辞的责任。公共服务又分为基本公共服务和非基本公共服务，基本公共服务是政府公共服务职能的“底线”，是公共服务中最核心、最基础的部分，其范围和标准具有动态

① 陈振明等.公共服务导论[M].北京：北京大学出版社，2011：33.

② [美] 约翰·罗尔斯.正义论[M].何怀宏等译.北京：中国社会科学出版社，1988：60-70.

性特征。基本公共服务均等化是基本公共服务的“价值取向和结果状态”，核心是机会均等和效果均等，不是简单的平均化和无差异化。

(3) 公共服务的分类

合理的分类有利于认识事物的本质，对公共服务理论进行研究，分类也就显得非常有必要了。学者们根据自己的研究，基于不同的标准，对公共服务进行了不同的分类。

将公共服务的特征、功能、受益范围和水平作为标准进行分类①。如表2.1（根据内容整理）所示：

表2.1 公共服务的一种概括性分类框架

标准	类型	内容
特征	纯公共服务	国防、外交、行政管理、宏观经济管理、危机和灾害管理等
	准公共服务	城市公共交通、高等教育、公园、博物馆和公共图书馆等
功能	维护性公共服务	政府一般行政管理、执行法律、国家安全和秩序维护等
	经济性公共服务	政府对经济行为的规范、对产品和服务标准的确定，对公益性设施的投入和管理等
	社会性公共服务	教育、医疗、社会保障、环境保护等
受益范围	全球性公共服务	联合国、空间大气层保护等
	全国性公共服务	所有公民享用、主要由中央政府负责供给的服务
	地方性公共服务	城市公共交通服务、地方治安管理等
水平	基本公共服务	义务教育、基本医疗卫生、基本社会保障等
	非基本公共服务	高等教育、高于社会保险水平的高福利等

将现有公共服务分类概括为7种标准，分别是公共支出领域、政府职能体系、公共服务性质、专业知识领域、公共需要内容、资本和劳动力投入比例以及消

① 石国亮，张超，徐子梁.国外公共服务理论与实践[M].北京：中国言实出版社，2011：15-16.

费空间范围，形成7种类型的典型分类框架。通过分析已有分类框架的局限性，以“公民对公共服务的基本需求”和“政府提供公共服务的最小范围”为标准，将公共服务分为保障性公共服务和发展性公共服务①。(见表2.2)

表2.2　保障性公共服务和发展性公共服务的区别

	保障性公共服务	发展性公共服务
主要内容	设计基本人权的低层次公共服务	相对较高层次和质量的公共服务
基本属性	公共性、普惠性和公平性	针对某类群体(如较高收入群体)
发展阶段	一国或地区经济社会发展的较低阶段	一国或地区经济社会发展的较高阶段
需求层次	公民的基本需求及迫切需求	公民的较高需求，非迫切需求
责任承担者	以政府为主(特别是中央政府和省市政府)	多重主体，可以是政府、市场或社会(非政府组织)等

(4) 本书对公共服务的界定

本书从三个视角来界定公共服务，以期明确其内涵和边界。

第一，从政府职能的角度在广义和狭义上界定“公共服务”。

公共服务以公共权力和公共资源投入为特征，目标是实现社会福利最大化。政府服务是判定公共服务的重要标尺，但政府服务不是公共服务的全部，政府是重要的公共部门之一，是提供公共服务的核心主体。

我们从广义上理解公共服务，就要对政府与人民、社会之间的关系进行重新认识和界定，“公民是拥有广泛权利的自由平等的国家主人，政府要以实现和维护公民的各种权利为目标”②。

第二，从学科视角来界定“公共服务”。

从政治学和伦理学视角来看公共服务。霍布斯在《利维坦》中指出，国家的本质是每个人将自己的行为授权，大家订立信约来做有利于和平和共同防卫的

① 陈振明等.公共服务导论[M].北京：北京大学出版社，2011：67.

② 余世喜.公共服务型政府的内涵及其分析基础[J].暨南学报(哲学社会科学版)，2007，29(03)：1-5.

一种人格，这成为公共物品思想的源头。之后休谟在论述人性时的观点隐含了公共物品消费的“不可分性”和“搭便车现象”。这些在政治学和伦理学领域对于公共物品的描述，奠定了公共物品理论的基础①。公共服务的理性主要来源于人权、人道主义、人民与国家关系和政府以需求促进供给的功利主义目的。

政府公共服务职能的强化，既是政府职能转变的要求，也是公共管理理念转变的关键；意味着政府与人民关系的重新定位；体现着“以人为本”的伦理价值取向；意味着政府服务的理念由“效率优先、兼顾公平”向“效率与公平并重”转变②。

从公共服务在经济学中的解释来看，公共服务最直接的来源是经济学领域的公共物品概念。在经济学术语中，物品的概念经常被使用。从物品所有者的角度，又可分为公共物品和私人物品。公共物品的最显著特性是公共性和公益性，而私人物品是具有私有财产性质的物品，是需要得到保护和神圣不可侵犯的。随着国家改革和政府管理理论研究的经济学转向，公共服务概念伴随公共物品概念的演变逐渐流行起来。

在行政学领域使用公共服务源于公共行政学把社会生活领域分为公共领域和私人领域，并强调满足公共领域需求的产品属于公共物品，而公共服务满足的是公共需求。政府公共服务的本质是使用和分配社会全体的公共资源，利用拥有的公权力来谋公益和维护社会公平正义。既称之为公共服务，就意味着政府在职能上更多带有“服务”的性质，而不同于过去的“统治与管理”，也不同于其他服务业提供的一般服务③。

按照新公共行政学派代表弗雷德里克森的观点，公共服务是指促成民主发展、培养公共精神、维护社会公正和公共利益的政府行为或官员行动④。也就是强调公共服务的本质属性是公共性，只有与公共利益相关联的服务才是真正意义上的公共服务。

第三，从服务的角度来界定“公共服务”。

我们认为，公共服务是有着特定含义的概念，是指为社会公众提供的、基本

---

① 陈振明等.公共服务导论[M].北京：北京大学出版社，2011：9－10.

② 鄯爱红.公共服务的伦理内涵与价值[J].中国特色社会主义研究，2006，(4)：74－75.

③ 鄯爱红.公共服务的伦理内涵与价值[J].中国特色社会主义研究，2006，(4)：73.

④ [美] 乔治·弗雷德里克森.公共行政的精神[M].张成福等译.北京：中国人民大学出版社，2003.

的、非盈利性的服务。

公共服务是大众化的服务，也就是说公共服务是为大多数人谋取利益的，而不是只为特定少数人提供的服务；公共服务是基本服务，即公共服务是满足人们日常生活中基本需求的服务；公共服务是内容广泛的服务，既包括物质产品（水、电、气、路、交通工具等）的提供，也包括非物质产品（安全、医疗、教育、娱乐等）的提供；并且公共服务是一种低价位的服务，以保证人们能够持续性地消费[①]。

4. “公共教育”的内涵与现实发展

(1) 公共教育的内涵实质

公共教育服务中提及的公共教育既能促进人理性的发展，也包含实现公共善的意愿。沃尔特·范伯格认为现代和后现代意义上的公众是理想的监管者，公共教育的目的就是为了培养这种公共群体对共有价值观的集体反思[②]。因此可以说公共教育具有培养人的责任，具有培养人集体反思的能力。我国学校教育存在的“私化”现象消解了教育的公共性。因此，公共教育应该促进社会的公共善，培养具有公共理性和公共精神的社会成员[③]。

公共教育所提供的公共物品形态是公共教育服务。因此，人民主体对公共教育的支配权必须通过享受公共教育服务来实现，没有公共教育的服务价值，就不可能实现人民主体对公共教育的支配。此外，公共教育的服务价值必须具备“直接的公民服务性”，即公共教育的服务宗旨直接指向人自身，该特征使公共教育与其他公共服务事业相区分[④]。

(2) 公共教育的现实发展

西方进行的公立学校改革是西方学者所认同的公共教育的重建运动，因为公立学校是政府提供公共教育的主要途径。

从公立学校的外部来说，公共教育的重建主要关切的是公立学校与政府、社会之间关系的重新定位。对于政府来说，职能的转变是变革的关键，政府职能应该实现从统治、管理到服务的转变，治理方式也从单一走向多元，切实推进公立学校的变革。对于社会来说，当市场竞争的理念渗透到学校教育的理念当中时，

---

① 李朝祥.政府公共服务职能的市场化[J].广西社会科学，2003，(4)：16－17.

② 沃尔特·范伯格，陈佳.重思公共教育的作用[J].复旦教育论坛，2011，9，(2)：15－20.

③ 金生鈜.保卫教育的公共性[J].教育研究与实验，2007，(3)：7－13.

④ 李西顺.服务价值：公共教育之吁求[J].现代教育管理，2010，(11)：4.

必须坚守教育的公益性，尤其是义务教育阶段的公立学校教育。就公立学校内部而言，按照丹尼尔·贝尔的观点，公共教育的发展基于效率、平等和自我实现三种基本教育价值。

5. 教育公共服务

教育过程中使用公共权力或公共资源，就属于教育公共服务。目前学术界有时将“公共教育服务”表述为“教育公共服务”。我们认为，这与现代政府主要职能逐步转向公共服务以及现代学校和公共教育制度的发展等时代背景并不相悖，而是彰显了从传统公共行政理论到新公共管理理论再到新公共服务理论范式的转变与发展。也就是说，与此相关的“教育公共服务和公共教育服务”“教育公共服务体系和公共教育服务体系”以及“教育基本公共服务体系和基本公共教育服务体系”这三组概念的内涵相一致①。

（二）相关理论的贡献

公共教育服务理论虽然没有形成完整的理论体系，但是源流很多，是一种博采众长的理论。这些相关的理论或多或少地为公共教育服务理论注入养分，使其初具雏形。而且我们认为，作为一种有生命力的理论，公共教育服务理论会随着时代的流动和现实的召唤不断地充实和完善自己，成长为完整的、科学的理论体系。

1. 公共物品理论

（1）概况

公共物品是经济学概念。一般说来，物品有公共物品和私人物品之分。

公共物品理论最早可追溯到瑞典经济学家威克塞尔在1896年出版的《财政理论研究》一书，他在书中首次将边际成本定价等设计应用于公用事业服务、带有垄断性的寡头产品等。

1919年瑞典经济学家林达尔首次使用公共物品概念。1954年保罗·A.萨缪尔森在他的《公共支出的纯粹理论》中对公共物品进行了分析性定义，即“扩展其服务给新增消费者的成本为零，且无法排除人们享受的物品。”也就是说公共物品有两个基本特征：非排他性和非竞争性。这种界定成为公共物品的经典定义。而萨缪尔森界定的公共物品是“纯公共物品”，相对应的是“纯私人物品”。

① 谢凌凌.基本公共教育服务体系：一个理论框架的构建[J].教育学术月刊，2012，(8)：24.

后来的公共选择学派代表人物布坎南对其做了重要修补，在《俱乐部的经济理论》一书中首次提出准公共物品的理论，准公共物品或混合物品只具有非排他性，或者只具有非竞争性。经过分析可以得出纯公共物品由政府提供、混合性公共物品则由政府和市场共同提供的结论。

从19世纪末开始，西方经济学经历了从“公共服务就是提供公共物品”的观点发展到“公共服务不仅仅提供公共物品”观点的过程。总之，公共服务的定义一直发生变化，但始终是依据物品的规定性的逻辑来进行解释。受此影响，我国官方和学界也套用物品的规定性来解释公共服务。实际上两者有差别，主要表现在公共服务的范围比公共物品的范围大，公共服务包含公共物品①。

(2) 理论贡献

公共物品理论对物品属性的划分，对于公共教育研究有着重要的意义。学界基本认同公共教育是一种准公共物品的理解，而本书研究的中小学具有纯公共物品的性质，是完全由政府举办的基本公共教育服务组织。因此，公共物品理论有助于我们进一步理解公共服务和公共教育的内涵。

2. 新公共管理理论

(1) 概况

新公共管理的起源可以追溯到“管理主义”在韦伯官僚制理论的争论上，后来新公共管理理论成为各国行政管理改革的主要借鉴。政府拥有权威和资源，从公共物品的属性出发，既是生产者又是提供者，因此成为提供公共物品和公共服务的唯一主体而形成垄断②。公共管理者既要自己进行管理，还要承担相应责任。

新公共管理的主要理念是管理具有自由化和市场化倾向。这些管理理念经过奥斯本和盖布勒于20世纪90年代在《重塑政府》一书中的提炼，成为新公共管理理论的精髓，即我们所熟知的企业家政府理论。

(2) 理论贡献

新公共管理理论虽然没有根本超越官僚制对效率和业绩专注的价值取向，但“公共服务”已经是新公共管理的追求目标之一。实际上，从传统管理型政府开始，真正意义上的公共服务就产生了。新公共管理将权力中心主义转化为服

---

① 陈心慧.公共物品和公共服务的概念与范围的厘定[J].科教文汇，2008，(27)：195.
② 石国亮，张超，徐子梁.国外公共服务理论与实践[M].北京：中国言实出版社，2011：59.

务中心主义，提出了公共服务的新思维，但仍然是以集权的形式出现。

在这样的官僚制组织结构中，强调对组织系统的合理性设计，要求制度安排和结构设计从属于权力本位和效率第一的目标。但是在公共领域中，代表人民行使公共权力的行政人员的真正角色应该是“公共人”，而不是“组织人”或“经济人”。因此基于“公共人”假设的行政改革应该是遵循着统治行政到管理行政再到服务行政的方向发展。

该理论中政府“掌舵”而非“划桨”、政府要提供优质服务、政府应该具备企业的“顾客”意识以及政府要引入市场机制从而改善公共服务等观点为政府自身的公共服务职能提供了养分，出现了学校办学形式的多样化和对家长多元化的教育诉求。但是将学生看作顾客的观点使得学校在走向市场的过程中出现了过度市场化的负面影响，某种程度上导致了学校教育公共性的迷失。

3. 新公共服务理论

(1) 概况

20世纪末以来，随着西方一批公共行政学者对新公共管理理论的反思和批判，新公共服务理论开始兴起。新公共服务理论提出政府既不该掌舵，也不该划桨，而是要承担为人民服务的责任；以实现公共利益为目标；服务对象不是顾客，而是可以民主参与和承担责任的人民等核心观点。因此，该理论使公共服务与公共行政的伦理价值得到关注和重塑，强调服务的价值和意义以及建立公平、法治、负责的公共服务体系，从而扩展了公共服务治理主体的范围。

(2) 理论贡献

新公共服务本身内含着责任与公正的价值目标，而且强调人的权利与公共利益，最终指向行政主体的责任伦理。正如罗伯特·登哈特所说的，新公共服务是一种对价值观的根本改造①。新公共服务承认制度的功能，但是更强调公平正义的价值。因为对于行政人员来说，能否担当相应的责任取决于他们是否具备高尚品德和伦理自觉。新公共服务主张在任何需要作出伦理选择的时候，公共管理者都有能力也应当以服务于公共利益为最终的判断标准②。

---

① [美] 珍妮特·V.登哈特，罗伯特·B.登哈特.新公共服务：服务，而不是掌舵[M].丁煌译.北京：中国人民大学出版社，2004：167.

② 郑淑娟.论责任伦理的价值——基于新公共服务范式对自由裁量权规制理路的解读[J].中国石油大学学报(社会科学版)，2008，(3)：64.

新公共服务理论所强调的制度公正价值、公共利益、权利、主体的责任伦理等成为公共教育服务理论的内核。因为学校、校长和教师作为服务主体，都承担着为学生提供公共教育服务的责任，从而彰显了学校教育的公共性和公益性，体现了政府和学校的公共精神。

4. 公共治理理论

(1) 概况

公共治理理论的提出主要受西方极端自由主义思潮的影响，并吸收了其部分思想。此外，公共选择理论也为其提供了可借鉴的管理模式。加之经济全球化和现代信息技术的发展进一步推动了公共治理模式的产生。主要的观点包括：政府不是唯一的权力中心和公共责任的唯一承担者，需要政府、市场和社会的重新组合和共同治理。

(2) 理论贡献

公共治理理论是对新公共管理理论的反思与创新。20 世纪 90 年代起，公共治理理论逐渐成为我国社科研究中的分析工具之一和政府改革的重要理论。治理理论是多种理论融合和发展的结果，其将治理概念引入公共行政学，强调政府从善政走向善治。治理理念认同治理主体的多元化，认同相关利益者的权利关注，经过改进和发展逐渐成为政府行政管理的新范式。

对于服务型政府的认识，张康之教授认为服务型政府是把公众服务作为政府存在、运行和发展的根本宗旨的政府①。王娟认为服务型政府是后工业社会或信息社会出现的新型政府管理模式，是对放任型政府和管制型政府的扬弃②。孙秀艳认为服务型政府是针对传统计划经济下政府以计划指令、行政管制为主要手段的管制型政府模式而提出的新型现代政府治理模式③。

二、公共教育服务理论的自我建构

基于责任伦理学视角，我们认为，公共教育服务是以相关主体的责任伦理实

---

① 张康之.寻找公共行政的伦理视角[M].北京：中国人民大学出版社，2002.

② 王娟.服务型政府的内涵与要求[J].郧阳师范高等专科学校学报，2007，(1)：74－77.

③ 孙秀艳.我国建立服务型政府理论的研究述评[J].中共福建省委党校学报，2004，(9)：20－24.

现作为内核的。相关主体可以是组织，也可以是个体。责任伦理则是组织伦理属性与个体伦理属性的融合。实现了相关主体责任伦理的教育组织就是具有公共教育服务职能的组织，该组织公共教育服务职能的充分发挥是我们追求的应然目标。

学校同国家和政府一样，也是公共组织，是专门实施正规教育的机构。按照所有权的归属，学校可以分为公立和私立两种。由政府开办、管理并提供公共财政支持的学校是公立学校，或者说是公共学校，也是本文研究的学校。这类学校虽然在制度安排、校风建设、管理风格、教学模式、师生关系等方面存在个性和差异，但是作为同一种学校类型，都是公共教育系统中重要的一员，因而这类学校具有共同的价值秩序体系。在这样一套价值体系下形成的学校气质，规约着学校、校长、教师和学生的行为方式与价值取向。

公立学校存在的目的是保障每个儿童平等地享有受教育的权利，真正维护学生的学习权利、人格尊严、思维方式和生存方式，因此公立学校具有公共教育服务的特质。在我国，义务教育阶段的中小学教育是公共教育的重要组成部分，是国家为人民提供的基本公共教育服务，是基本人权性质的、平等的公共教育服务。

在此理解的基础上，本部分将从内涵、实质、义务教育的基本公共服务性质和公共教育服务的核心主体四个方面进行公共教育服务理论的建构。

(一) 公共教育服务的内涵

对公共教育服务的内涵、特点及性质的把握是研究的前提，也是深入研究学校公共教育服务职能的保障，更是在众多关于公共教育服务职能研究中重要的、不可规避的首要问题。对于公共教育服务内涵的理解，不同的学者从不同的研究视角得出的结论不尽相同。

公共教育服务已成为当今世界各国政府最为重视的公共服务领域。公共教育服务是教育公平的基础，是政府的基本责任。教育公共服务水平是衡量一个国家、一个地区和一个城市社会经济发展水平的重要指标之一①。

1. 公共教育服务的经济学内涵

经济学理论将公共物品定义为具有以下特征的物品或服务：生产具有不可

① 何鹏程.教育公共服务体系构建研究[D].华东师范大学，2012.

分性；规模效益特别大；初始投资量巨大，经营所需资本小；生产具有自然垄断性；消费非排他性，即一个人享用一种公共物品并不妨碍另一个人对同一公共物品的消费；消费具有社会文化价值等①。根据上述定义，公共物品或公共服务所具有的最本质特征是消费上的非排他性和消费上的非竞争性。而教育具有一定的竞争性和排他性②，因此，教育并不是真正意义上的公共物品，它具有准公共物品的性质。教育产品又称为教育服务，对于教育这种产品性质的重新界定，使得人们对于教育的供给方式和财政来源有了新的认识。

从教育具有的非排他性和不完全的非竞争性特点角度理解，教育在资源配置方式上可以由政府和非营利机构提供，营利性组织适当介入。即“市场应当有限介入，政府应当适度保持调节功能”③。

2. 公共教育服务的公平性内涵

公正公平是公共教育服务的价值基础，只有坚持公正公平才能为人民群众提供公共教育服务，才能真正体现公共教育服务的真谛。公共教育服务要关注个体之间的不公平，努力构建“学有所教”和“因材施教”的公共教育体系，以实现公共教育服务的根本目标。

3. 公共教育服务的服务价值内涵

一是基于道义责任。服务的提供者向服务对象提供无偿的恰当的帮助，教育在本质上属于这种服务关系，即为学习者提供帮助。

二是基于人发展的需要。人的身心、精神和价值等层面的发展，需要依靠公共教育服务价值的未来性来引领，因此公共教育服务具有服务性和前瞻性。

此外，在服务型政府背景下，作为公共教育服务提供者的政府，赋予了公共教育服务法治性和责任性的内涵。

(二) 公共教育服务的实质

公共教育服务理论从字面上理解，就是指教育的两个核心特征：公共性和

---

① [英]伊特韦尔等主编.新帕尔格雷夫经济学大辞典(第三卷)K－P[M].北京：经济科学出版社，1992：207.

② [美] 詹姆斯・M.布坎南.公共财政[M].赵锡军等译.北京：中国财政经济出版社，1991：22.

③ 劳凯声.人文社会科学研究的问题意识、学理意识和方法意识[J].北京师范大学学报(社会科学版)，2009，(1)：13.

服务性。在现在的政策文本和学术研究中，公共教育服务体系和公共教育服务理念这两个概念被频繁使用。这就有必要标明中小学的公共性和服务性究竟具有怎样的特殊内涵呢？或者说，真正意义上的中小学公共教育服务到底是什么？为什么在现代性背景下显得特别重要呢？

在我们看来，当政府反复强调我国要建立覆盖城乡的公共教育服务体系时，我们就应该从以下几个方面去理解公共教育服务的深层含义。

1. 关于地域的概念理解

对于我国公共教育实施的地域来说，无论城市还是农村，无论发达地区还是欠发达地区，无论东部还是西部，无论汉族聚居区还是少数民族聚居区，只要是属于中华人民共和国人民居住的区域，都是政府和学校应该提供公共教育服务的区域。尤其是我国实行九年义务教育，不应因为偏远山区的交通不便捷和师资欠缺而缺失，不应因为适龄儿童少而撤点并校。即便只有一名学生，也应该享受到政府提供的基本公共教育服务。

2. 关于教育类型的划分

对于教育类型来说，不管是由政府出资兴办的公立学校（或称公共学校），还是由个人出资建立的私立学校（或称民办学校）；不管是义务教育阶段，还是高中教育阶段和大学教育阶段，只要所提供的教育服务是为了培养国家需要的人，都属于公共教育服务。只是按照资金来源的不同，可以分为基本公共教育服务和非基本公共教育服务。目前在我国，九年义务制教育的公立中小学教育是由国家公共财政拨款支持的，是人人可以享受的基本公共教育服务，而私立中小学和高中以及大学教育不属于国家公共财政支持的基本保障性质的公共教育服务，是具有改善和提高性质的非基本公共教育服务。

3. 关于教育服务内容的看法

一般研究认为，公共教育服务的提供主体是国家和政府，所需要提供的就是财政支持以配备完善的教育设施和聘请优秀的师资，这些就是公共教育服务的内容。但是我们认为，真正意义上的公共教育服务远不止这些。

其一，对于学校来说，学校教育的目标是基于国家的人才需求目标设立的，国家和政府自然是提供公共教育服务的首要主体，政府应该为学校提供基本的物质材料和师资保障。但是，学校教育作为正规教育，它的主体不是单一的，而是多元的，学校、家长、社区和社会都是学校教育的主体，都应该参与学校的管理和公共教育服务的提供。

其二，学校作为专门的教育机构，它要承担的公共教育服务不仅仅是政府提供的设施与师资作为服务的全部内容。站在责任伦理学研究的视角，如果把学校看作一个系统，在系统内部还应该包括学校作为组织的制度责任伦理建设、校长作为管理者和教师作为教育者的个体责任伦理实现。学校的制度建设可以为学校总体的公共教育服务提供保障；校长和教师的个体责任担当是体现学校公共教育服务的关键。

因此，无论组织还是个人，公共教育服务的对象都是在校的学生。真正的公共教育服务的核心当然是为学生的学习和发展服务，充分激发学生的主体性；在学校系统外部，学校应该成为具有公共服务力的组织，将公共教育服务辐射到社区和家长；而校长和教师作为一种职业，也要遵守职业道德，切实为学生服务和负责。

4. 关于基本受教育权利和非基本受教育权利的区分

按照法学、行政学相关研究提出的观点，权利可以分为基本权利和非基本权利。教育是人民应该享有的基本权利，是人人可以享受的公共服务。对于义务教育阶段的公立中小学来说，提供的是纯公共教育服务。非基本权利和非基本保障性质的公共教育服务是国家和政府努力的方向，是随着国家的发展而逐渐增加的福利性公共服务。

我们认为，除了对中小学服务内涵的基本理解，还要关注中小学的公共服务力建设，以及学校自身的制度伦理建设，即：学校发挥怎样的职能和如何进行制度伦理建设才是真正意义上的公共教育服务组织；学校中的管理者和教育者要做什么和怎么做才能真正履行自己的责任等等。

（三）义务教育的基本公共服务性质

1. 义务教育是基本人权性质的教育

义务教育作为一种基本人权的免费教育，从根本上讲就是一种对所有人民而言机会均等的教育。因此，必须通过政府服务职能的回归，促进政府服务义务教育和义务教育学校提供服务的双重质量提高。

由于义务教育具有极强的公益性，而国家对其人民基本素质的培养是国家赖以存在和发展的基础，义务教育因此在现代社会一般被要求免费提供，其发展所需的经费应主要由政府财政提供①。

2. 义务教育属于基本公共教育服务

义务教育的本质是政府为人民提供的平等的公共教育服务。义务教育的性质决定了它是一种具有强制性的、法律保障的、免费特征的教育制度，是政府为人民提供的公共教育服务②。

基本公共教育服务是典型的纯公共产品，对公共属性要求很高。义务教育属于基本公共教育服务，其公共性程度远高于其他教育领域。另外，基本公共教育服务与其他的教育产品不同，具有公益性、均等性等特征。对政府来说，不但要提供有形的产品和服务，还要保障服务的基本覆盖面。因此，在义务教育阶段，应更多体现实质公平③。

3. 义务教育提升人民幸福感

义务教育中小学是国家实施义务教育的代行教育机构，学校决策者应该明确他们应当为受教育者提供服务，特别是要为受教育者的发展服务。

有学者利用公众幸福感的调研数据对教育与主观幸福感之间的关系进行了实证研究，得出教育与人的主观幸福感显著正相关的结论④。的确，义务教育政策的实施使得人民的基本教育得到保障，有助于提升人民的主观幸福感。为了提升人民的幸福感指数，政府承担义务教育的职责也不断拓展，主要体现在加大对义务教育的公共投入，努力实现教育公平等方面。我国在普及九年制义务教育之后，基于民众对优质教育的追求，政府在提高义务教育的质量和承担义务教育的责任方面将主要体现在：增强为学生服务的意识，提高办学水平，为社会尽可能提供优质的义务教育资源。

教育资源和学校理念对于教育的发展非常重要，但是对于学习者来说，学校教育等都是外部因素，这种外因只有通过内因才能起作用。也就是说，中小学在实施教育的过程中，需要通过激发学习者的内在动机来完成学习的过程，实现学

① 李玲馨.教育公共性与有为政府分析[J].阜阳师范学院学报(社会科学版)，2010，(1)：141－145.

② 贺武华.略论义务教育发展与政府职能拓展[J].教育发展研究，2005，(4)：25－29.

③ 谢凌凌.基本公共教育服务体系：一个理论框架的构建[J].教育学术月刊，2012，(8)：20－24.

④ 赵新宇，范欣.教育影响幸福吗？——基于中国问卷调查数据的实证研究[J].吉林大学社会科学学报，2014，54，(1)：68－76＋173.

生的成长和发展。因此，义务教育中小学应以学生为学习主体提供真正意义上的公共教育服务①。

（四）公共教育服务的核心主体

国家具有一般社会组织的本质属性，即实现社会利益和管理社会公共事务的公共权力，公共管理和公共利益的维护是其最重要的职能之一；同时，国家又为个人的发展创造条件。教育是国家创办的公益性事业，是国家为每一个人提供的公共服务。据此，我们可以说：国家本身蕴含着教育关系，通过实施教育这种活动，使受教育者个人达到自我实现的目标，从而实现个体的公共社会化。个体的受教育自由与国家作为共同体维护公共利益这两种追求就在保障个体自由与国家共同善的过程中实现了协调统一②。因此，国家政府是公共教育服务的核心主体。

政府作为核心主体，对中小学具有宏观调控和间接管理的责任，具有薪资和福利提供的责任。具体说来，政府对学校承担教育评估、制度建设、组织保障等管理责任，承担配备教育基础设施、为教育人员薪资等进行财政拨款的福利责任。履行公共服务职能是政府存在的最大目的，是政府公共性本质的体现。教育本身是公共事务，是培养人民具有公共善、使人之为人的公益性活动。因为教育具有公益性的特征，所以要政府承担更多的教育公共服务责任在国际上已达成共识。尤其对义务教育来说，作为典型的纯公共物品，义务教育是人权平等的教育；而义务教育阶段的公立中小学由政府提供公共财政支持，是政府必须承担的基本公共教育服务责任。

中小学教育则是政府提供的基本公共教育服务，政府作为公共教育服务核心主体，在需要运用强制性权力解决问题的义务教育领域具有无法替代的作用。尤其遇到其他主体无法自主调节的冲突和无力解决的问题时，政府具有最终调节的权威作用和补救功能③。

综上所述，公共教育服务理论的建构离不开公共教育的公共性和服务性本

---

① 邢永富.服务型政府背景下的教育服务性[J].中国教育学刊，2009，(2)：14－16.

② 郭凤英，邢永富.个体自由与国家共同善的和谐——T.H.格林的积极国家教育职能观分析[J].教育理论与实践，2014，(34)：3－6.

③ 傅树京.发展多元化服务主体：公共教育改革的路径选择[J].中国行政管理，2007，(11)：76－78.

质，离不开政府的核心主体责任，也离不开学校、校长和教师的责任伦理。公共教育服务理论是对公共教育制度本体地位的理论确认，是对国家政府服务模式创新的理论确证，是对学校公共服务职能的应然追求。公共教育服务理论的建构还在理论与实践的磨合中前行，相信会随着时代的进步和发展实现其理论体系的不断丰富和完善。

第三章 中小学公共教育服务的制度责任伦理

我们研究中小学制度责任伦理的前提是承认学校的组织性质。学校是组织，因此学校具有一般组织的基本特征；但是学校又不同于一般的组织，因此学校具有自身的特有特征。通过对学校组织特性的分析和研究，我们可以深入了解学校组织的特殊性，比如学校的公共性、公益性、文化性等等。

本章关于学校组织的制度责任伦理研究，是对学校公共教育服务责任的伦理学分析，是一种制度伦理分析。对学校进行制度伦理分析的依据是组织本身是一种制度，对学校组织责任的伦理学分析可以通过对制度责任的伦理学分析得以呈现。那么，公共教育服务的制度伦理内涵和功能相对于其他制度伦理有什么特别之处？为什么在中小学教育中学校的道德规范和责任伦理如此重要？中小学有哪些一般组织的特征且有哪些特殊性的特征？

我们尝试基于责任伦理学的视角来分析学校的特殊性特征。我们认为学校组织必须承担不同于其他组织的制度责任，尤其是为未成年人提供教育服务的中小学。在研究我们国家义务教育阶段的公立中小学过程中，我们有很多收获与感悟。我们认为，中小学是组织，但是只有实现了其制度责任伦理的中小学才是真正意义上的公共教育服务组织。这些制度责任包括：人性假设与制度文化的“和谐校园责任”、以人为本的“教育场域责任”以及追寻公共善价值的“共同体责任”。

一、中小学的组织特征与制度责任伦理

中小学作为教育组织的属性确定与中小学承担制度责任伦理的程度大小密

切相关。因此，研究和分析中小学的组织特征和特有属性，可以为制度责任伦理的解构提供背景铺垫和实现路径。

（一）中小学的组织特征

中小学作为国家义务教育实施的重要场所，是国家人才培养目标实现的代行教育机构，一方面，中小学具有一般组织的特征；另一方面，因为是学校组织的一种，还具有学校组织的独有特征。如作为义务教育阶段的公立中小学，因为教育对象的差异而与高中、大学等学段的组织特征存在差异。

1. 中小学的一般组织特征呈现

组织是管理学中经常用到的词汇，诸如组织要素、组织目标、组织规则、组织效能等，并且组织理论的产生与发展也是历史与现实的结合。在教育管理理论中，组织理论是其重要的组成部分。有学者在研究和归纳各种观点的基础上，把教育管理理论中的组织定义为“人们为了达到特定的共同目标而共同活动的有效协作系统”①。可以这样理解：组织是一个系统，而且这个系统是“有效的”与“协作”的。这个系统要想正常运行，就需要一定的规则和运行机制来保障；在这个系统中，要有作为“人们”的组织成员，这些成员有着“共同的目标”，并参加“共同的活动”，而共同目标的实现就意味着组织发挥了应有的作用、履行了自身的职能。

学校作为教育实践的场所，因为具有组织的要素特征、遵循一定的组织规则和发挥应有的组织职能而被看作是广义上的教育行政组织机构之一。更具体地说，学校组织机构包括行政性组织和非行政性组织两种。前者行使具体的管理职能，后者则监督和保证前者的顺利进行，两者共同完善了管理学意义上的学校组织职责。

也有学者认为，组织是“诸多元素相互联系、相互作用而形成的相对独立于环境的整体”②，并从组织发展的价值导向和运行机制的角度分析学校从竞争走向合作的发展趋势。

总的说来，从组织角度对学校进行的研究很多，这些研究都可以说明学校

① 傅树京.教育管理学导论[M].北京：原子能出版社，2007(4)：110.

② 孟繁华，田汉族.走向合作：现代学校组织的发展趋势[J].教育研究，2007，(12)：56.

是具有组织应有的普遍特征的一类组织，中小学作为其中的一个学段也不例外。

基于本书的需要，我们所研究的中小学既具有组织的一般特征也具有自己的特点：一是中小学的组织成员主要包括作为教育管理者的校长、作为教育具体实施者的教师，当然还包括使得教育活动得以开展的学生；二是学校的组织目标之一是为学生的成长提供帮助；三是学校的物质设施和组织制度是用来保障学校组织各个目标的实现。

2. 中小学组织的特殊性表征

除了一般的组织特征，中小学的特殊属性还表现在：一方面是学校组织区别于其他经营组织的特征，另一方面是中小学作为未成年人接受教育的场所与其他学段教育的组织差异。我们认为，这种特殊属性笼统地说就是学校组织的伦理特性。从不同学科的视角，学校的伦理特性可以表现为学校组织的公共性、公益性、文化性、服务性等。

目前，人们总体上认同中小学的这些伦理特征。但是，当我们基于责任伦理学视角去深入地了解和分析中小学的现有职能时，发现可以从理论理解的深度与实践操作的表现去深入分析和论证，从而呈现中小学应然的、独特的组织特征。

其一，学校组织不同于企业组织。企业或公司属于营利性组织，它们以追求利润的最大化为目标，是带有索取性质的组织。虽然在企业和公司运作中也讲求伦理，即企业或公司要合情合理地获得利润，不能坑蒙拐骗等，但是这种伦理属于商业伦理的范畴。学校则不同，是与营利性组织相对应的服务性组织，而服务是以奉献为特征的。也就是说学校不以营利为目的，而是把为学生服务当作追求的目标。对于中小学来说，它的本质是人为设计的公共角色，是国家政府兴办的为未成年人提供学习服务的组织。这类服务的本质就是政府作为最大的教育组织，要通过统一办学的方式来提供的、人人可以平等免费获得的、具有非营利性质的教育服务。

其二，中小学组织的特殊属性还表现在其公共性、公益性、文化性、服务性等特征的纯粹性与必须性上。我们知道，教育从本质上就是公共的，而公共教育的提出与发展也已为人们所熟悉。中小学教育作为公共教育的重要实施阶段，在我国经历多年的发展与政策推动，成为适龄少年儿童必须享有的基本受教育权利。中小学作为受政府委托提供公共教育的代理机构，不仅是一般意义上的公共组织，而且是纯公共物品性质的组织；中小学的纯公共物品属性决定了中小学必须是公益性组织。顾名思义，公益性意味着不是私人享受的利益，而是每个人可获得的公共利益。一方面，国家或政府通过学校教育培养出来的人才，应该是知晓并关心公共利益、有能力与其他个人或群体围绕公共利益进行协商和对话的人。另一方面，公共利益不是单个个体所欲求的利益总和，也不是人类整体的利益，而是一个社会通过无数个个体的合作而生产出来的事物价值的总和①。换句话说，单个的个体不是消失在虚假的整体中，而是成了合作团体的一分子，通过自己权利的保障和私益的满足从而达到促进公益的目标。中小学的公共性与公益性又注定了其服务性的特征，而这种服务是超越了经济学、管理学等学科意义上的服务，是伦理学意义上的特殊的精神服务；这种特殊的精神服务是具有文化性特征的，具体表现为中小学组织的道德性、智慧性、生成性等特征。

综上所述，中小学既有一般组织的普遍性特征，也有作为育人场所的特殊性特征。这些特征一方面说明了中小学理论研究和管理实践可以运用一般的组织管理理论指导教育组织的管理实践，另一方面也使中小学组织的特有性质凸显。也就是说，在中小学管理中要充分考虑中小学的特有属性，实现学生利益的最大化。中小学组织一般特征和独有特征的融合使得中小学的制度责任伦理研究既不是无源之水、无本之木，又可以保留中小学作为“善的组织和善的制度”的个性，彰显在制度伦理意义上中小学公共教育服务的价值和内涵。

（二）中小学的制度责任伦理解析

对于任何需要制度规约的社会、组织或个人来说，制度都是一种有效手段，教育制度也不例外。教育制度同其他制度一样，存在宏观的国家基本制度、中观的体制性制度和微观的学校具体运行机制等。对于学校教育来说，学校制度只是达成目标的手段，教育才是要真正要达到的目的。那么，教育真正的目的是什么？教育是怎样的一种事业？学校在伦理学意义上是个怎样的组织？学校教育是怎样的一种过程？我们认为，教育的目的是“成人”，是指向完整的、全面发展的人；教育在本质上是伦理的、道德的、使人向善的事业；学校是人为设计的、具

① 周义程.公共利益、公共事务和公共事业的概念界说[J].南京社会科学，2007，(1)：77－82.

有善的制度的组织,而学校教育则是伦理的、道德的实践过程。

制度是学校教育得以进行的重要保障,而制度本身具有伦理的内涵、功能和效用。制度作为规范和整合各种社会关系、社会行为和社会力量的体系,是基于人们对权利和义务分配的公共理性而建立的。它不仅是一种工具性手段,而且关涉人们生活在社会的各项制度中所获得的幸福、自由和平等。获得幸福、自由和平等的量的多少成为评判制度好坏的标准,并且这种评判标准是与人类的命运、社会文明的发展和个体的道德伦理建设密切相关的伦理话题。无论国家组织,还是学校组织,都是伦理学意义上的共同体。合理、合法的制度安排是按照合法程序制定、得到社会认同且有效、满足共同体内在需求和体现公共理性精神的规范性体系。

学校是组织责任伦理关系的主要方面,占据着支配地位,因此具有义不容辞的责任去实现与伦理客体间的平等关系。学校要想成为提供公共教育服务的组织,应该确定伦理原则并依据伦理原则进行管理。这样的伦理管理一则必须树立以人为目的的价值观,实现对生命的关注和和谐组织文化的创设;二则要关注制度背后的价值,也就是制度伦理问题。

“制度是物化的伦理,伦理是制度的内核。”①只有植入了激励和保护公正、平等与善的追求的学校制度才是蕴含伦理精神的制度,只有把为学生服务作为制度伦理建设目标的中小学才是真正意义上的公共教育服务组织。

组织的建立是为实现特定的目标,而目标通常是人的愿望或价值的体现。有学者通过对西方教育管理理论的研究,认同霍基金森的观点:教育组织除了实现审美的、经济的和理想的目标之外,其基本价值是促进学生身心的完善发展②。在学校组织主体的责任中,学校要为学生的学业追求与稳定有序的学校生活提供各种教育活动和精神放松的伦理空间。学校是传播善的场所,学校的制度规范蕴含善的道德基础。因此学校的设计者和管理者在对学校进行制度设计的时候就该自觉地对学校的制度伦理进行分析,分析学校如何担当起它应该担当的职能和职责。在我们看来,学校设计善的制度,成为善的组织。学校组织中的对制度的遵守与否成为区分行为善恶的道德标尺。

---

① 王桃英.伦理管理——学校组织管理新趋势[J].教育导刊,2009,(10):35.

② 黄崴.20世纪西方教育管理理论及其模式的发展[J].华东师范大学学报(教育科学版),2001,(1):25.

因此，基于中小学不同于其他组织的特征，基于中小学教育在我国成为免费的平等的教育，基于中小学特有的制度伦理内涵、制度假设、制度文化等，中小学理所应当成为公共教育服务组织，成为人人公平地接受义务教育的权利得以保障和实施的组织。从责任伦理学意义上去理解应然的公共教育服务意义上的中小学，它是也必须是担当建设制度伦理和遵循制度责任伦理的组织。

按照我们的逻辑理路，中小学的制度责任目标实现需要中小学成为基于道德人与有限理性的制度假设、教育精神与道德理性的制度伦理文化相结合的“和谐校园”、以人为本与道德意蕴的“教育场域”以及制度伦理环境创设与精神引领的“共同体”。

1. 制度假设和制度文化体现中小学成为“和谐校园”的责任

众所周知，制度对组织中的成员角色存在一种限制和规约的力量。在中小学的管理中，好的学校组织制度可以促进人的自由实现和德性发展，坏的学校组织制度则会压抑人的个性与创造性，是对学校伦理本质的违背。

其一，对学校组织的相关制度进行设计的前提同其他组织的制度设计一样，要进行制度假设。要实现符合中小学特点的制度假设，则需要关注制度的伦理特性，并将其贯穿其中。

其二，学校是具有文化特质的场所，包括教育教学设施配备的器物文化，强制和追求效率为主的制度文化，以及共同理念追求的精神文化。但是只有真正达到最高层次精神文化目标的学校才是我们所追求的理想学校。对于中小学来说，要成为基于公共教育服务理念和行为的伦理组织，必须重视对公共教育服务理念的认识、组织能力的建设以及校园伦理的建设等。

总而言之，中小学制度伦理对向善的人的成长和发展具有重要的现实意义。在这个意义上，通过制度假设和制度文化来外显的制度伦理建设是中小学必须承担的责任，而且履行了这些责任的中小学才是能提供真正公共教育服务的和谐校园。

2. 以人为本的理念与蕴含道德的人学立场彰显中小学成为教育场域的责任

我们知道，制度作为一种规范，是人类自我创设的存在方式，因此人在社会中必然受到各种制度的约束，人的道德意识与社会本质也就与现实社会的制度安排相关。虽然制度的设计和安排只是显性地体现着其对社会经济发展和社会秩序稳定的功能，实际上制度背后的本体论问题才体现了制度对人的伦理关怀。制度的创设和人的存在这两者在某种意义上是内在统一的，我们也可以说，制度存在具有人学意义。为什么说制度存在具有人学意义呢？其一，任何个体在社会生活中的行为都要遵守制度规范，受到制度的制约，否则就要承担被惩罚的后果；其二，制度的设计和安排也要从人性的角度来确保制度自身的合理性与合法性，这样制度才能更好地发挥规约作用。

在马克思主义的人学视野中，人是社会的主体，人的全面发展同人类社会的进步与发展一样，是不断演进的历史过程。站在人学的立场，人才能实现对自身的全面认识。因此，在人类的发展过程中，人的自由不断实现，人的道德水平也不断提高。这样，实现人全面自由的发展成为马克思主义人学理论的归宿，从而人从单向度的人成为完整的人，成为主体与客体、物质性和精神性、理性和非理性的统一体。这样的人学观点也为教育奠定了人学上的根基，即人既是教育的起点，也是教育的目的。因此，在研究学校教育的职责、制度设定和制度规约时，运用哲学层面上的人学范式进行研究，才可以洞察学校教育自身拥有的制度伦理价值。

中小学的制度伦理是秉承人学视域的制度伦理。从根源上讲，教育是属人的活动，是人类自身的社会实践活动。人的存在是教育存在的前提，而教育反过来又促进人的可能性发展。因此，我们可以说，人既是教育的出发点，又是教育的归宿。所以我们认为，中小学的制度伦理是人学视域的制度伦理，也是公共教育服务理念指导下的学校制度伦理。

3. 保障人性自由与彰显公共善的特征隐含中小学成为共同体的责任

伦理通常“泛指人与人之间以道德手段调节的种种关系，以及处理人与人之间相互关系应当遵循的道理和规范”①。因此，伦理学的研究关注人生的价值和意义。制度是一个由诸要素构成的系统，这些要素包括内容、形式、范围和价值等。所以当代制度伦理问题的提出，是从关注自我德性到关注制度德性的转变，是伦理学研究的新突破。

我们知道，国家有国家的制度伦理，公司有公司的制度伦理，学校则有学校的制度伦理。同样是制度伦理，因为是不同的组织，所以相关的制度伦理内涵就

① 李萍.伦理学基础[M].北京：首都经济贸易大学出版社，2004：212.

有很大差异。

学校的制度伦理关涉学校管理活动中制度设计、制度行为的道德尺度和评价标准等内容，本身具有善恶的意义。制度本身的善与恶、公正与偏私，制度设计的合理与不合理，制度行为的应当与不应当等都是调节学校组织中伦理关系的原则。学校制度伦理研究中的道德现象，涉及组织中制度设计者的价值观与道德规范，制度执行者的行为方式与目标追求等。简言之，学校作为一个具有特殊性的组织，它的制度责任观念一般说来可以较为清晰地反映在该组织的制度文化中所蕴藏的理念、立场、态度、价值观和行为模式上。从这个意义上说，学校的制度伦理既是关乎组织行为的问题，也是关乎个人行为的问题。

中小学的责任不仅仅是一般组织意义上的制度建设，也具有其特殊的伦理内涵。具体说来，中小学的制度伦理内涵包括与中小学契合的制度理念、制度价值、制度假设、制度行为与制度功能等。因此，对中小学组织的责任进行比较、分析和解读，才能深入挖掘出中小学特有的制度责任。

中小学教育作为引领、培养人才的社会实践活动之一，教育活动实施的对象是正在奠定人生基础的青少年。他们在自身权利得以实现的过程中，也在努力成长为负责任和传承善的国家组织中的成员。因此中小学更应该是充满爱的地方，是凸显责任的地方。学校组织的内部伦理关系和外部伦理关系是互动的，而且它们与组织的责任伦理是一致的。学校组织通过履行制度伦理建设和执行的责任，进而承担起培养具有责任意识和责任能力的学生的使命。

综上所述，中小学应有的组织职能是提供公共教育服务，要实现这个应然目标，中小学要成为具有责任伦理的组织，倒推回去也同样成立。也就是说，承担了上文所说的三种制度责任的中小学就是真正的公共教育服务组织，两者互为因果。本节对中小学的制度责任进行了简要的伦理学说明和解释，接下来我们将努力成为和谐园、成为教育场和成为共同体的中小学制度责任分成三部分进行详细的分析与论证。

二、中小学：承担制度假设与伦理文化的和谐校园责任

制度设计和安排的前提是对制度进行人性假设。因此当我们研究中小学制度责任伦理时，一要明确中小学的制度假设内涵，二要对中小学的制度文化进行

分析。中小学要成为责任伦理学意义上的公共教育服务组织,一方面中小学要有自身独特的人性假设,另一方面要有自身特殊的制度伦理文化,并且实现两者的交融与契合。

(一) 制度假设:有善有恶、道德人与有限理性

在哲学层面上认识和反思制度,就会了解制度的产生其实是一个自然的历史过程。由于制度制定主体持有不同思维模式和价值判断,设计出来的制度就有着不同的表现形态。一般认为,对制度设计和安排有影响的制度假设通常包括三个方面:人性假设、行为假设和理性假设。人性的善恶,行为的经济学模式、政治学模式或者伦理学模式,有限理性或无限理性等都是相关的影响因素。我们认为,中小学要成为提供公共教育服务的组织,就首先要是和谐的校园;要成为和谐的校园,就要进行校园制度伦理建设;进行制度伦理建设和制度安排的前提就是要进行制度假设。在我们看来,中小学的制度假设类型应该是人性有恶有善、"道德人"假设和有限理性。为什么是这样的制度假设呢?这样的制度假设又是如何体现学校是对学生提供公共教育服务的组织呢?

1. 有善有恶的人性

人性假设是制度设计的前提。人类是理性的动物,因此具有认识事物发展规律的能力和自觉。人类作为社会主体,根据自身和社会的发展,对制度进行合理可行的设计。不同的学者对此持不同的态度,但我们认为,制度是可设计的,即便因为主体主观认知能力的局限性和设计者客观的理性局限性使得制度的效果可能出乎意料。另外,制度作为一种形态的存在,也有着时间上的限制,因此具有相对性的特征。

人是制度的设计者和安排者,而制度是人的本质的观念性存在,因此人性是影响制度安排的重要因素之一。我们知道,人性是复杂的,人们对于人性的认识通常以假设为基础,一般存在着人性本善、人性本恶、人性有善有恶或无善无恶几种假设。在中西方的历史中,人性假设为善,则制度的设计就认同人本身蕴含的善并以此为基础,认为人都是可教化的;人性假设为恶,则制度的设计就是为了对付和规制人的恶行;人性假设是有善有恶或无善无恶,则制度的设计避免规则规范对人性认识的过于理想化或过于贬低化。

我们研究中小学公共教育服务的特质,是将制度设计建立在人性有善有恶

的前提假设上。因为学生自由全面的发展和社会政治、经济、文化等的发展是有机结合的，同时学校服务于学生成人的目标也是学校制度合目的性、合规律性的要求，所以学校的制度伦理作为一种公共伦理，主要关注的是管理者和教育者以及学生在公共生活中的责任和角色，是制度和人的关系问题。

我们将人性假定为有善有恶，具有将人性自然化的理论价值，则制度的设计虽没有具体的表现，却可以体现在长期的学校制度发展历程中。人性中有善的成分，则学校制度的设计要体现对生命的尊重，尊重管理者的付出，相信教育者的公正，并通过教育教学等活动为学生提供优质的公共服务，并根据学生本身的善性，激发其伦理道德和生存能力的潜能；人性中有恶的成分，则制度的设计要有合理的强制性，体现在对公共权力的制约，对教师职业行为的约束，公正公平地对待学生的成长，避免师生之间和生生之间的不平等，并使得各主体能主动担当自己的行为后果。因此，只有扬善避恶的制度设计，只有负责任的学校组织，只有将公共服务作为核心价值的学校教育，才会培养出富有责任感和服务意识的人才。

2. “道德人”的行为

制度设计的前提是复杂的人性假设，而制度设计的基础则是对人的行为模式的假设。对人行为模式的不同把握通常体现为理性“经济人”“政治人”和“道德人”三种不同的行为假设。

理性“经济人”的行为假设是基于经济学的视角，自从亚当·斯密于1776年在《国富论》中使用这一概念以来，它便逐步成为经济学的核心范畴。“经济人”具有自利和理性的特征，是追求自身利益最大化的主体，并受经济领域的制度和伦理道德领域的制度所约束。理性“经济人”的假设命题有其合理性，因为有好的制度保障和制度伦理制约，理性“经济人”在实现自身利益最大化的行动中便会无意识地、极大程度地增进社会公益。我国曾经实行的中小学公办学校转制制度是在市场经济发展中对“经济人”假设的一种尝试，但是由于对义务教育中小学的公益性和平等性特征认识不足，导致义务教育的公益性受到挑战。后来国家对教育的调整是公立归公立，由政府办学；私立归私立，由社会办学。实际上，无论公立还是私立的中小学都是提供公共教育服务的组织。

“政治人”假设强调的是政治人有自己的行为模式，不仅追求作为其经济基础的物质利益最大化，也追求权力和社会地位等利益的最大化。政治家在经济领域和政治领域的行为动机是一致的，个体都具有理性和自利的特征。正如布坎南所认为的，具有自愿交换、互利互惠的政治过程跟市场的交换过程如出一辙。学校总体的教育目标设置、教学大纲制定以及人才培养的质量都符合国家的标准和要求。新时代，在国家不断发展和教育不断改革的实践中，政府愈发重视服务职能，对学校的管理从直接的微观管理转变为间接的宏观管理，学校有了更多的发展空间。但是义务教育作为政府为人民提供的基本公共服务，中小学作为政府具体实施教育活动的组织，在避免过度行政化和过度市场化的同时，必须成为保障人民受教育权、平等对待每一个学生的公共教育服务组织，成为具有制度正义、为学生学习和"成人"提供真正意义上的公共教育服务的场所。对于义务教育来说，学校由校长直接管理；政府作为举办主体，通过投资、法律、市场以及制定教育的宏观目标和中长期规划对学校进行宏观管理。

"道德人"假设强调的是人的内在规定性。道德人实质上是理性"经济人"和"政治人"实现基础上的一种选择。人的经济行为与道德行为不是矛盾对立的，而是一种和谐的状态。人在从事经济活动的时候，都受一定习俗习惯和道德规范的约束，也会在追求自身利益的同时做出有利于社会的事情。此外，在政治性活动中，如果认定民主存在的价值，道德人就会把对社会的管理和服务当作自己的责任和义务，人们也会像对待法律一样从精神上给予契约绝对的尊重。这样，对组织而言，认真履行自己应尽的责任成为不可动摇的准则，组织也就自然成为具有公信力和服务力的组织；对个人而言，借由外界的良好制度和道德规范，激发内心对道德完善和信仰追求的责任感，个人就成为闪耀着伟大人性光辉的道德人。

我们认为中小学的制度假设是公共教育服务意义上的"道德人"假设，主要是基于中小学是一种具备公共教育性质的组织，要体现提供优质特殊精神服务的特征。现代学校不能是充斥着控制与规训的组织，学校制度也不是追求利润的经济制度。学校的主要价值追求应该是教育公平，学校凸显的应该是教育的主体性和社会价值。正如褚宏启教授所主张的，如果教育仍然是理想社会的助推器，如果民主、平等、博爱等价值理想依然得到人们的推崇，如果人的价值依然被认同，如果教育的主体性必须被保持，如果教育继续拥有高贵的品质，那么我们就必须对任何一种教育制度设计（设想）进行价值评判，从伦理层面审视其合理性。[①] 因此对于学校教育制度的伦理关注是学校组织的应有之义。

---

① 褚宏启.我们需要什么样的现代学校制度[J].教育研究，2004，(12)：36.

在我国改革开放四十多年后的新时代，中小学必须是公共教育服务组织，这是服务型政府理念和现代学校制度建设的伦理诉求。学校是促进个体个性化和个体社会化的机构，是“学”校，而不是“教”校。学校的教育环境、校长的教育管理和教师的教育教学都是为了学生的学习和成长服务，这也是中小学教育具有纯公共物品性质和基本公共教育服务本质的体现。中小学教育作为基础教育，是学生奠定人生基础的重要时期，尤其是在人的权利意识不断增强的时代背景下，学生自由充分的发展成为学校教育的出发点和归宿。要体现中小学的公平和公益组织特征，要实现为学生发展的目标，中小学的责任伦理意识和行为理所应当体现在为学生提供公共教育服务的制度假设和制度安排中。这样，中小学才是真正具有伦理关怀和生命关注的公共教育服务组织，才是践行了制度伦理的负责任的组织。

3. “有限理性”的能力

在传统意义上理解制度假设的内涵，通常是针对设计主体能力的有限性和无限性而言的。人是理性的动物，但是由于对人的理性的看法不同，通常就有了无限理性、有限理性和两者皆有的三种制度假设。众所周知，近代以来对人的理性的高扬体现了社会的进步，是对人的本质的思考和探寻。但是近代理性的膨胀使得启蒙理性片面发展为工具理性，从而导致人生存的异化状态。

与此同时，在社会制度的设计上，其中一种假设便是强调人的无限理性。由于人的理性和判断能力具有无限性的特征，制度的制定主体就假定对所有即将遇到的问题可以预见，并贯彻在制度的设计和执行中。以此理念为基础，体现在国家政治领域的政府管理角色上，政府就是全能政府，可以预见和解决所有国家和社会发展中遇到的问题；从国家经济视角分析，国家的经济制度就表现为计划体制，国家和政府包揽了一切，成为无处不在的“有形的手”；表现在文化教育上，则强调对学生的规训和对学校的控制。这样的制度假设无限夸大了人的理性能力，禁锢了国家政治、经济和教育的发展，必将被新的制度假设所取代。

当代国家和社会层面都特别强调管理的伦理关系，尤其突出对公共事务管理关系存在的研究。在公共管理理念下，最早由西蒙提出了人的“有限理性”假设。有限理性认为，人的理性能力是有限的，不可能预知所有管理领域未来要发生的事情，因此制度的使用就有了时间上的限制；制度的内涵也不再是一成不变的，制度的演变和发展表现为一个历史的过程，其内涵和适用性也随着时代的变迁发生变化。当然，强调制度的发展性，并非忽视制度的稳定性，两者是在纵向发展脉络上的辩证统一，统一于国家和社会管理的实践。

对于中小学教育来说，在学校作为教育组织的制度伦理建设中，我们强调有限理性。一方面从学校管理和服务的视角来看，基于管理和服务主体理性能力的有限性，制度的设计和安排也会在某种程度上滞后于教育教学实践的发展。但是，只要把握学校教育的真正目的是人的自由发展和生成，那么实施基础教育的中小学为学生成长服务的组织伦理本质就会成为稳定的理念，制度的安排也会以服务于正在成长中的学生为目的。但是，存在的问题是，现代性仅把工具理性当作唯一的理性，在教育上的表现就是过度强调服从和控制，培养的人也容易成为工具理性人。在这种“理性人”观念下的现代教育也演变为功利化的教育，成为对人的物化和单向化的活动，导致人的价值理性缺失。失去了价值理性的人，遗忘了自身本真的“存在”，成为抽象化、功利化、同质化、标准化的人。另一方面，从学校自身的职责和能力角度，我们虽然强调学校作为特殊的教育组织必须为个体的个性化和社会化付出，但是学校职能毕竟是有限的。现代公立学校存在的教育不公平现象，不仅仅是因为学校的本体职能出现了偏差，而是学校的派生职能如选拔、就业等加剧了教育的不公平现象。因此，我们既认同人作为制度设计者在制定制度时的有限理性，又关注学校派生职能的发展，从而通过学校发挥为学生提供公共教育服务的职能来逐步促进教育公平的发展。

每个人都是平等存在的个体，承认作为制度制定主体的人的有限理性，承认组织制度规约的有限性，从而在学校教育中倾注更多的伦理关怀和生命关注，学校才能成为公共教育服务共同体。

可见，如上三者是中小学构建和谐伦理校园、进行制度假设的前提，这些制度假设的内涵彰显了学校的制度设计责任。中小学作为具有特殊意义的教育组织，要担负起自身的责任，必须增强制度建设和伦理建构的能力，履行好伦理管理与公共服务的职能。这样，中小学才有可能成为真正意义上的公共教育服务组织。

（二）和谐校园责任实现的制度文化：教育精神、道德理性与责任交汇

在理解制度假设的基础上，中小学要承担制度设计和制度安排的责任。那

么，在教育改革中，在中小学这样的教育场域中，撇开对物质提供的探讨，在确立现代学校制度的过程中什么比较重要？为什么？在我们看来，学校制度的顶层设计与制度伦理文化建设都非常重要。伊万·伊利奇等学者认为现代教育的根源在于制度问题，教育问题的决定因素是制度。也有学者认为现代教育出现问题要么是因为制度的强制性，要么是因为制度的滞后性。

本书认为，现代教育的问题更多是制度背后的深层次问题，如伦理道德、文化和价值取向等。按照布迪厄的观点，制度是文化的凝结，也就是说，制度的深层底蕴是文化。从文化的角度去认识教育制度可以发现，“这种文化取向应成为一种制度，并演绎成全体教育工作者对文化战略的执行力文化。”[①]也就是说，文化和价值取向对于学校来说非常重要，因为这些因素决定了学校管理是否具有伦理性。

近代以来，功利主义的盛行遮蔽了学校管理的伦理性，主要表现在教育本体功能的萎缩、师生关系的错位、文化建设的偏颇等方面。学校为了追求整齐划一的标准化管理，实现管理的可控性和有效性，将制度以规约和强制的面目示人。强调管理者和教育者的师道尊严，强调制度管理的效率，强调学生的绝对服从，成为当时畅行的制度文化模式。这样的制度文化丢失了伦理性，当然更谈不上服务性。因此，学生的个性发展和人格形成受到很大影响。尤其是义务教育阶段的中小学生，他们正处在个性和人格发展的关键期，缺失制度伦理文化的校园似乎变成遗忘了教育本体职能的工厂。我们知道，教育的前提和基础是对人的本质、人的可塑性、人的能动性等的认识和理解。但是，人是具有复杂性和多样性的开放整体，是多维统一的存在。人既是生命的存在，又是文化的存在。因此，公立学校作为正规教育的组织主体，构建和谐、服务、公正的制度文化和精神文化应该成为学校教育的最高追求和理想。

1. 制度伦理文化与教育共同体融合的学校是公共教育服务组织

我们以责任伦理学的视角审视学校的校园文化时，发现学校本身的正当性是需要优先考虑的层次。“学校本身的正当性就是对学校作为教育共同体进行伦理追问——学校是否认真履行了它应有的责任与义务、是否完成了促进学生

① 林群生.教育是一项“治心”的艺术[M].北京：光明日报出版社，2011：50－51.

和谐发展的教育目标，它体现为制度伦理。”[①]也就是说，学校是一个具有制度伦理精神的教育共同体，学校的责任是实现学生的和谐发展。学校制度责任伦理的实现与否是对学校本身是否正当的伦理学检验。因此学校的制度伦理文化是促进学生发展、构建和谐校园的重要因素。

教育性是学校教育的根本属性，服务性是学校教育的本原所在。但是在现实中，学校在某种程度上成为开展专业技术活动、以控制和管理为特征的科层制组织，导致教育精神和伦理精神的缺失。“学校管理主义的兴起，把管理仅仅看作是控制技术对学校效率的追求，湮没了学校管理的道德追求，使得管理者遗忘了营造学校道德氛围、塑造道德精神、追求学校作为一个有优秀道德文化共同体的责任。”[②]因此对学校伦理性、教育性和服务性等责任的关注和提倡是学校存在和发展的重要着力点。为了保障校园道德精神和伦理文化的追求和实现，学校是教育共同体的理念认同和学校制度伦理建设成为学校发展为真正意义上的公共教育服务组织的关键。

萨乔万尼认为理想的学校应该是“学习共同体、同辈共同体、关怀共同体、全纳共同体、探究共同体和道德共同体”[③]。我们认同学校的教育共同体性质，而且本书中的共同体是指自愿结合、拥有共同价值追求并承担相应责任和义务的多个个体组成的集合体。斐迪南·滕尼斯把共同体分为血缘共同体、地缘共同体和精神共同体。在这三种共同体形式中，精神共同体是最高形式，在其成员之间存在着共同的、有约束力的思想信念[④]。这种思想信念是稳固的团体意志和友爱的情感关系。当人们以共同体的理念来审视学校时，就会发现学校是教育共同体，而且是最高形式的精神共同体。学校中的核心关系是师生关系，是以学校、管理者和教育者等为代表的教育主体对受教育主体（学生）的关爱和责任为根本的情感关系，而且学校各成员之间进行着精神沟通和交往互动。因此，这种充满伦理文化的校园是令人向往的。

---

① 宋晔.和谐校园的伦理学思考[J].教育研究，2007，(9)：46.

② 金生鈜.为什么要塑造学校的道德文化——学校作为一个道德共同体的再道德化思考[J].西北师大学报(社会科学版)，2005，(4)：71－75.

③ [美] 托马斯·J.萨乔万尼.校长学：一种反思性实践观[M].张虹译.上海：上海教育出版社，2004：89.

④ [德] 斐迪南·滕尼斯.共同体与社会[M].张巍卓译.北京：商务印书馆，1999：71.

中小学作为公共教育系统中的一员，承担着国家和政府为每一个人提供基本公共教育服务的责任，保障着学生们平等接受教育的基本权利，只有通过制度伦理建设使其成为担当责任、彰显公益、体现公平的中小学，一切为了学生自由发展服务的中小学，具有共同价值理念和信仰追求的共同体性质的中小学，才是我们所主张的公共教育服务意义上的中小学。

2. 和谐有序与文化支撑的和谐学校是公共教育服务组织

和谐作为系统论意义上事物之间和事物内部各要素之间的良性运行状态，维持着系统的结构稳定和功能优化。在古今中外的东西方文化中，人与人、人与社会、人与自然、人与环境之间的和谐状态一直以来都是人类基本的道德追求，是人类的道德理想。在伦理学意义上，表现为人类对和谐有序的社会道德生活的期待。因为人作为社会发展的主体，一直拥有对平等和自由的价值追求，并把和谐共处当作平衡和协调人类利益关系的理性选择。

学校作为社会的缩影，具有普遍伦理意义的和谐建构同样可以作为学校成为公共教育服务组织的伦理道德建设准则。在学校管理层面，要构建具有伦理关怀的和谐校园，学校要提供最佳的制度环境。在现代学校管理中，学校作为公共的生活空间，多元性的主体和多样性的价值取向，以及学校对于社区的共享性与开放性，使得具有公共管理性质的学校管理面临更多的挑战。此外，学校要成为和谐有序与平等交往的教育场域，需要人与人之间的尊重、合作、诚信等道德良知来维系。要想维系这种和谐的状态，就需要建立交往主体认同的道德信仰。中小学要保障每个学生平等受教育权利的实现，道德信仰的认同和遵守必须以“公平正义的制度安排为前提，通过制度遵守内化为处理人际关系的道德自觉。”[①]换句话说，只有当每个交往主体都遵守制度伦理的道德底线，和谐相处和道德关爱才会成为交往主体的伦理心境。

在人类历史的发展中，任何一种变革都是其依托的文化力的推动，教育改革也不例外。中小学对于成为伦理学意义上的公共教育服务组织的价值追寻，除了政治层面对教育制度公正和权利平等的保障，经济发展对教育设施和师资支出的公共财政保障，还需要文化和伦理道德精神的共识来支撑。只有在外在需

① 李仁武.制度伦理研究——探寻公共道德理性的生成路径[M].北京：人民出版社，2009：191.

求和内在需求均得以满足的情况下才能实现人的发展。

现代学校中利益关系变得突出，因为每个人都期望实现自身利益的最大化。而要实现利益的最大化，则需要一个竞争有序的制度文化环境。此外，根据“博弈论”中的“囚徒困境”我们可以分析得出，竞争不是人的行为的目的，人类生存需要合作，只有通过创设合作的文化环境，才能实现彼此利益的最大化。合作的文化环境需要公共道德理性来调节人与人之间的关系，需要道德机制来进行利益的调控，从而达到我们在前文制度假设中所分析的“经济人”与“道德人”的统一。

表现在中小学中，作为公共性质的学校，就须避免学校的过度市场化，而且需要体现公共教育的公共性、公益性和文化传承性。此外，学校作为管理和服务的主体，必须明确自身的道德责任，不断完善制度安排和制度伦理建设。只有如此，实现了道德责任和义务价值认同的中小学才能成为和谐的教育空间，才能成为竞争和合作相得益彰、利益共享和团结友爱的公共组织，才能成为追寻生命意义的生态学园，才能成为为学生的学习和成长服务的“诗意栖居”地，才能成为负责任的公共教育组织。

3. 伦理责任、契约责任和职业责任交汇的学校是公共教育服务组织

学校是组织，组织需要伦理维系；学校还是一个具有契约性质的组织，与学生之间存在着履行契约的责任；学校开展的教育教学作为一种职业行为，从业者还具有职业责任，这种职业责任以学校组织的形式出现。总之，中小学只有担当起这些责任，才能成为我们追寻的负责的公共教育服务组织。

首先，中小学作为公益性突出的组织，是需要伦理道德维系的共同体。因为学校权力同样是一种公共权力，公共权力产生公共责任。公共权力越大，为人民和公共利益服务的责任就越大。那么中小学的责任是什么？如何实现？中小学作为组织，组织成员间是互动关系，这些具有相同或相近互动模式的人聚集形成的教育共同体不是多个个体的简单相加，而是不同角色的组合，有着浓厚的文化气息与价值理念，教育设施成为组织文化的载体。文化总是与活动相连，尤其是学校的伦理文化与伦理活动的互动和交融使得学校不仅仅是发挥学校教育角色功能的工具，而是充满人情味的社区式共同体。学校的责任伦理既包括学校组织的伦理构成，也包括外在的组织形式。中小学的伦理构成有内在与外在之分，内在伦理构成是指组织内部的伦理关系，包括组织凝聚力和责任担当力等；组织

的外在伦理构成是指外在伦理关系的构成与交往形态。

其次，古已存在的契约是一种历史的必然，也是一种时代的传承。随着我国市场经济体制和民主政治的发展，从身份到契约的变化逐渐发生，契约逐渐成为人们生活的有机组成部分，尤其是在公共生活领域，契约成为维系社会秩序和影响社会运转的“约定”。我们研究的契约是广义的契约，是有形或无形的约定，存在于心灵中的无形的契约是有形契约的底蕴和内涵。

在公共领域中，契约是实现双方或多方公共的、公正的利益的保障，又是责任的载体。契约责任的实现既是为了满足契约责任客体的需求、维护正常的秩序，也会带给契约责任主体物质上和精神上的利益。学校生活是公共生活，现时代的契约责任不仅存在于个人与个人之间，也存在与个人与组织之间和组织与组织之间。因此，我们认为，在学校中存在契约和契约责任。在中小学的教育场域中，学校与学生之间是一种契约关系，背后隐含的是政府与人民之间的委托—代理关系，即政府和学校对学生负有契约责任。失去了契约责任的连接，学校秩序就无法维持。正如卢梭所说：“社会秩序乃是为其他一切权利提供了基础的一项神圣权利。然而这项权利绝不是出于自然，而是建立在约定之上的。”①

在中小学这样强调平等受教育权的组织中，学校的契约责任是否公平正义取决于政府和学校制度安排是否合理，制度是最具权威性和长效性的契约。在中小学中，要保障学校契约责任的实现，就必须讲求制度伦理，将自律和他律相结合，而且自律是关键，也就是在为学生提供教育服务时首先要具有自由平等的意识，认同学校教育是为了学生的自由成人服务的。

最后，学校作为具有公共人格的组织，组织中的管理者和教育者都是一种公共意义上的职业，因为职业本身就是构成社会的基本要素，是社会分工的产物，职业的种类决定着职业责任的种类。为青少年实施教育的中小学是具有教育责任的组织，教育管理者和教育者的职业责任既是代行国家或政府的社会基本责任，也是从业者人生价值的体现。

中小学作为义务教育的实践组织，它的教育权力来自政府的授权和人民的赋权。为了避免自身对学生的教育暴力，学校必须具有组织意义上的职业责任和职业道德。职业责任主要是一种外在约束，当它与个体责任完美结合时，职业

① ［法］卢梭.社会契约论[M].李平沤译.北京：商务印书馆，1980：8－9.

责任主体才会提高职业责任意识，并自觉履行职业责任，实现自身作为责任主体的价值。我们把中小学作为职业责任的主体时，主体的价值目标就是直接或间接服务于学生。在此过程中，公正的职业伦理和公正的制度伦理是学校实现职业责任的保障。学校设施所体现的物质因素、管理者和教育者的能力因素、学校的公共精神因素、学校的伦理文化环境因素等都是影响学校职业责任实现程度的基本条件。因此，中小学要为学生创造激发思维的环境，给学生自主学习和探索的空间。对于学校教育而言，充满伦理文化和伦理关怀的环境需要学校管理者、教师和学生共同营造和维护。这样的环境中应该有遵循个体美德伦理的管理模式，有追求真理的学习氛围，有人道精神和正义伸张的组织制度，有秉承因材施教和一视同仁的教师，有彰显学生自主性和创造性的空间和时间等。伦理责任、契约责任和职业责任交汇、融合的中小学才是真正意义上的公共教育服务组织。

总之，作为公共教育服务意义上的中小学，是制度伦理文化与教育共同体融合的学校，是具有道德理性与文化支撑的学校，是伦理责任、契约责任和职业责任交汇的学校，也一定是有着深厚制度假设和共同体精神的教育服务组织。

三、中小学：践行道德意蕴与以人为本的教育场域责任

前文中我们分析了中小学组织的特征，明确了中小学构建和谐校园的制度假设和制度伦理文化责任，了解了义务教育特点及其特殊的道德规范体系。通过分析和研究，我们认识到中小学作为体现人平等受教育权的组织，学生权利的实现通常以学生自由成为向善之人作为终极价值目标。要实现这个目标，中小学就要成为以人为本的教育实践组织，成为有道德信念和道德意识的教育场域。

我们把中小学看作教育场域，源于组织场域概念的延伸。场域作为一个重要的概念，其进入管理学领域是理论进步的结果。关于场域概念的重要性，斯科特是这样描述的："没有任何概念比组织场域这个概念，同制度过程与组织之间的联系更为重要和密切①。"迪马吉奥和鲍威尔最先提出了组织场域的理论，但

① ［美］W.理查德·斯科特.制度与组织——思想观念与物质利益[M].姚伟等译.北京：中国人民大学出版社，2008：89.

是，场域的概念却早已经在其他领域被使用。心理学家库尔特·勒温把场域概念作为评估个人心理环境的工具，强调个体周围各要素的相互依赖性；皮埃尔·布迪厄在社会学理论中使用场域概念，认为场域是充满冲突和竞争的社会空间，因此他的场域思想成为迪马吉奥和鲍威尔场域理论的思想基础。场域概念的另一个重要思想来源是罗纳德·华伦等组织生态学家的“组织共同体”思想。他们否定组织是充满竞争的空间，认为组织作为一个共同体，会“通过合作来实现集体生存”，形成互利互惠的组织结构。

综上，场域概念的提出使得理论上对于组织环境因素的理解变得更加清晰，在一些有边界的系统如公共政策和教育等研究领域取得可喜的成果，从而得到广泛的接受，当然也面临诸多的挑战。学校作为专门的教育组织和学习场所，其场域的特点突出表现为教育性和伦理性。因此，学校成为特定的教育场域。在学校教育场域中，让学校成为寻求道德进步、坚守道德信念和培养道德意识的场所，仅靠理论的说教与舆论的宣传是不够的，合理的制度安排设计成为学生思想进步的道德诉求，因此加强制度伦理建设上升为学校重要的责任。要实现学校的制度伦理建设，必须以尊重人的主体性为前提、实现和谐的伦理校园为目标。这样的校园是道德的，是伦理的，是生态的，是人本化和人性化的，是公共教育服务意义上的微型社会。实现此种意义上的学校表现为：确立了道德“意义世界”的共同体；实现了道德自觉的实践组织和遵守道德秩序的生活空间。

（一）中小学是具有道德意蕴的教育场域

在人类社会的活动空间中，学校是其中的一个组成部分。在空间社会学的观点中，学校是兼具物质性和精神性的“场域”。学校场域的概念是模糊和宽泛的，因此不同的学者对学校场域、学校空间和教学空间要么混用，要么对学校空间进行了不同的划分。也有学者认为学校空间等同于教学空间，包括课堂教学空间和非课堂教学空间，并且认为学校场域本质上是一个权力场域①。

我们认为，学校最重要的是作为蕴含德性的、具有生命意义的教育场域存在于社会空间中，是具有部分社会属性和自身特性的微型社会。作为个体主体的学生和作为组织主体的学校之存在目的决定了这个微型社会的特性，而学校的

① 李彩虹.学校场域中非课堂教学空间的权力与控制[J].中国教师，2014，(15)：56－57.

制度建设是学校是否成为正义、有序的伦理组织的基础。一个具有德性意蕴的学校既需要有符合中小学教育特色的规范体系，又需要能够保障这些规范得以实施的制度伦理环境。

1. 制度伦理使学校成为道德"意义世界"的共同体

相对于其他学科，哲学对意义问题进行的研究最为深入，"意义"也被看作具有特殊意蕴的哲学范畴，是人在现实生活世界中得以安身立命的价值理念。意义世界的内涵是多维和丰富的，有着对"应当"的追寻，有着对生命意义的关注，是一个蕴藏精神文化的世界。意义世界引领着人的感性价值取向和社会实践活动，是现实社会的纽带并具有无形的文化力，是人的精神家园。对于社会来说，每个社会都努力成为一个意义系统；而对于个体的人来说，意义世界是人之为人所不可或缺的存在。哲学上对于意义世界的研究成果为社会和学校道德教育意义问题的研究产生了很大的启示作用。对于个体来说，道德意义世界的水平高低决定着个体道德品格的形成；而对于组织来说，组织整体的道德意义世界水平影响着整个组织的道德状况。

人的社会属性使之成为复杂社会关系网上的纽结，每个人必须面对和处理自己与他人、与群体、与社会、与国家之间的关系。教育是服务于人的事业，因此学校作为成就人的教育场所不可能不关注意义。学校道德教育以提升学生的意义世界为己任，因此学校道德规范和价值体系本身蕴含着丰富的意义。本真意义上道德教育的目的是主体在充分理解规范与价值前提下构建意义系统①。

心理学的相关研究成果证明了中小学阶段是学生人生观形成的关键期，是学生道德分析能力、道德判断能力和价值选择能力形成的关键期，也是学生意义世界形成的关键期。对意义的关注是青少年道德成长及人性发展完善过程的必要一环。然而，由于年龄偏小和经验缺乏等方面的原因，学生们对自己的言语和行为理解通常比较片面和感性。因此，我们认为，学校必须将管理上升到为学生服务的高度，必须通过伦理管理和制度伦理提供意义、价值、公共理性等方面的道德教化，通过有目的地引导，从而帮助学生理解生活事件中隐含的道德意义，提升学生的自我意识。

总之，中小学作为基础教育实施的场所，教育的目的是为了帮助学生的未来

---

① 卢艳红.从哲学的意义世界到道德教育的意义世界[J].教育理论与实践，2008，(11)：51.

发展奠定道德品质和人文素质基础。作为具有共同体意义的组织，学校理应成为道德意义世界的共同体，为处理学校与学生之间、教师与学生之间、学生与学生之间的关系提供文化支持和意义支撑。因此，我们认为中小学更应该成为道德意义世界，成为学生的精神家园。在这里，学生可以接受信仰和文化的熏陶，实现文化认同和人格完善，发挥主体性的自觉和自为，理解日常生活世界和构建心灵秩序。

2. 制度伦理促进学校组织主体的道德实践自觉

在现代国家中，教育日益成为社会的公共事业，教育活动成为建立在伦理规范基础上的公益活动，学校教育过程则成为使受教育者以学生的角色出现在学校教育系统中，并“开展与教师的教育交往活动，内化学校里的各种学习制度，从而为社会意义上的‘成人’奠定基础”①的过程。我们所探讨的公共教育服务意义上的中小学更是凸显制度伦理和道德规范的共同体，是充满道德意义的世界。

其一，在这样的道德意义共同体中，学校作为组织主体，如果仅具有道德意识，还不能说是道德自觉的组织主体。因为知行要达至统一，思想上的道德认知要转化为行动上的道德自觉，需要道德上的教化，更需要强化制度的建构和功能。学校中的制度和规范在约束组织和个体行为的同时，也有效协调着学校空间中不同主体之间的利益关系。越是健全的学校规章制度，越有利于学校生活的规范化和有序性，且体现在学校规章制度中的公共意志也越能得到遵守和表达。在前文论述过，制度本质上是一种体现基本道德规范的“底线伦理”。学校场域中的相关主体在遵守制度的过程中，制度伦理为其对道德意义世界的理解提供了支持，成为主体从道德认知到道德实践的桥梁，并为主体成为道德自觉的主体提供了实践路径。这样，通过制度安排来实现道德自觉的制度伦理功能得到了完美的体现。

其二，由于制度规范的明确具体性、正义稳定性和规约执行性，道德导引的功能内置于制度伦理当中。也就是说，制度伦理为人们的道德自觉提供直接的伦理支持。因此，中小学要突出公共性、公益性，彰显服务价值，就必须实现学校组织主体的道德重构和制度伦理建设。在学校道德重构和制度伦理建设的实践

---

① 邢永富.应为学校留下道德实践空间——写在我国“侵权责任法”施行之际[J].北京电子科技学院学报，2010，(3)：51.

中，将观念形态的制度“应当”转化为实践行动的“是”，实现制度安排和制度执行的统一；通过惩恶扬善的手段体现制度伦理的关怀，从而使学校主体的道德与道德实践得到物质和精神上的认同，起到示范的作用。作为相辅相成的道德匡正手段，惩恶是对非正义和非道德的制止，扬善是对正义和道德的肯定。制度伦理的惩恶扬善功能就成为主体道德自觉的激励和依据。

具体到中小学的规章制度，要为实现道德自觉提供伦理支持，实际上就是为具有公共人格的学校组织主体提供制度安排上的伦理援助，用制度的力量来支撑、协调和激励道德重构的理论与实践。要在中小学教育场域中创设和谐、创新的道德环境，体现公共、公正精神服务的内涵，突出组织主体的道德自觉，中小学就必须加强制度伦理建设，充分发挥制度伦理的正激励和负激励功能。正激励功能可以增强组织主体的公共教育道德责任，负激励功能则可以通过制度规约和执行的权威性与强制性防止组织主体的道德缺失。

如上所述，只有学校教育生活的各个层面都具备了合理的制度安排，只有主体的道德遵守和制度遵守具有一致的价值判断，中小学才会成为具有道德意蕴和制度伦理的组织，才会实现公共教育服务的职能和立人以德的道德愿景。

3. 制度伦理具有调节学校道德秩序的功能

秩序是系统论中的重要范畴，用来标志系统的稳定程度。良性运转的系统是有序的，反之则是无序的。自然界和人类社会都存在着秩序，虽然两者有很大的差异。在人类社会中，人类努力实现的有序社会是稳定与和谐的，是由一定的规范和制度规约与调整的。道德秩序作为社会秩序的重要内容，是衡量社会文明程度的重要标志。

哈耶克认为社会秩序是自发形成的，我们不完全赞同该观点。因为社会在发展过程中，的确会因为进展到一定时期而出现符合当时历史背景的自发性与自主性安排。但是，人是理性和目的性非常强的动物，除了约定俗成的生活方式体现着自我权利和自主选择，人类还会对社会秩序进行自觉建构。

不同的社会有着不同的社会秩序，自然显现出不同的道德秩序特点。按照本书的理解，学校作为表达国家意志的代行者，除了在国家层面研究道德秩序，也可以将其放到学校中进行分析、理解和建构。那么，相对于国家和其他社会组织，学校的道德秩序存在哪些特点？作为奠定青少年成长基础的中小学又该构建怎样的道德秩序呢？

(1) 学校道德秩序的特点

具有特殊社会性质的学校有着自身的道德秩序，呈现出自身的特点。中小学作为公共教育的重要实施场所，除了具有与一般公共教育和民办教育学校在道德秩序方面的共性，还有其独特的道德秩序个性。学校是一个特殊的小社会，它的人文本性、文化传承和育人职责使其区别于一般意义上的社会，学校中的关系存在表现为教育关系。因此，学校是具有伦理内涵与特质的洁净空间和特定场域，是具有浓厚理想主义色彩和面向未来的教育空间。

中小学作为公共教育的主要空间，在学生获取知识、成为有道德的人方面具有更加突出的表现。在学校这样的教育系统中，秩序体现的是学校内部各要素之间以及学校与学校之间存在的自组织状态。只有学校组织自身与外部组织之间，学校内部校长、教师、学生等要素之间的相互影响所体现的关系是稳定有序、良性合理的，学校的功能才能被更充分的发挥出来。对于国家来说，社会道德秩序是社会秩序的重要组成部分，是社会进步的衡量尺度。那么，学校道德秩序也是学校秩序的重要内容，反映着学校道德文明的水平。

学校道德建设和制度安排是学校道德秩序构成的基本方面；有秩序、有意义的理性生活是人类的梦想和追求。青少年作为国家未来的希望，培养其成才的学校便成为准公共领域，成为道德秩序建构依赖的制度空间。中小学作为具有道德义务的责任团体，必须审视其制度的伦理含量，必须构建和谐、智慧的伦理道德秩序，如此才能保障学校制度建设、校园文化、学校关系的伦理性和责任性。

(2) 学校制度环境决定道德秩序的遵守

学校是具有道德秩序的特殊社会，在学校环境中必须确保道德秩序的遵守，而学校道德秩序的遵守是由学校的制度环境决定的。假如学校组织主体的价值判断与组织愿景缺少了制度伦理的关怀，或者说内化为道德秩序的主体道德追求与现实秩序发生冲突，学校组织的道德理想将不复存在。因此要“优化道德伦理环境的制度安排，使制度安排的精神与道德理想的内涵相一致”[①]。也就是说，要维护学校道德秩序，构建以制度为核心的制度伦理环境是关键，好的制度伦理环境才会彰显高尚的学校道德水平和组织信誉，因此要对学校的道德进行重构。

① 韩玉璞.道德重构的制度伦理之维[J].教育理论与实践，2013，(25)：51－54.

在学校道德建设过程中，制度伦理环境对道德秩序建设的关照体现在保障制度的合理性与正义性上。制度正义是制度伦理环境的核心，制度公平是维护学校道德秩序的基石，因此要建设学校道德秩序，就要保障制度正义和制度公平。约翰·罗尔斯说："离开制度的正当性来谈个人道德修养和完善，甚至对个人提出各种严格的道德要求，那只是充当一个牧师的角色，即使个人真诚地相信和努力尊奉这些要求，也可能只是一个好牧师而已。"①可见，无论是在国家社会中还是在学校组织中，无论是在经济生活中还是在学校生活中，只有公平的制度伦理环境才能体现制度的正义性，才能引导学校组织主体和学生个体的道德自觉提升和价值升华。这样的学校才会实现道德秩序的遵守，成为具有道德文明、具有公共教育服务意识和践行公共教育服务的组织。

(3) 学校制度调节学校道德秩序

道德建设和制度安排都是推动学校文明进步的力量，两者相互补充，互通有无，各自发挥着自身特有的功能。"相对于道德建设而言制度安排具有优先性。"②也就是说，任何一种秩序的建立和规则的制定都需要解决合法性问题，而这种合法性的追求只有在制度安排之下才能实现。对于中小学来说，学校的道德秩序建构同样需要合理的制度安排来保障。

学校的制度安排如何对学校的发展发挥作用呢？我们认为首要的是实现对学校道德秩序的调节。我们在前面论述过，学校组织的教育特性和德性意蕴凸显了学校场域中的教育关系和伦理关系。在这样的教育空间中，道德秩序的维持显得尤其重要。我们知道，制度本身具有规约和调节的功能。在政治学的意义上，合理的制度可以帮助一个国家、一个社会走出不断革命的恶性循环；可以提高政治的合法性；可以避免暴力革命和流血牺牲；可以避免原有社会秩序遭到严重破坏。在学校中，宏观的国家制度、教育制度和微观的学校规章制度对学校的建设和发展都发挥着调节的作用。

此外，按照诺思的制度变迁理论，在人类发展的历史进程中，制度需要并一直在演化和变迁的过程中。只有制度的变迁，才会有社会各方面的良性互动和发展。对学校而言，制度也需要在不断地变迁中发挥对学校发展的支撑和调节

---

① [美] 约翰·罗尔斯.正义论[M].何怀宏译.北京：中国社会科学出版社，1988：22.

② 李仁武.制度伦理研究——探寻公共道德理性的生成路径[M].北京：人民出版社，2009：179.

作用。同理，道德秩序作为学校秩序维持的关键，它的建构是一个渐进的、不断发展的过程。因此，无论正式制度还是非正式制度，无论显性的成文制度还是隐性的习俗文化，都需要对学校的道德秩序进行循序渐进的调节，从而实现学校文明程度的提升。

(4) 公共服务意义上的中小学道德秩序构建

学校的道德秩序建构如此重要，作为公共教育实施主体的中小学更应该成为必须具有道德秩序和伦理氛围的教育组织。

我们提倡中小学成为公共教育服务组织，就要在公共服务意义上对中小学的道德秩序进行建构。公共教育服务意义上的中小学道德秩序究竟应该具备怎样的特点呢?

其一，中小学要明确自身的公共性。作为一种公共组织，这个国家的每一个人，无论高低贵贱，无论身处怎样的生存环境，无论生活在城市还是农村，都应具有接受中小学教育的权利，这是人的基本权利。我国实行的九年制义务教育政策就是对这种权利的保障和维护。接受中小学义务教育作为一项绝对平等的权利，中小学校教育作为一项公益性事业，政府的责任就是要实现对这种公共性的保护，学校组织本身就应该履行政府赋予的责任，发挥学校的公共职能，为学生、家长和教育社区提供充足的公共资源。

其二，中小学要体现服务性。中小学的服务不仅仅是物质和设施的供给与完善，更重要的是精神上的指导与伦理道德上的指引；这种服务不仅仅是知识的传授，更重要的是为着完整的人的发展奠定基础，提升学生的幸福感；这种服务不是经济学意义上的商品交换，而是一种无私的奉献与给予；这种服务不是约束与管制，而是对生命的爱护与关注。

有了公共性和服务性浸润的中小学，必定是道德秩序良好的场所，也就是我们所欣然向往和努力建构的具有公共教育服务职能的中小学。

(二) 中小学是坚持以人为本的教育实践组织

中小学是实施公共教育的机构，是进行教育实践的组织。任何理论只有放到人类的社会实践中，接受实践的检验，才有可能实现理论与实践的结合，中小学也不例外。一些教育的理念和理论只有与教育的实践相结合，才能彰显出其价值。同样，教育理论也来源于教育实践，秉持着马克思主义理论中“从实践中来，到实践中去”的思想，致力于将先进的教育理念和教育理论贯穿到学校教育当中，用理论来指导实践，并通过反思实践中发现的问题，进一步完善理论本身。

教育是一种实践，教育活动是一种实践活动。但是教育活动不同于其他的实践活动，中小学教育活动是围绕作为受教育对象的学生开展的，是对人而不是对物的活动，是对成长中的青少年进行教育和培养的精神性活动。因此，在这项活动中，国家政府、作为组织的学校、作为管理者的校长和作为教育者的教师都应该坚持学校教育的人学立场，在学校教育教学实践中，尊重生命的意义，体现对学生的关怀；保障平等的权利，实现与学生的平等对话；关注生活本身的价值，使学校教育回归本真的生活。

1. 关怀生命的组织角色是中小学追寻的教育教学样态

随着现代社会的发展，随着人们思想和文化走向多元，人类的生命意识也在不断增强。人作为理性的动物，总在各种社会实践中走向自我的不断完善。因此，对于人而言，人的一生不仅仅是等待自然生命的消逝，而是超越物种的生命极限，去追寻有价值和有意义的超生命存在。

人的生命是一个复杂的整体，是来自自然又超越自然的复杂结构。张曙光教授认为，人的生命应该划分为肉体生命、精神生命和社会生命；也有学者把生命分为自然生命、社会生命和精神生命。我们认为，人的生命是完整和统一的，人的发展和教育过程既是生命本原机能的展开过程，也是人获得生命价值和意义的渐进历程。人类一步步走向死亡是生命的自然属性所决定的，但是当我们形容人的死“或重于泰山”与“或轻于鸿毛”时，实际上是指人的生命是否蕴含了价值。也就是说，人的一生是否是值得与生命的自然长度不成正比，而是取决于生命的内涵。

于教育而言，现代教育的多元化和多样性成为学校的新追求。“生命是教育的原点，教育因生命而发生。”[①]也就是说，生命是人存在的基础，是教育产生的前提，教育因生命的存在而有意义。因此人的生命向度理应是教育最重视的。但是在现实中，现代教育的功利性和工具性表现出对生命的漠视，甚至是对学生生命的远离。教育本真的含义是促进人的向善和全面发展，这就需要教育直面人的生命，并通过发挥教育使人向善的功能，提高人的生命品质，实现人的生命

① 肖川，李玉侠.生命化教育视野下的课堂教学[J].衡水学院学报，2011，(2)：105－109.

价值的回归。

其一，学校是生命激扬和师生交流的场所，生命的意义理应在这里展现。就现代教育而言，学校教育应该“从教育的目的——人的生命成长出发，也就是从教育的本质出发，重新昭示教育的真义，深入阐释教育的价值，致力于捍卫生命的尊严，激发生命的潜能，提升生命的品质，实现生命的价值。”①也就是说，生命是最大的价值，学生个体的发展潜能是巨大的。教师应该带着欣赏的眼光看待每一个学生，学校要成为关注生命的场所，学校教育要走进学生的生命世界，体悟学生的心灵，促进学生的生命成长。

在中小学教育当中，学校作为组织主体，面对的是一个个充满活力和个性的生命个体。这些充满活力的生命是人、自然与社会三位一体的生存状态，需要实现三者的和谐。这三者的和谐统一需要教育的介入，尤其是在为人生奠定基础的中小学教育阶段。对这些年轻的生命除了尊重和敬畏，更需要给予关怀。在中小学，处于青少年时期的学生更需要与教师之间建立关心和信任的关系。对于这一点，内尔·诺丁斯提出的关怀教育理论给了我们很多启示。她认为教育中的关心不同于日常生活中的关心，在教育中，教师对学生的关心不仅仅是一种美德，更是建立在信任基础之上的关心关系。教师对学生的关心是学生学会关心的榜样，是“学生学会关怀的无言向导”②。

其二，每个生命是平等的，需要接受一视同仁的对待；每个生命又是独特的，需要个性化的教育和因材施教。在前文已经论述过，我们研究的中小学作为政府出资办的公立教育组织，中小学教育是纯公共物品性质的教育。因此，在这个教育场域中，每个人都享有平等的受教育权利，这是政府为人民提供的基本公共服务。在这样的教育理念下，学校应该是彰显公正教育教学的组织，是遵循制度伦理的公共教育服务组织。此外，每个学生又是具体的、真实的生命，每个独具个性的生命要求教育为其发展创造条件，要求教育尊重生命的独特性，实行个性化的教育教学模式。这样的中小学教育，是实现一视同仁和因材施教完美结合的学校教育，这样的中小学才是真正意义上一切以学生的发展为前提和归宿的组织，是为学生提供公共教育服务的伦理空间。

---

① 肖川.瞭望“生命教育”的风景线[J].福建论坛，2009，(1)：4.

② 马蒙蒙.基于关怀理论视角对职业学校德育工作的思考——读内尔·诺丁斯的《学会关心——教育的另一种模式》[J].交通职业教育，2010，(1)：30－33.

总之，中小学应该扮演关怀生命的组织角色，在组织教育教学的过程中为生命主体的自由和幸福提供优质的公共教育服务。

2. 平等对话的师生关系是中小学倡导的人际交往理念

人类在产生和发展的历史过程中，总是希望从外在来反观自身。这样的欲望和追求也催生了胡塞尔等学者提出“他者”这样的术语，与此同时“他者视域”成为人们认识自我的好方法，也成为对主客体进行深入认识、观察和反思的重要视角。此外，人自身“一切内在的东西，都不能自足，它要转向外部，它要对话。”①也就是说，对话包含着人的不同生存方式的互相参照，人的存在本身就是一种交际。于是，对话成为内在的价值诉求和价值交换。因此，人与人之间需要对话。在对话中，自我身份的建构需要他者的存在，而他者也对自我的重新阐释和理解提供帮助；通过对话，实现主客体思想和文化的交流和碰撞，形成新的创造；通过平等的交流和对话，实现主客体基于视域融合的彼此理解，从而向一种新的融合发展，直至到达和谐状态。

师生关系作为学校场域中的重要交往关系，如何达至和谐呢？在现代国家和社会中，我们强调“尊师重教”；在中小学学生守则中，我们将“尊敬师长”作为对学生的道德要求之一，说明处理好师生关系对学校教育而言十分重要。

在中国古代，师生关系更加强调“师道尊严”。教育家孔子的“一视同仁”“因材施教”“教学相长”和“不耻下问”成为传统教育的精华，也对现代教育产生积极和深远的影响。在韩愈的《师说》中，更是赋予了教师“传道、授业、解惑”的角色定位，而且强调师生之间应该是对话交流和互相学习的关系。

在古代西方，可以启迪人思考的人是智者，是受人敬仰和爱戴的老师。在古希腊，无论是苏格拉底的“产婆术”教育模式，柏拉图的“理想学园”理念，还是亚里士多德强调教育使人向善的思想，都内含教育的目标和追求，都浸润着对教育中师生关系的伦理性理解和追求。

今天，我们重提构建新型师生关系的重要性，而且认为只有通过平等的交流和对话，才可以实现和谐共进的师生关系。强调要处理好师生关系是因为在现代性背景下，师生关系出现了严重的异化现象。一方面，相对于教师个体来说，对教师的道德要求不再是具有非常崇高的道德品质的、不食人间烟火的圣人，认

① ［俄］巴赫金.诗学与访谈［M］.白春仁等译.石家庄：河北教育出版社，1998：377.

同教师也是普通人，这是对教师作为个体人的正确理解和进步。但是，另一方面，教育作为公共领域的精神服务活动，教师作为一种具有公共性质的职业，必须具备所从事职业的道德素养，必须遵守本职业的道德规范。在学校教育中，尤其是在学生人生起步阶段的中小学教育中，教师对学生的道德引领，教师对学生人格的尊重，以及教师努力构建师生之间平等对话的关系，是教师作为公共知识分子的责任和义务。那么，究竟如何理解和构建中小学教育中的师生关系呢？

首先，从平等的角度重新定位师生之间的关系。在学校教育中，虽然教育是一种培养人的活动，但是我们认为，基于伦理学的视角，学校教育是处理各种伦理关系的社会实践活动，包括学校与学生、学校与教师、校长与教师、校长与学生、教师与学生以及学生与学生之间等各种无处不在的伦理关系。

在这里，我们强调对师生关系进行重新的定位，是因为我们赞成师生“对话”关系的教育学观点。课程是学校为学生提供特殊精神服务的载体，因此强调师生间的对话关系有利于实现学校教育的目标。对于中小学来说，从整个学校教育的视角来看，我们认为，平等对话的教育理念是师生间良好关系构建的前提，是学校彰显伦理性的重要条件。

其次，克服师生关系中存在的弊端。我们前文论述过，在现代教育中，作为组织的学校教育方与作为个体的学生方部分地存在着伦理关系的紧张和不和谐现象。这种异化现象干扰着教育的良性发展，也制约着学校制度伦理功能的发挥。因此，学校作为组织主体，应该在处理与学生之间的关系上进行反思和定位，并有所作为。

最后，构建公共教育服务意义上的师生对话和人际交往关系。那么，中小学应该如何克服师生关系中存在的弊端？我们认为，中小学应该成为凸显公共性和服务性的教育组织，构建公共教育服务意义上的师生对话和人际交往关系。

要实现学校场域内的平等对话，其一要先认同学生的主体地位。在教育者和受教育者之间，学生居于客体的地位。但是，学生作为发展中的人，要成为具有独立人格的人，就应是具有主动性和创造性的个体主体。当然，如果“仅把学生看作单个的个体，就会忽略‘共识’‘主体间性’的本体论意义。”①因此，教育理论研究者开始关注和研究主体间性、交往理性和商谈伦理，对学校教育产生着越

① 彭未名.交往德育论[M].太原：山西教育出版社，2005：43.

来越多的影响。其二是努力建构师生之间平等的对话关系。在学校教育的情境中，对于教师和学生之间关系的界定一直存在众多分歧。我们赞同后现代主义的观点，从人与人之间的关系入手，从主体间性的视角来理解和界定师生关系，倡导构建师生之间的平等对话。正如雅斯贝尔斯所说的，“人与人的对话是思想本身的实现和真理的敞亮。”[①]因此，在教育中通过对师生彼此观点的理解、反思与交流的“对话”方式，才能建构民主平等的师生交往关系，从而实现师生之间的“视域交融”，达至理解与和谐，从而有助于学校成为真正为学生服务的教育组织，有利于学生的成长和发展。

3. 回归生活世界的教育现场是中小学塑造的自觉文化特色

生活世界属于胡塞尔的现象哲学范畴，回归生活世界理论是由胡塞尔、海德格尔等人提出的，强调生活世界对于科学世界和理性世界的优先性[②]。从某种意义上说，“回归生活世界”就是回到人本身。

“生活世界”的概念被引入教育领域是教育本质的内在要求。“生活世界”是教育实践所需要的；教育作为“成人”的活动，关注人的生成过程；“回归”的本质也是关注教育对人的生成价值。所以在学校教育中，学校要成为“回归生活世界”的教育现场，要求整合学校教育教学活动与学生生活，并始终指向学生主体的发展。

此外，“生活世界”不等同于我们所说的具有自发特征的日常生活世界，我们倡导学校教育回归生活世界并非只是回归学生的日常生活世界，而应是向自由自觉的学校文化生活世界的回归。文化生活世界作为学生生活世界的重要组成部分，学校应该通过自身的制度伦理建设构建具有自觉文化特色的教育现场。因为在日常生活世界中，人们只关注事物是什么和有什么用，功利和实用意识明显。而对于事物为什么和应当怎样做缺乏本质性的追问和反思。同样地，如果将“教育回归生活世界”仅仅理解为学校为学生个体提供在日常生活世界中所接受的教育，就会加剧学校教育的工具性和应试性。那么在这种工具理性凸显的学校教育环境中，学校的文化生活也会缺乏制度的理性与伦理性，缺少为了学生发展而反思的自发性因素。因此，在学校教育中要回归的文化生活应该是自觉

① ［德］雅斯贝尔斯.什么是教育［M］.邹进译.北京：生活·读书·新知三联书店，1991：14.

② 叶飞，楚燕.道德教育：从日常生活走向自觉的文化生活［J］.全球教育展望，2009，(2)：73.

的文化生活。

日常的学校教育虽然也强调反思性教学和反思型教师，重视对学校制度和学校生活的建议与反馈，但是以知识传授为目的的教育模式，以追求升学率和优秀率为特色的教育理念，一方面限制了学生的思维与创新，另一方面加剧了学校服务性缺失的现状，削弱甚至迷失了中小学教育的公共性和公益性职能。

我们知道，教育是可以带给人幸福和为人的发展积聚力量的精神活动，是人应该享受的基本权利，因此中小学教育在很多国家成为义务教育，是人民的基本权利保障之一。但是，由于工具理性和实用主义的过多影响，学校在某种意义上成为"教校"，不公平的现象较多存在，围墙之内的生活世界忽略了学生作为主体的人的存在，成为纯粹功利性的生活世界，从而制约了学校作为组织的良性发展和职能发挥。

我们提出中小学要塑造具有自觉文化生活的学校组织，因为这样的中小学不是单纯追求功利的场所，学校教育也是具有反思性的教育。中小学只有成为具有自觉文化特色的公共领域，成为回归生活世界的教育现场，才能发育成为公共教育服务性质的组织，才能一切以人的自由发展为目标来进行制度伦理建设。

学生的发展过程是一种生成过程，学校教育作为具有建构意义的活动，在为学生的发展创造条件的同时，需要科学意识和哲学意义上的反思意识。除此之外，还需要另外一种反思意识的觉醒，"一种人生对生活世界这一奠基性的基础的回归与把握"①。也就是说，学校教育需要重新回到生活世界之中，学校生活世界成为学生建构自我人生的本源，学校教育始终关注学生在此中的学习状况和生存质量，切实为学生的学习和成长服务。

综上所述，我们认为，学校应该是基于人学立场的教育组织，在学校中开展的教育活动是基于人学立场的教育实践。有"人"存在的学校才有可能成为公共性和服务性的组织。

四、中小学：担当人性自由与公共善价值的共同体责任

自由是人的本质，是人终生奋斗的目标和追寻的理想；主体性的发挥是自由

① 郭元祥."回归生活世界"的教学意蕴[J].全球教育展望,2005,(9)：35.

可以实现的重要条件；伦理环境是具有主体性和个性自由的人产生的前提。

学校教育的对象是人，是发展中的生命个体。中小学教育的对象更是处于成长和发展阶段的少年儿童，中小学阶段是个性张扬和世界观养成的重要阶段，因此，我们认为，中小学要担负起制度伦理建设的责任，把中小学建设成为保障人性自由、实现对学生精神引领的共同体，这样的中小学才是责任伦理学意义上的公共教育服务组织。

(一) 保障人性自由发展的制度责任伦理主体

一个组织的制度伦理环境对人的发展起着非常重要的作用。我们知道，对于学校管理来说，将学生看作具有主体性和主动性的人而不是物，是学校管理的进步，是管理伦理性的表现。作为学生的人的自由能否得到保障，主体性能否得到发挥都依赖于制度的伦理环境。因此，对于中小学来说，要成为公共教育服务组织，就要创设有利于学生发展的、保障学生自由实现的、突出学生主体性的制度伦理环境。

1. 学校教育中人的主体性发挥对公共教育服务制度的伦理诉求

人性是复杂的，人对自身的本质相对知之甚少。但是人类的伟大之处就在于具有对自身活动和能力不断反思的自觉性。在这种自觉的反思中，人类的批判意识和批判能力不断提高，对自身的了解和认识不断加深。

随着人类社会的发展，现代人的主体价值逐渐提高，表现为更自主地通过认识世界和改造世界来实现自身的发展。教育作为人类活动的重要行为方式，其主体价值的提高和人主体价值的提高呈现出相互促进的特征。教育自身的力量也在社会实践的变革中和现代科学的进步中不断增强，开始发挥政治功能、经济功能、文化功能和各种社会生活功能。

中小学存在两种主体性的划分，教育主体的主体性包括受教育者的主体性、教育者的主体性、决策者的主体性三个方面；教育活动的主体性是指教育是一种主体性活动，具有相对独立性和超越性，教育服务于人的全面发展①。有学者认为主体性是本体的，是指主体性是人的生存方式，是把握外界和自身的方式；主体性是价值的，是指主体性是人本身的价值存在，是追求真善美和自由的主体

① 王道俊.关于教育的主体性问题[J].教育研究与实验，1996，(2)：1-5.

性；主体性是实践的，是指主体性是在社会实践活动中生成、发展、实现和确证的，人的主体性和人的实践是双向互动和不可分割的[①]。我们认为，学校教育相对于受教育者来说，提供公共服务的最终指向是人对真善美的追求和自我的自由生成。

人是发展中具有主体性的人，又是制度与自然、制度与社会之间的媒介。对于社会来说，人的复杂性注定了人们彼此之间会存在差异，这种差异必然带来主体间的矛盾和冲突。主体间若想达到和谐与平等，就要协调彼此的利益关系，因为利益关系是人与人之间的本质关系。"制度对社会行为的协调和整合，具有道德认同的凝聚功能……在一定程度上协调平衡人们之间的各种利益关系，把人们的利益矛盾和冲突控制在一种可以让各个面共同接受的范围之内。"[②]制度作为处理社会利益关系的规范体系，能够在一定程度上有效地平衡各种利益关系和控制矛盾的激化。制度自身也就成为避免道德离散、整合无序力量的聚合剂。因此，为了发挥主体性，人们产生了对制度的伦理诉求。

对于我们所研究的中小学来说，作为提供公共教育服务的组织，其场域中也存在着各种利益冲突和博弈。如何解决这种冲突和矛盾才能彰显学校组织的公共教育服务责任伦理呢？基于制度本身的价值与功能，我们认为，通过制度来确立人与人之间的权利和义务、权力和责任关系是解决问题的有效途径，也能满足人们的诉求。因此，制度对于人来说有着极其重要的价值。既然制度的规范与整合功能和人的存在如此相关，那么中小学公共教育服务制度的设计就要体现以人为本，并将人的存在作为制度安排的出发点，从而有利于人的主体性发挥。

2. 学校教育中的伦理环境创设与公共教育服务制度支持

在学校教育中，中小学作为青少年学习和生活的场所，作为提供特殊精神服务的组织，其制度的安排自然应该将学生的成长和发展作为出发点。从国家层面上理解教育，我们可以说国家是重要的教育治理主体。学校的委托—代理组织属性注定了学校制度的本源与国家的宏观教育制度和教育体制相关。学校在其政治属性上是为国育才的场所，是通过教育来实现人的个性化和社会化的具有共同体性质的组织。

---

① 黄崴.主体性教育论[M].贵阳：贵州人民出版社，1997(8).

② 李仁武.制度伦理研究——探寻公共道德理性的生成路径[M].北京：人民出版社，2009(8)：140.

人性本质的变化和发展依赖于组织的制度环境，学生的学习和成长与学校的伦理制度环境休戚相关。因此，制度建设的伦理环境非常重要。特别是对于中小学生来说，伦理制度环境的影响更加明显。这个年龄段的青少年正是自我意识开始觉醒，人生观、价值观和世界观初步形成的关键时期，环境会在其品质性格、生活学习能力、生活学习习惯等的形成过程中刻下深深的烙印。学校作为一个组织系统，它的伦理环境包括内部环境和外部环境两个方面。学校内部环境的创设依赖于学校气质、教学伦理和校园伦理文化的合力，而学校外部环境的营造则与国家的宏观制度与体制、社会的文明程度以及人民素养的层次密切相关。

不管怎么说，中小学要成为具有责任伦理的组织，只有把为身心各方面处于重要发展时期的中小学生服务当作核心问题，学校的制度制定才能做到真正的以人为本，体现人学视域的制度伦理。学校的责任伦理就是为了学生的发展，为了让学生实现理想、获得权利和实现人生价值。要达到这些目标，学校必须完善制度的伦理建设，服务于学生的发展，服务于合格人才的培养，实现对社区共同体成员的开放，开展与家长的合作，成为真正意义上的公共教育服务组织。

3. 学校教育中人的自由发展是公共教育服务的制度旨归

人的本质是对自由的不懈追求，教育的任务又是为了使人成之为人。因此，对于人的尊重和为了实现人的自由发展而实施的学校教育才是本真的教育，其与公共善价值结伴同行的精神才是教育的真精神。这种精神是教育价值取向的最高追求和最终理想。在现代化背景下，教育精神的迷失使得教育的功利性和工具性大行其道。建构实现人的自由个性的教育精神成为人们的迫切期待。而为了完成这一精神建构至少需要满足双主体的认同与交流、伦理的制度设计两个条件。教师作为教育者主体，需具有对自由不懈追求的知识分子精神；学生作为渴望和期待自由的主体，需具有正义感和批判意识。而对于制度条件来说，除了将“法”作为自由实现的保障，非正式制度的学校文化和制度伦理对于学生的成长和实现自由的目的同样重要。分析人的本质与制度的关系，我们可以说：人的本质就是制度存在。

只有如此，在中小学教育中，学生才会成为持续不断生长着的人、在教育中自由生成的人，是以成长为幸福、自由、自觉的完整的人为目标的青少年群体。康德曾对人性进行过深入的剖析，认为只有教育才能使人成为人。也就是说，人的天性能通过教育得到更好的发展。中小学生作为公共教育的受教育者，他们身心的解放和自由的自我的生成是教育的要义和旨归。

如何实现自由的自我呢？在哈耶克看来，制度的意义就是把强制的后果降到最低限度，从而保障个体有权利最大限度地按照自己的意志做事。当然自由不仅意味着个体有选择的机会，作为行为主体的个人也必须对自己的行为后果承担责任。在这一点上，自由和责任是一体的，而“制度正是在自由和责任的连接点上体现着它的价值”①。那么，既然教育是为了人的工作，学校教育就应该做好制度的安排，为促进学生自由的成长创造有利条件。

义务教育的中小学应该具有怎样不同的制度存在才能体现学校的公共教育服务责任呢？

首先，中小学应该凸显它的公益性特征，不能因为市场经济的介入而导致公益性和公共性的失落。因为学校理应是体现或传递社会或共同体公共利益的机构。

其次，作为公共组织，学校应该将教育服务辐射到社区，实现政治学意义上的社区开放性。所谓对社区开放，一方面是学校教育作为国家的公共福利，应该与社区共享，主要表现形式是与社会和家长的合作，家长具有民主参与学校管理的权利。因为家长教育权利的实质是学生的受教育权利，中小学家长的权利保障关系到未成年学生的受教育权利实现。另一方面，按照杜威的观点，学校不仅是获得知识的场所，而且能够促使学生成为为社区和社会利益做决策的人。杜威强调学校加强民主教育、发挥培养职能的一个重要途径，就是让学生通过为社区服务增加社会生活经验。

最后，维护学校中的公正与平等。义务教育是普及性、普惠性的教育，是提高全民素质的教育，人人都有受教育权。义务教育阶段的中小学是提供权利绝对平等的纯公共物品性质的教育服务的场所。也就是说，在中小学，公正是整个学校组织最重要的共享伦理。学校要做的就是通过实现公正与平等，来保障每一位学生的发展。公正是学校作为组织的伦理特质，但是现实中却存在不均衡和不公平的现象。

不公平的教育就无法培养出具有公平意识的现代人。那么如何化解这些矛

① 辛鸣.制度论——关于制度哲学的理论建构[M].北京：人民出版社，2005(10)：233.

盾，从而解决义务教育不均衡和公共教育服务理念缺失的问题呢？一是政府理念的转变和社会的配合；二是要有公正的制度作保障；三是要有善的行为作指引。对于具有共同体性质的中小学来说，公平正义和向善行为是两个不可或缺的、相辅相成的原则。

当中小学所有的教育活动都以学生的精神成长和德性发展为目标，把促进学生的成长作为衡量的标准，把育人作为自己的道德责任，学校就是承担制度责任伦理的组织，这样的中小学教育就是回归本真的教育，是真正“成人”的教育，这样的中小学才是伦理学意义上的公共教育服务组织。

（二）彰显公共善价值的公共教育服务责任共同体

学校作为一种特殊组织，不同于一般的社会组织。正如邢永富教授和吕秋芳教授所说的，学校历来是一种学术共同体、道德共同体和精神共同体等①。那么在教育中使用的“共同体”概念内涵到底是什么？在《中国现代汉语词典》中“共同体”是指“人们在共同条件下结成的集体”，“由若干国家在某一方面组成的集体组织”。而在社会学语境中，“共同体”指的是人与人、人与组织的结合体，这个结合体具有密集的社会关系网络和能够起主导作用的一整套价值体系②。也就是说，共同体概念强调的是人形成的社会活动网络系统。共同体成员之间通过共同的社会活动逐步形成共同的价值目标，共享其中的价值文化，建立交往和对话的合作关系，产生互相影响的行为方式和精神追求。

在对教育教学情境的研究中，杜威最先引用了“共同体”的概念。我们认为，对于中小学来说，学校本质上是一个为青少年提供以精神引领为显著标志的公共教育服务共同体。如果将这个共同体进行详细的解剖和分析，它应该是一个主体性张扬的多样化空间，是一个由师生组成的学习者联盟，更是一个具有自生秩序之德性文化的伦理道德场所，是自主共同体、学习共同体和文化共同体的结合。

1. 自主共同体

我们说中小学应该是一个激发主体性的空间，是因为在这样的公共教育服务场域中，学校作为服务的主体，要具有为作为客体的学生服务的信念。信念是

---

① 邢永富，吕秋芳．“和谐教育”重在组织和制度创新[J]．首都师范大学学报（社会科学版），2006，(4)：107－111.

② 马和民．新编教育社会学[M]．上海：华东师范大学出版社，2009：126.

支撑和促成责任发生的思考与行动模式。有了信念，主体就会有独立的价值判断，就会明确和强化自身的责任。我国政府在职能上体现着从统治职能向管理和服务职能的位移，政府的责任更加凸显。对于政府代理机构的中小学来说，为学生服务是一种强化责任意识的行为表现，实质上是维护公益和坚守公益至上的伦理信念。

那么学校应该如何“保卫教育的公共性”？如何实现公益至上、为学生服务的信念呢？

其一，角色与责任相匹配。中小学是保障受教育权利绝对平等的基本公共教育服务组织，是政府通过公共财政拨款兴办的正规教育机构，那么学校理所应当具有维护公共性、公益性、公平和正义的责任。学校是学习者的学校，不是无限和全能的学校。换句话说，学校扮演的角色不是“管校”，不是“教校”，而是为青少年的学习服务、以青少年成为完整的人为教育目标的学校。学校一切教育活动、教学安排、课程体系、管理制度、硬件设施、师资配备等都以人的发展为目的，以学生的发展为目的，为了避免教育权力的异化，把制度伦理建设当作学校发展的重点，扮演好“道德人”的角色，担负起教书育人的责任。

其二，尊重学生的双重身份。学生在学校生活中，不是被动接受管理与教化的客体，而是主客体的统一。在学校的教育教学活动中，学生既是学习知识和培养能力的客体，需要通过教育获得成长的品质；又是教育学习活动中的主体，学生要对自己的行为做出选择，还要对自己的行为后果负责。因此，教师是引导者和辅助者，通过激发学生内在的潜能与德性，使学生成为可以自主学习、具有自我管理能力的个体。此外，自主型学习组织的创建可以达到学会自我选择、团队合作和善于反思、质疑和创新的目标。

2. 学习共同体

学习是青少年学校生活的主要内容。我们欣赏和提倡的学习不是死记硬背的纯知识性学习，而是学习知识、理解知识和构建知识的过程，是书本学习与生存能力完美结合的过程。因此，学习型组织不是一般的学习小组，而是有着共同信仰和制度伦理的共同体。在这样的共同体中，学生学习的建构本质、参与本质和社会协商本质不断显现。

我们知道，基于多学科视野对人类学习机制的考察成为反思学校教育、建立新型教与学关系的基础。学校教育的主要目标是培养学生适应新的问题和情境的能力，通过帮助学生认识到自己的学习者角色，培养学生迁移知识的能力——把一个情境中所学到的知识迁移到新情境中去的能力。学生的迁移能力是学习效果的一个重要参考，有利于评价和改进教师的教学。迁移分为正迁移和负迁移，毋庸置疑，我们的教育教学总是努力帮助学生实现学习能力的正迁移。学生原有的知识和经验是迁移的基础，在此基础上去建构新知识的正确的理解。此外，学生的学习情境是促进迁移的重要方面，多样化情境中学到的知识有利于弹性迁移，也就是说，多样化的有效的教学情境才能促进正迁移。

学校成为一个学习共同体，其环境就表现为学校学习的环境向日常环境的迁移。日常的环境虽然接近于儿童家庭和社会生活的环境，但并非是自发性和实用性的日常生活环境，而是包含它又超越它的有利于学习者选择的生活环境。这种学习共同体的环境是富有伦理德性的生命空间，因为在一定意义上可以说，关注生命意义的中小学是一种生态型家庭，是一个具有制度保障的伦理共同体。在这里，教学相长是学校的追求，一视同仁和因材施教是教育公正的彰显。这样的校园必定是富有教育精神和美好制度伦理环境的教育服务组织。

3. 文化共同体

除了自主性和学习性的特征，公共教育服务意义上的中小学还是一个文化共同体。学校教育是实现文化传承的重要方式，很多优秀的传统文化通过学校组织的制度建设，通过不同校风和学风的形成，通过管理者、教育者和受教育者的共同努力，得以流传和发展并成为人类的精神文化财富。

我们认同学校是文化共同体，并非仅仅从知识传授和文化传承的角度去界定和理解学校，而是分析学校作为真正的文化共同体的特征和内涵。我们认为，真正的文化共同体应该是一个具有生态精神的共同体。那么，什么特征的学校具有生态精神呢？或者说，这种生态精神应该体现在哪些方面呢？

首先，学校的管理和制度假设是遵循制度伦理的。这样的管理是具有伦理性的，公正和人道就是学校管理制度伦理的范畴。这样的制度假设是具有伦理性的，它的公正、平等和自由的价值诉求可以保障学校的文化共同体属性，并且在共同体的运行中不断完善。因此，学校自身通过伦理性的运行机制，逐步成长为具有自组织功能和公共责任的和谐场域，成为具有伦理文化的校园。

其次，学校教育主体成员的表现是具有个体责任的。作为学校管理者的校长和作为教育者的教师是共同体中的教育主体成员，他们的个体伦理“依附于个人而存在，着重于个人的道德行为、修养和形成途径。或者说，良心、责任、修养等德性大多是针对个人而言，属于个体伦理范畴”①。以校长为代表的学校管理者通过彰显伦理性和服务性的管理活动与教育活动，以教师为代表的教育者通过创建生态的课堂教学和和谐的师生关系，共同实现和完善共同体的伦理文化建设，成为学校教育中自觉践行个体责任的教育主体。

最后，既是受教育客体又是受教育主体的学生成为文化共同体的受益者。我们认同学生是文化共同体的受益者，是因为学校的一切工作都是以学生成为完整的、自由的人为目标来进行的。其一是学校组织的制度伦理建设可以为学生提供一种公共生活的环境。所谓公共生活，是相对于私人生活而言的。按照汉娜·阿伦特的理解，公共生活是一种自由、平等、理性和非暴力的生活形态②。在公共生活中，人与人之间可以自由、平等的对话和协商，找出解决公共问题或公共事务的途径；而学校的公共生活则为学生的养成教育提供了生活实践基础和伦理基础。具体说来，这样的公共生活是具有民主精神和道德关怀的文化生活，是蕴含生态精神的文化共同体。这样的学校可以提升学生的德性品质、发展学生的民主品质、增强学生的理性能力以及发展学生的行动品质③。其二是校长和教师的个体道德品质对学生的素质养成与人格影响。以尊重和信任为核心价值的管理服务理念与教育信仰，以关爱和对话为交流方式并且突出师生教与学的自主性、师生互动的共生性和师生教学相长的发展性的课堂文化，逐渐成为学校的文化信念和精神品质，促使成员产生共同体归属感与身份认同。

综上所述，中小学的制度责任，无论表现在和谐校园的构建上，道德意蕴教育场域的形成上，还是精神引领的共同体追求上，学校所蕴含的价值观念和伦理精神殊途同归——都是希望通过善的制度，引领学生的行为方式，整合学生的道德理性，从而实现学生自由的、向善的、德智体美劳的全面发展。这样的制度伦理体系是中小学存在的现实基础，也是中小学公共教育服务理念的本质。

---

① 王家军.学校管理制度伦理论略[J].教育理论与实践，2011，(2)：30.

② [德]汉娜·阿伦特.人的条件[M].竺乾威译.上海：上海人民出版社，1999：29.

③ 叶飞.学校公共生活的建构与人民品质的教育[J].中小学德育，2012，(1)：28－30.

第四章 中小学公共教育服务的校长权力责任伦理

我国中小学校贯彻和落实党组织领导下的校长负责制。校长作为具有主观能动性的个体,在中小学的场域中具有管理者的身份特征。所以我们从伦理学视角研究校长在中小学公共教育服务中的责任,实际上是从校长作为个体的美德伦理和职业伦理角度来分析和论证校长的权力责任。这一点不同于基于中小学的组织身份研究学校承担的制度责任,也不同于教师作为教育者的身份承担的教学责任。

在中小学场域中,相对于教育者和学生来说,校长作为权力主体的决策者、领导者身份与学校服务精神的创建者,是校长进行伦理管理的责任;校长作为专业引领者的教育家身份与行动是校长的教育责任;校长的公共节操与社区、家长的合作是校长职业责任的追寻。

一、中小学校长的权力内涵与权力责任伦理

权力和责任是对应的,拥有权力就必须承担责任。基于这一点,我们在分析校长权力的时候,将落脚点放在校长作为个体的管理者应该承担的责任上。因为,无论学校、校长还是教师,都不是自然形成的角色,而是人为设计的公共角色。设计了这些角色,就必须对这些角色提出要求,这些要求就成为不同角色必须遵守的不同规范,最终目的是为了实现公共利益最大化。因此,分析中小学校长权力的来源、本质与内涵,进而分析中小学校长拥有权力和承担责任的关系,才可以进一步解构中小学校长的权力责任。

（一）校长的权力内涵与本质体现

我们知道，对于权力的分析和概括，要从权力的概念入手。关于权力的概念界说，目前仍没有统一的观点。很多学者从各自对权力的不同理解给出了不同的解释。我们对众多的权力概念进行分析后，权力的内涵与本质便得以彰显，再具体到中小学校长权力，其特有的内涵也变得清晰起来。

1. 权力的基本内涵与本质

首先，权力的关系性。对权力进行界定的众多定义中，下面几种是比较权威和人们普遍认同的。霍布斯认为，"权力是行动者与行动对象之间的因果关系。"[①]在罗素看来，"权力可以定义为有意努力的产物。"[②]而马克思·韦伯认为，权力是"一个人或一些人在某一社会行动中，甚至是在不顾其他参与者反对的情况下实现自己意志的能力"[③]。如此等等，这里不再赘述。对这些概念进行分析后可以发现，学者们对权力概念的定义都着重强调一个个体或机构对另一个个体或机构产生相应的影响。换句话说，权力涉及的是甲乙双方之间的关系，即权力的关系性。

其次，权力的公共性。对于权力的公共性这一基本特征，我们可以从权力的来源上分析获得。在探寻权力的来源之前，需要先来了解一下思想家们对公共性的内涵解释。

康德解释公共性是"从公共权利的全部资料之中（就国内人与人的或者各个国家相互之间由各种不同经验所给定的关系）进行抽象，那么我就只剩下公共性这一形式；这种可能性是每一项权利要求中都包含着的，因为没有它就不会有正义（正义是只能被想象为可以公开宣告的），因而也就不会有权利，权利仅仅是由正义所授予的"[④]。康德定义公共权力的本质就是公共性，即公共权力是对给定关系的抽象表达，并且本身内含正义的要求。

阿伦特对公共性的分析是"公共性概念至少包含三种意义。第一是公共生活的关联性……互相参照的关系就是一种公共性。第二是公共空间的在场

① 胡训玉.权力伦理的理念建构[M].北京：中国人民公安大学出版社，2010：28.
② ［英］伯特兰·罗素.权力论[M].靳建国译.上海：东方出版社，1988：23.
③ 胡训玉.权力伦理的理念建构[M].北京：中国人民公安大学出版社，2010：29.
④ ［德］康德.历史理性批判[M].何兆武译.北京：商务印书馆，1990：139.

性……差异性的同时在场强调了多样共存原则的重要价值。第三是公共空间的恒在性”[①]。阿伦特对公共性的解读将公共性的维度扩大，将公共性的互相参照、在场性和公共空间的恒在性都包含其中，更加强调包容差异的一种共生性存在。“在这里，公共性是一种质的相关性，不同质的个体以相关性彼此证明，而不是互相排斥。公共性是一个空间与时间融合在一起的概念，是差异性的‘同时在场’”[②]。在这里，公共性上升到时空连接的概念，但是又存在差异，是一种有差异的共存。

本书所依据的“契约论”——公共权利让渡形成的政府公共权力本质上也就必然同权利有着相同的本质属性，即公共性。这种公共性更加强调的是一种没有差别的平等性。所以，本书对公共性的理解，既包含对个体抽象本质的规定性，又包含相互参照的共生性。而这种共生性又是以公共性的抽象性本质为依托的。

第三，权力的伦理性。伦理的词源本身所包含的是对具有血缘关系的抽象化规则要求。伦理的这种本质同权力有着很大的相似之处，即它们都是针对人们之间关系的规定。所不同的是，伦理是更加强调本原性、具有更大范畴的民间规范；而权力是在伦理的基础上生发出来的、具有强制规定性的要求。权力和伦理的异同决定了两者发挥着不同的作用，用以规范人类的行为。

最后，权力的公益性。如果说，“权力本身不是掌权者所追求的最终目的，而只是掌握者为达到某种目标，实现某种价值，取得某种利益的工具和手段”[③]。那么，我们不能否认的是在当代民主社会背景下，权力作为实现某种价值的工具最终必然指向公共利益的价值实现。在这里，“公共”指的是具有一种不排他的属性，这种属性实际上已经暗含了对社会关系进行管理的规则。而对这种社会关系进行的管理又是建立在一定价值基础上的，这种价值基础就是权力“与生俱来”的道德使命。

2. 中小学校长权力的价值本质

上文我们对权力的概念和来源进行了简要分析。从概念本身来看，权力表

① 刘圣中.私人性与公共性——公共权力的两重属性及其归宿[J].浙江学刊，2003，(2)：70-74.

② 刘圣中.私人性与公共性——公共权力的两重属性及其归宿[J].浙江学刊，2003，(2)：70-74.

③ 王爱冬.政治权力论[M].保定：河北大学出版社，2003：11.

现为人与人之间支配与服从的关系，这是权力的一般特征；从来源看，权力产生于处理社会公共事务的需要，享有权力的组织以追求正义和公平为目标，并且主要依靠道德力量协调各种利益关系；从主体来看，按照契约论的观点，因为权力来源于人民权利让渡，所以权力的主体是全体人民，权力服务于公共利益和所有人才具有合法性；从表现形式看，权力具有伦理内涵和价值本质，因此成为管理和协调社会公共事务的重要方法和人性化手段。一言以蔽之，权力是一种以"善"为内涵的对他者的影响力。

(1) 中小学校长权力的独特属性

中小学校长权力作为学校管理过程中影响他者的权力，除了具有权力的一般特性之外，还具有自身的独特属性。因为学校不同于其他社会组织，中小学更是凸显公益性的教育场所，且教育本身就是伦理的、道德的事业。在中小学中，因为学生受教育权的基本人权性质，因为政府提供义务教育的公共性、公益性、公平性和服务性特征，因为国家政府给予的公共财政支持与建设公共教育服务体系的规划，中小学校长权力作为一种公权力就表现为权力的价值性和权力的工具性两种属性。

权力的价值性，是中小学校长权力的本质属性。换句话说，中小学校长在使用权力时必须以实现学校的公共价值为目的，不能假公济私，导致权力的异化。至于权力的工具性，是权力功利性的表现，主要关注权力的实用性和效率问题。两者的区别可以被大致描述为：价值性表现为内生性，工具性表现为外在性；价值性具有善的绝对性，工具性具有善的相对性，是应然或潜在的善；价值性的彰显是校长权力属性的核心，工具性的功能发挥则依附于价值性的导引。总之，中小学校长权力的属性用图表示会更清晰些，具体如下：

表 3.1　中小学校长权力的属性①

区别 属性	目　　的	性质	求善的本质	特征	地　位	角色 凸显
价值性	中小学的公共价值实现	内生性	绝对性的善	伦理性	本质、核心	服务者
工具性	中小学的办学效率问题	外在性	相对性的善	功利性	从属、依附	管理者

① 徐金海.领导转型：校长领导伦理的寻求与建构[D].南京师范大学，2011：89－90.

从表 3.1 可以看出，权力的价值性是权力的本质属性。对于中小学校长来说，要时刻以中小学的公共价值实现为权力使用的主要目标，即便需要追寻实用性和实效性，也必须以遵循公益、公平、道义、服务的伦理道德准则作为引领。中小学校长是领导者和管理者，但更应该是讲求权力伦理的服务者，自觉地承担起为学生提供公共教育服务的责任。

（2）中小学校长权力价值本质的必然性

通过上面的分析，我们知道中小学校长权力一方面具有一般权力的基本特征，即关系性、公共性等。另一方面，因为中小学校长所在组织机构的性质、管理群体的特殊性以及对中小学校长更高的道德要求，中小学校长的权力便有了自身特定的内涵与价值，有着特有的地位与功能。

首先，中小学的组织性质决定了校长权力的来源。我们知道，本书中的中小学是纯粹的公立性组织，中小学教育在我国是义务教育阶段的纯公共物品性质的教育。因此，校长的权力完全来源于国家政府的授权，而国家的权力来源于人民出于一定的安全与秩序考虑、每个人让渡一部分相同的权利形成的一种授权。

其次，中小学教育针对的群体特点决定了校长权力的伦理性成为其最重要的内涵特性。中小学的服务对象是未成年人，是公共教育的受益者。因为公共教育本身就是一种公共善，希望通过善的制度和善的行为将这种道德信念传递，并培养出具有公共善的理念和行动的人。

在学校组织运行中，党组织领导下的校长作为学校的组织者和领导者，在多元化的时代背景和教育观中，所扮演的角色呈现多元化特征，相应的责任和义务也就随之扩大。中小学生是少年儿童群体，应该享有应得的权利保障，同时也有着这个群体的伦理诉求。作为公共教育组织中的工作人员，要带着爱心做教育，这种公共教育就具有了服务的价值，这种服务就是中小学校长管理的本质——伦理性质的公共教育服务。

最后，中小学校长道德自律性的凸显。中小学是国家为人民提供的基本公共教育服务，是政府必须履行的责任，并给予制度上的保障。义务教育的免费性与公益性是它最显著的特征，因此，中小学存在的收取择校费、赞助费等行为违背公共教育服务的理念。作为中小学来说，学校应该以学生为主体，而不是以攫取利润为目标。

校长在对中小学实施管理的过程中，就需要高度道德自律，不应该通过经营学校来获取利润，而是自觉接受和认同权力伦理，并将这些特殊的伦理道德规范内化为高尚的人格、优良的节操和优化的权力行为，从而做出正确的伦理选择——为学生主体服务。既然是为学生服务，就应该把学生的需求摆在首要位置，也就是提供学生需求本位的服务，这是服务的概念中原本就包含的以消费者需求为出发点的理念。无论是从政府的角度，还是从学术的角度，那些“急百姓所急，想百姓所想，爱人民所爱”等话语背后所蕴含的都是同一个信念：履行为人民服务的责任。我们在伦理学意义上探讨中小学校长的服务责任，同上述信念殊途同归。

（二）校长的权力责任伦理解析

权力和责任是相互对应、不可分割的辩证统一体，或者说，权力总是与责任紧密相连。责任是权力伦理的重要概念，权力伦理本身内含责任诉求。为了优化权力行为，权力伦理促使权力主体主动承担公共组织和公共事务的责任。除了强调权力主体的内省和自觉，为了敦促更多的人有效履行责任，一些会产生重大行为后果的责任被法制化，上升为法律、法规，从而实现道德和法制的有机结合。

校长作为党组织领导下的中小学这种公立组织的领导者与管理者，这种身份最大的特点表现为校长是具有一定权力的主体。因此，对中小学校长角色的权力和责任进行伦理学分析，是从校长角度进行分析的关键。

中小学校长角色和责任的实现需要体现知行合一、主体性、自由平等、合作共赢等原则。这样的原则遵循是角色理性的表现，并最终走向角色的德性。因此，校长角色的扮演和校长责任的实现更是一种重责任和奉献的伦理价值追求。这种责任具体表现为中小学校长进行伦理领导的道义责任；中小学校长秉承服务理念的教育家责任；以及中小学校长忠诚职业操守的社区责任。

1. 中小学校长权力伦理的内涵

基于权力和责任的对应关系，中小学校长作为个体的人，在获得权力的同时必须承担相应的责任；基于角色和责任的相互关联，中小学校长作为一种公共的社会角色，我们在研究他作为管理者的责任时，也不能错过对该角色的解释和理解。

权力伦理是与社会经济关系密切相关的意识，是调节权力主体行为的道德规范，是非强制性的被权力主体内化的自律性规范，是权力主体职业精神的体现。因为人民权利是公共权力的本源，所以权力伦理的核心价值是公共精神，权力主体具有为公共利益服务的不可推卸的责任。

因为权力来源的公共性质，中小学组织的伦理性质，公共教育的公益性等特点，中小学校长作为公共权力的获得者，权力的伦理性成为其最基本的特征。因此，中小学校长权力责任的内涵具体表现为：公共责任的职责、公共角色的身份与公共服务的管理。

（1）公共责任：校长职责的伦理学本质

我们知道，在伦理学意义上，权力和责任是成正比的，即权力越大，责任也就越大。校长作为一定的权力掌握者就必然具有一定的权力责任性，这种责任来源于其掌握的权力本身。当权力被赋予的时候，就必然将权力的使用准则如公平、正义等同时赋予使用者，或者说是对使用者的要求。“政府公共责任的伦理性虽主要表现为道德责任，但也包括政治、法律责任在落实过程中的某种价值选择和判断。”①换句话说，对于中小学校长这样的公职人员来说，在从事中小学管理活动中的责任主要是一种道德责任，是一种关乎伦理选择和伦理建设的责任。政治和法律的责任也是在进行价值判断时才得以体现，是对道德责任的守护。但是，从另外一个层面来讲，“行政责任在行政人员的层面上，主要是道德责任，即使是法律规定的责任，也需要转化为行政人员的道德责任意识。”②即只有内化为公职人员的道德责任意识才能真正发挥作用。

中小学校长的道德责任也是其权力使用中的主要责任，而这种责任必须通过个体具有的美德伦理才能将其转化为校长自身的道德责任意识和信念。

（2）公共角色：校长身份的社会学本质

“角色有两重含义：一是戏剧或电影、电视中演员扮演的剧中人物；二是比

---

① 胡训玉.权力伦理的理念建构[M].北京：中国人民公安大学出版社，2010：252.

② 张康之.行政伦理学[M].北京：中央广播电视大学出版社，2005：122.

喻生活中某种类型的人物。在社会科学领域，角色指‘对群体或社会中具有某一特定身份的人的行为期待’[①]"“一个人占有的是地位，而扮演的是角色。在每一次高度结构化的社会互动中，社会都为其提供了一个‘剧本’，用以指导分配不同社会成员的不同角色的扮演。”[②]可见角色是一个抽象概念，地位决定角色。角色是人在社会中的身份象征和参与社会活动的印记，每个人都在社会中承担一定的角色。角色在本质上是人的社会责任的分配和履行。角色本身是一种符号的表征，只有角色主体认同自身角色才是角色行动的开始，而对责任的认同则是对角色认同的延续。

对于校长来说，其特殊之处就在于校长的角色有着纯粹的公共性，同时还是一种具备伦理色彩的公共性。这种公共角色来源于校长角色的生成。从行政角度来看，校长的地位来源于公共性政府的授予。另外，从中小学教育的纯公共物品性质来看，校长领导一个生产纯公共物品的教育组织，也就必然使得校长的身份属于公共角色。

(3) 公共服务：校长管理的政治学本质

在党组织领导下，校长作为公共教育组织的领导者之一，其工作性质所具有的政治意识和服务性就是必备的。从政府不断提出的服务型政府理念以及从学校服务的主体——人民的角度来分析可以发现，政府的服务性和教育的公共性都使得校长应该具有公共服务的品质，同时对自己提出“为党育人、为国育才”的服务理念要求。“公共教育的人民主体吁求公共教育的服务价值；公共教育的人民权利本位及人民发展本位吁求公共教育的服务价值；公共教育的制度正义吁求公共教育的服务价值。”[③]中小学所面向的主体就要求教育应该具有以人民权利为核心的服务性。

另外，教育的公益性也使得中小学校长的工作性质必须具有服务性。“坚持教育公益性原则，就要把教育事业(首先是义务教育和基础教育等)当作人民群众的公共福利来看待。”[④]也就是说，公益性就是要把义务教育当作一种公共事业，一份关乎所有人公共福祉的事业。

---

① 刘东杰.公共管理者角色转换：概念、类别[J].领导科学，2012，(8)：33－35.
② [美] 戴维·波普诺.社会学[M].李强等译.北京：中国人民大学出版社，2007.
③ 李西顺.服务价值：公共教育之吁求[J].现代教育管理，2010，(11)：4.
④ 邢永富.服务型政府背景下的教育服务性[J].中国教育学刊，2009，(2)：14－16＋24.

2. 权力责任伦理的存在方式

对中小学校长权力责任伦理内涵进行如上分析后，我们了解了中小学校长作为公共角色具有的对于学校、社会以及社区的公共责任，实现伦理领导的个体美德，了解教育并为公共教育事业奉献的职业道德，以及提供公共服务的教育信念。这些具体的表现是中小学校长权力责任伦理在现实中的存在方式。

（1）个体美德与伦理领导

相对于制度伦理强调的道德规范原则是具有整体性和政治性特征的公平与正义，个体伦理所强调的道德规范原则却是具有个体性和社会性特征的道义与利他。所以，校长个体美德使得他的权力伦理表现为利他的道义，在中小学的管理实践中就表现为伦理的领导和管理。

具体来说，中小学校长的伦理管理是指校长在“学校管理过程中的价值观、道德标准、人格态度和伦理精神，在校长管理实践活动中形成的各种伦理关系以及协调处理这些关系的伦理道德原则和规范的总和”[①]。在中小学管理实践中，校长将自己的思想、情感与价值观等贯穿其中，未成年还是需要更多监护和关照的群体，因此服务的理念也必须渗透到具体的管理实践中。这种为学生服务的意识就是管理的伦理因素，是对中小学伦理属性的认同。

（2）专业引领的教育责任

教育活动作为一种具有特殊内涵的社会活动，对于管理者有更高的学术要求。换句话说，校长除了具有做出正确决策的领导能力，还应该具备教育学和心理学的相关知识，成为教育家型校长，在对学校进行管理的同时，实现对教育教学的专业引领。

中小学校长专业引领的责任尤为突出。一方面，相对于其他阶段的学生群体来说，中小学生正是奠定人生发展基础的阶段，引导和服务的形式与程度会产生不同的教育效果，甚至影响他们的一生。除了先天遗传、家庭教育和社会风气对一个人成长带来的影响，学校教育是每个人生涯中重要的组成部分，中小学教育提供基础知识和培养基本能力的重要性不言而喻，对于形成人的人生观、价值观和伦理关怀的世界观至关重要，因此，校长针对青少年特点的教育专业知识和

---

① 马海永.迷失与追寻：校长管理伦理取向探究[J].教育管理研究，2008，(5)：44.

人文关怀理念会直接影响学校伦理管理的成效。另一方面，对于中小学教师团队来说，作为直接为学生提供服务的整体，只有具有教育专业精神和教育专业能力的校长才能高屋建瓴，关注和促进教师的专业成长，凝聚教师的力量，形成具有责任意识和教育情怀的学校精神，建设伦理文化、教育智慧与服务责任汇聚的公共教育服务之所。

（3）职业角色的社区责任

校长的职业责任按照惯常的研究和理解，是指校长作为一种职业被赋予的角色，应该具有该职业必备的道德素质与职业能力。因为校长的伦理管理和专业引领都是其职业角色的要求，在此不再重复论证。我们对校长职业伦理的研究，主要是关于校长在维护社区道德秩序上的责任，目的是使中小学成为将公共教育服务延伸至道德意义上的社区，实现与社区的合作共赢。

如果说公共性属于公共权力的最基本属性，而正义属于公共权力的伦理价值基础和伦理价值原则的话，那么秩序就属于权力的社会性目的，也就是说秩序是公共权力产生之初就具有的、为了达成公共权力而形成的、最基本的目的性规范。

中小学校长的权力必然具有保持与维持社会秩序的功能。而这个具体的秩序不同于强制性机关对秩序的维护，而是在保证权力行使正当性及公正性的同时，维护所在学校学生、老师、各级领导、家长等之间的关系秩序，维护中小学校长权力所掌握资源的管理分配过程当中的秩序等等，这是中小学校长道义性责任中的社区责任秩序维度。

总而言之，对中小学校长权力伦理进行解构后，接下来将分节进行分析。本书认为，如果中小学校长在使用权力的过程中体现了伦理管理、教育服务和社区维护的权力伦理，这样的中小学校长就是讲求权力伦理的个体，在这样的理念导引下的中小学才是真正的公共教育服务组织。

二、校长：追寻伦理管理的领导责任

人作为万物的尺度，与动物的最大区别之一是人在对待事物时持有的道德衡量。按照麦克劳的观点，教育在本质上是一项伦理事业，教育管理必须通过改革把伦理作为其核心[①]。换句话说，在学校管理中，党组织领导下的校长作为决策者和领导者之一，必须实现伦理的管理，把成为伦理型的校长当作自己的目标。本书主要聚焦如下问题：中小学校长作为权力拥有者在为学生提供公共教育服务中的责任是什么？为什么必须承担这样的责任？是否可以实现？功能是什么？

我们认为，中小学校长的伦理管理需要做到：一是自身的职业素养、服务理念和伦理决策，这是伦理管理得以实现的前提；二是制度的伦理建设，这是对公共教育服务的保障；三是对教师和学生群体的人文关怀与生命尊重，把人的塑造当作学校的根本任务，这是学校文化和学校精神得以产生的关键，是伦理共同体的表现。针对中小学的组织特点、教师的工作性质和学生的群体特征，中小学校长的责任主要体现在工作中的公平、正义、公正和人性化等方面，追求实现伦理和管理的完美结合。

（一）中小学校长伦理管理的前提与可行性

校长践行中小学的伦理管理是社会、家长的期待，成为伦理型的校长也是中国传统文化与现代文化的互补与交融。要实现伦理管理需要几个前提，而这些前提也说明了伦理管理实现的可能性。前提主要包括：校长作为公职人员的个体美德与职业素养，教育的“使人成为人”的本质和中小学教育的特殊性，行政伦理、管理伦理和公共服务理论的发展，以及国家政府的政策推动与支持等。

1. 校长威望性权力生成是伦理管理的保障

首先，校长概念的来源与权力的属性决定了校长的权威与道德要求。从词源上看，英语中的 principal（校长）源于 prince（大王）一词，意指“在身份、地位、重要性和权力方面名列第一”。也就是说校长是决定学校运行的权力主体。《简明教育辞典》中把“校长”定义为“国家教育行政部门或其他教育机构的管理部门任命的学校主要负责人。校长对外代表学校，对内主持校务。”在《中华人民共和国职业分类大典》中，中小学校长被列为独立的职业，具体表述为：“中小学校长

① Mekerrow K. Ethical Administration: An Oxymoron? [J]. Journal of School Leadership, 1997, 7(2): 210 - 225.

是在中学、小学担任领导职务并具有决策、管理权的人员"①。

从如上的种种描述中可以看出，校长掌握的是一种公共性质的权力，拥有的是公职人员的身份，这种权力产生的目的是为了实现学校的决策和管理。上文我们论述过权责对等的关系，校长作为一种后致角色，政府在赋予校长权力的同时必然提出承担相应责任的要求，包括校长应该遵守的道德规范、作为领导者的职业素养和工作能力等要求。校长自身具备的美德加上外在的规范约束，是保障权力正常行使的前提。

其次，服务型政府理念和人民意识觉醒成为中小学校长伦理领导的动力和压力。作为中小学的领导者，一方面，我国服务型政府理念的提出使公共教育服务的理念逐渐深入人心，再加上《国家中长期教育改革和发展规划纲要(2010—2020年)》这样的政策推动和公共财政的支持。政府为人民服务的意愿、要求和行动给学校教育指出了新的方向，那就是必须保障基本公共教育服务性质的中小学义务教育的有效实行，保障人民平等享受基本受教育的权利。国家政府的公共教育服务理念既是一种公共福利，又是一种公共责任的担当。中小学作为直接面对公共教育服务对象和提供公共教育服务的代理机构，必须承担起这份与权力并行的服务责任。另一方面，随着社会的进步，人们自身的素养在不断提高，对公共事务的关注逐渐增多，这一切都是国家政府以人为本、关注民生理念在现实中的体现。与此同时，教育逐渐成为内涵拓宽的大教育，"善制"和"善治"成为政治上的追求，"教人向善""使人幸福""公正平等"的教育活动与教育服务成为全社会对以中小学教育为代表的公共教育的伦理期待和价值诉求。于是，学校的教育性功能变得日益复杂化，责任增大，任重而道远。这些是校长实现伦理领导的压力，更是动力。

最后，中小学校长威望性权力的产生和共同价值观的建立成为伦理领导的保障。校长的权威包括职务性权力与威望性权力。校长的职务性权力，也就是我们通常所说的公共权力，是校长接受上级教育行政机关任命或聘任时被赋予的，并随职务的存在或消失同步变化；而威望性权力，是校长在学校管理实践过程中形成的综合素质，并得到大家的认同和肯定。这种综合素质包括校长的学识视野、人品道德、领导行为、人际关系、决策能力等多个方面。这种综合素质能

① 李高海.论角色视阈下的中小学校长职责[J].科教导刊,2013,(31)：77.

够体现校长的管理理念，决定着学校的未来。因为职务性权力的规诫和强制永远不能真正解决学校发展遇到的问题，而校长的个体美德和威信却是隐性的伦理力量和心灵影响，持续影响着学校共同价值观的建立。这种基于责任的共同价值观便是校长伦理领导的核心。按照萨乔万尼的观点："价值观在构建一个管理者的心智图景和决定领导实践中具有重要的作用"①。校长通过真诚的沟通，不断的宣传，激发教师的热情，调动教师的积极性，通过全体教职员工多元价值观的融汇形成学校共同的价值观，这样的价值观体现校长和教师的责任意识、学校的时代特征和个体"善"的意识。

2. 校长伦理管理的追寻契合教育的本质

教育的属人本质凸显了教育的精神性和理想性特征。中小学教育是奠定一个人发展的重要阶段，而且作为公共教育的重要组成部分，它所突出强调的学生主体、教育公平、精神引领等价值，都符合伦理管理的追求，更是我们所提倡的真正的公共教育服务理念所追寻的价值。

(1) 教育的本质表明了受教育者的本体价值

教育的本质是培养作为"人"的人，而不是物品或工具。真正的教育以人为出发点，又以人为目的和归宿。换句话说，"教育就是使人获得自己，成为自己，发展自己"②。"教育把人作为出发点"的教育人学说明了人具有可教育性，这种能够接受教育的可能性通过教育的引导，就促成了人的发展的现实性，也使人成为自我建构的人，而这也是教育的定义中所隐含的。鲁洁教授对教育的界定是最有影响力的，"教育虽然存在一种外部施加影响的过程，但是其主题却应是促进、改善受教育者主体自我建构、自我改建的实践活动的过程。"③在这里，鲁洁先生强调了教育是人自我建构的实践活动。

此外"教育过程首先是一个精神成长过程，然后才成为科学获知过程的一部分"④。教育不同于训练，而是"人与人精神相契合"⑤。也就是说，教育是一种精神性的活动，是对人的精神的建构与拓展；教育又是理想性的活动，人活着不仅

---

① ［美］托马斯·J.萨乔万尼.道德领导抵及学校改善的核心[M].冯大鸣译.上海：上海教育出版社，2003：12.

② 王啸.教育人学内涵探析[J].华东师范大学学报(教育科学版)，2006，(3)：24.

③ 鲁洁.教育：人之自我建构的实践活动[J].教育研究，1998，(9)：13－18.

④ ［德］卡尔·雅斯贝尔斯.什么是教育[M].邹进译.北京：三联书店，1991：30.

⑤ ［德］卡尔·雅斯贝尔斯.什么是教育[M].邹进译.北京：三联书店，1991：2.

仅是为了生存，而是对未来充满憧憬与期待。未来的生活前景是"'可能生活'，生活的意义是在创造中产生的。如果生活像生存一样也是被决定的，那么根本就无所谓什么样的生活是值得的"①。人们所追寻的"可能生活"就是理想的生活，教育成为人们实现这种理想生活的向导。

通过对教育本质的分析，我们可以说，因为人是自身的目的，人自身就是有价值的，是一种本体的价值存在。所以，人应该受到尊重，人的尊严应该得到维护，人的权利应该得到保障。在这样的前提下，教育可以使人不断地完善。"人类发展的目的在于使人日臻完善……使他作为一个人，作为一个家庭和社会的成员，作为一个公民和生产者、技术发明者和有创造性的理想家，来承担不同的责任"②。这样，每一个人以不同的身份存在于人世间，都将学会承担自己应尽的责任。

(2) 对于中小学来说，中小学教育作为教育开展的一个阶段，如果实现校长的伦理管理和秉承公共教育服务理念的话，这个阶段的公共教育，恰恰是对教育本质的最好阐释。

中小学教育作为普惠性和公益性的公共教育，在开展教育的过程中，只有实现校长对学校的伦理管理才能保证其本质不被偏离和忽视。

一方面，校长在进行决策时，要做到充分考虑学生的需求。因为学校的工作是围绕作为人的学生的教育教学活动开展的，校长在决策阶段就要体现人性化。学生作为受教育者，作为价值的本体和存在，他们的人格尊严应该得到维护，这样才有利于彰显学生的主体性和创造性。

另一方面，校长在制度设计和实施的过程中要做到公正，讲求制度伦理。制度的公正是学校教育公正氛围形成的保障，既可以对教师的公正与否给予监督，也能为社会培养尊重公正和实践公正的人才。再者，中小学教育作为基本人权性质的教育，是政府提供的免费的、平等的基本公共教育服务，伦理管理产生的服务理念和服务实践是对受教育者基本权利的保障，也是教育本身所蕴含的价值体现。

如前所述，教育的本质和中小学教育对教育本质的凸显，对校长实行伦理管理提出了要求。同时，也为校长的伦理管理提供了可能性，因为学校是塑造人性

① 赵汀阳.论可能生活[M].北京：三联书店，1994：168.

② 联合国教科文组织.学会生存[M].北京：教育科学出版社，1996：2.

的场所，教育是促使人实现自我建构的实践。

3. 理论与实践助推校长的伦理管理

在现代性背景下，实践的需要催生了理论的产生与发展。基于理论和实践结合的现实，国家的政策也在不断地改进，并且出现很多新的举措。尤其是近二十几年以来，改革的深入与公共服务吁求的愈加强烈，都需要从理论上做出回应。我们知道，理论来源于实践，实践又推动理论的发展，并随着实践的向前推进，促使理论不断的完善。在这种循环渐进的过程中，国家的发展和社会的进步得以实现。

首先，随着我国改革不断深入，政府对民生问题的重视，以及社会对教育的广泛关注，公共教育服务的相关理念涌现。公共教育服务作为公共服务领域中最大的一部分，既是政府公共服务职能的凸显，也是国家和谐进步的重要基础。随着“建设服务型政府”改革目标的提出，公共教育服务成为公共教育研究和改革实践的热点。

其次，校长道德领导理论的研究和影响。道德领导理论是由美国教育管理学家萨乔万尼于上世纪 90 年代提出的，在对传统的领导理论进行深刻反思的基础上，他建构了以“道德领导”为核心的理论体系。他强调的“共同价值观承诺”“共同体思想”“自主管理”“团队精神”等主张是对符合教育本真属性的教育管理理论的探索。他强调在学校生活中，学校领导对学校更好的服务应当是更多关注学校管理的道德目的。

最后，近二十几年来建设服务型政府与公共服务的领域得以拓展，政府职能在转变的过程中，出台了一些新的政策，提出了一些新的理念和举措，来推动公共教育服务的落实和基本公共教育服务体系的建立。国家出台的相关政策文件对公共教育服务有具体的关注和支持。

所以说，虽然公共教育服务的内涵还在不断更新和发展，构建完善的公共教育服务体系还存在一定困难，但是基于学校相关主体责任而充分发挥的中小学公共教育服务职能仍然可以实现。

（二）中小学校长伦理管理责任的内容与实质

中小学校长的伦理管理责任主要表现在：通过学校的制度伦理建设，使学校成为服务组织；通过教师团队的建设，直接为教师服务，间接为学生服务；通过国家课程和校本课程的建设，将课程作为为学生服务的载体；通过与社区、家长的合作，形成伦理管理的合力，为学生提供更好的服务。

这些具体责任的实质所归，都最终指向同一个目标——为学生的学习服务，为学生的成长服务，也就是在校长的个体责任上实现真正意义上的公共教育服务。

1. 加强制度伦理建设，使学校成为公共教育服务组织

制度伦理建设是学校组织建设的重要方面，校长应该肩负起制度设计和维护公正的职业责任。正如弗雷德里克森在《公共行政的精神》中所说的："公共管理者的工作还要接受一种深层次的道德取向的指导……我们既要对良好的管理充满激情，也要对正义充满激情。"[①]这表明在公共行政领域中把正义和公平放在极其重要的地位。

从语义学来解读，正义的"正"指的是"正确""正当""不偏不倚"的意思，而"义"指的是"道理""含义""意义"，即语义学的"正义"主要指的是正当的道理或者含义。而从政治学伦理学的角度来分析，正义的含义主要是"正确的、公正的道理"。可见，无论是从语义学还是从政治学伦理学来分析，"正义"都具有的含义是"正当的、公正的道理"。另外，希腊三哲都对正义做出了解读，亚里士多德在总结苏格拉底和柏拉图思想的基础上把正义定义为："世上一切学问和技术，其终极目的各有一善；政治学术本来是一切学术中最重要的学术，其最终目的正是大家所最重视的善德，也就是人间的至善。政治学上的善就是'正义'，正义以公共利益为依归。按照一般的认识，正义是某些事物的'平等'观念。在这方面，这种世俗之见恰好和我们在伦理学上做哲学研究时所得的结论相同。简而言之，正义包含两个因素——事物和应该接受事物的人；大家认为相等的人就该配给到相等的事物。"[②]

制度放在中小学这样的组织情境中，表征的就是学校责任伦理对于维护校园公平正义的重要性。享受到公正的对待是每个学生的权利。公正不仅是衡量学校管理的价值标准，也是校长行为的伦理指南。校园公正强调学校组织制度的伦理性和正义性，强调学校为学生和家长提供公共服务的公平性，强调学校管

① [美] 乔治・弗雷德里克森.公共行政的精神[M].张成福等译.北京：中国人民大学出版社，2003：204.

② [古希腊] 亚里士多德.政治学[M].吴寿彭译.北京：商务印书馆，1965：148.

理对公共需要的回应，强调管理者的责任伦理意识、民主意识和服务意识。

2. 引领教师团队的伦理建设

引领教师团队建设的目的之一是实现教师的专业成长，在本书中主要关注通过为教师服务，实现教师对学生的直接服务目标。

校长要有建构团队目标的意识，在中小学教育环境中创设合作的氛围。校长的责任在于促进教职员工与学生和社区间的相互交流，参与目标的设定和问题的解决。教师团队伦理建设是一个漫长的文化建设过程，需要校长持续的关注和引领。

通过教师团队伦理建设，可以激发教师的责任感，提升教师的专业素养。在具体教学中，教育和教师公正才有可能实现。可以说，学校管理是不断进行伦理道德选择的过程，校长作为管理主体的主观观念和价值的差异必定影响管理的决策。要想管理有成效，就要推行人性化和个性化的管理模式，满足教师对尊重、信任、理解等的精神需求，培养他们的责任感与团队意识，以促进组织的健康发展，从而实现为学生服务的目标。

3. 形成伦理管理的合力

中小学校长除了做好学校内部的人文环境建设和制度伦理建设，还应该关注在同一个社会系统中的学校外部环境建设，承担与社区、家长实现合作的责任。学校对公共利益可以辐射的社区开放，不是简单的资源共享，而是形成一个伦理学意义上的共同体，一个责任引领下的大型的公共服务社区，为学生提供更好的服务。

在为学生提供公共教育服务的同时，人民参与学校管理、学校与社区互动的模式形成和开展，是校长权力责任的重要组成部分，也是学校回馈社会、增强服务能力的时代要求。

总而言之，校长在实现中小学伦理管理的领导中所肩负的责任和作为权力伦理主体的管理行为，最后都指向同一个目标——为学生提供真正意义上的公共教育服务。

（三）中小学校长伦理管理的功能与实现

前面已经论述过，中小学校长自身必须具有“正当、义务和善”的观念，提升自我的道德修养，而且在权力的使用中，遵循权力伦理，加强道德自律，实现伦理管理。并且保证伦理管理具有实现的可能性。那么伦理管理的功能是什么呢？我们认为主要体现在学校的组织凝聚力和核心竞争力得到增强，校园伦理文化的形成和教师的责任感得到激发等方面。

1. 激发教师道德责任感，增强组织凝聚力

在现代企业管理中，员工激励已成为企业组织提高自身竞争力的重要手段。学校作为非营利性组织，虽然不同于企业组织的营利性质，但都以人为主体，因此具有普遍的伦理准则。

道德的力量是学校最为宝贵的财富。在保证公平、正义的前提下，学校可以借鉴企业组织的激励方式，并且结合中小学发展的实际，从而激发学校组织成员的道德感和责任意识，让他们自觉地使自己的行为向学校共同的价值观靠拢。对教师进行激励的方式可以是物质激励和精神激励相结合，正激励和负激励相结合，以及内激励和外激励相结合等。

我们知道，只有具有凝聚力的组织，才能生存和发展。学校作为公共教育服务组织，是以人性为特征的场所，只有具有很强的组织凝聚力，才能可持续和优秀地发展。

因此，校长进行伦理管理的目的是使教职员工认识到自己在学校所处的地位和承担的责任，形成强烈的道德责任感和与学校共同发展的伦理意志。校长的伦理决策和道德领导可以增强学校内部的凝聚力。因此，校长应当增强责任意识，践行负责任的行为，这种使学校成为善的组织的巨大向心力把人们凝聚到学校的共同发展中。

2. 培育学校核心竞争力

一所中小学要想成为有德行的学校和责任伦理学意义上的公共教育服务组织，校长需要协同培育学校的核心竞争力。

我们认为，中小学的核心竞争力要素之一，是为学生提供平等服务的办学目的。中小学的学生因为享有完全平等的受教育权利而需要得到一视同仁的对待，管理者和教育者要相信每个学生都是可教的，做到尊重和关怀学生，并且努力去造就自觉学习、自主管理的学生集体。

核心竞争力要素之二，是有公正、负责的教师队伍。校长与教师作为管理者和教育者，都是在为学生服务，但是服务的形式、内涵、价值等不同。校长的权力责任伦理是通过伦理领导、专业引领和寻求合力来承担的，是为学生提供

间接的服务，而且这种服务的价值是从宏观的学校决策和先进的教育理念中体现的；而教师的责任伦理主要通过专业素养、教育公正和关爱服务来担当的，是为学生提供直接的服务。因此，教师的团队精神和教育公正是学校核心竞争力的重要组成部分。稳定的、优良的师资队伍是学校发展的重要资源，也是实现办学目标和价值追求的保障。因此，校长应该充分关注教师队伍的发展和建设。

核心竞争力要素之三，是学校有自己的办学特色。学校的办学特色主要体现在：有适合学校自身的理念和校训；有得到尊重的、具有团队合作精神以及专业承诺的教师；有得到尊重的、享有伦理关怀和公共服务的学生；还有担负着互相帮助责任的、民主参与的家长和公益互动的社区[①]。

3. 强化学校外部影响力

校长对外代表的是学校形象。因此，校长的管理与学生家长、社区组织和社会公众也密切相关。也就是说，校长个人充当的"核心伦理角色"道德与否会对学校形象产生巨大的影响，校长角色的不道德会被看作学校整体管理的不道德。基于此，校长要加强自身的道德修养，形成个体的德性伦理。

德性伦理是指校长在领导过程中，在内在道德修养的基础上，将外在的伦理要求内化为个体自身的道德品质，实现道德伦理的主体化和个性化的伦理诉求。德性伦理要求校长领导是基于人学意义上的伦理行为，而且德性伦理对校长个体内在品质的提升与自我价值的实现具有积极意义。

校长讲求权力伦理，要慎用权力，实现道德领导；校长要做学习型领导，实现自身能力提升，这样的管理方式就是善治。善治是校长伦理领导的有效模式，体现校长领导的法制性、道德性、民族性和有效性[②]。这样的校长角色会产生良性的外部影响力，从而有利于与社会的融洽、与社区的合作以及与学生家长的沟通交流，在促进学校发展的同时，实现自己思想品质的升华。

4. 成为自由发展的共同体

在传统观点中，学校是一个属于"知识传递系统"的组织。但学校是培养人的场所，同时应具有爱、道德关怀、价值取向等品质[③]。我们认为，校长伦理管理

① [美] 托马斯·J.萨乔万尼.校长学[M].张虹译.上海：上海教育出版社，2004：91.
② 徐金海.领导转型：校长领导伦理的寻求与建构[D].南京师范大学，2011.
③ 石一.论学校道德领导[J].教学与管理，2004，(10)：3－5.

的终极追求应该是构建学校、教师和学生自由发展的共同体。因为学校伦理的内在价值取向是学校作为教育组织和教育共同体的责任伦理，是关于学校组织主体及其行为的伦理，是学校组织主体在进行教育活动中必须遵循的价值理念、伦理制度和规范的总和。学校的伦理内涵需要学校成为共同体意义上的教育组织。

萨乔万尼的学术贡献包括其提出的道德领导思想和之后的学校共同体思想。他认为建立关怀意义上的校内共同体是校长的重要责任。这个共同体有着共同的价值观、对学生的学习产生促进作用并形成学校鲜明的品格①。也就是说，“学校品格”的培养成为共同体建设的关键。

既然校长最重要的责任在于塑造学校特有的品格，那么学校可以通过几种德行的培养来实现。这些德行包括：道德（诚实、信义、礼貌、勇气、正义）、智力（慎思、明辨、好奇）、交往（友善、爱心、自立、愿意帮助、愿意合作、尊敬别人）和政治（承诺公共利益、尊重法律、负责任地参与）等②。这样，具有了公共品格的学校就成为拥有共同价值观的优秀共同体。在这个优秀的共同体中，学校、校长、教师和学生因为共享的价值观和信念，有着强大的向心力和凝聚力。

萨乔万尼提出的学校道德领导理论因更加关注人的内在情感和自身发展需要，而被广泛的借鉴和实施。这种努力使学校成为共同体的理念与学校的公共教育服务本质相吻合。伦理管理和道德领导是“以人为本”的领导，公共教育服务是“使人成为人”的服务，两者是共通的。

总之，校长通过伦理的领导，实现了组织的核心竞争力与教师的专业成长，保障了学生的学习和进步。这样的中小学是发挥公共教育服务职能的学校，而校长本人也成长为践行权力伦理的伦理型校长。

三、校长：实现专业引领的教育责任

中小学校长在对中小学进行伦理管理的过程中，除了应该具有决策能力和

---

① Sergiovanni T. J. Refocusing Leadership to Build Community[J]. High School Magazine, 1999, 7, 10 - 15.

② 师月月.我国中小学校长道德领导价值及实现途径研究[D].首都师范大学，2013.

领导能力等，还应该具有该角色特殊的职业能力。中小学是为青少年提供公共教育服务的以人为主体的组织，校长应该具备教育教学的相关理论，具备相应的专业知识与能力，承担专业引领的教育责任。

从当前我国中小学教育的实际来说，时代要求中小学校长要实现对学校教育的专业引领，能够实现专业引领的前提是具有专业伦理。

（一）校长专业伦理价值与实践意义

有学者认为校长专业伦理包括校长专业实践的内外两方面：内部是专业视域和专业应激能力的伦理价值；外部是应然伦理规范对校长专业实践的规制①。我们认为校长专业发展的应然选择是专业伦理价值与专业实践意义，前者包括服务价值和公共价值；后者包括实践正义与实践责任。

1. 专业伦理价值

中小学校长的专业伦理价值主要体现在其服务价值和公共价值上，而这正是中小学公共教育服务的本质和内在要求。

（1）专业伦理的服务价值

中小学校长在管理中小学这种公共教育产品的过程中应该具有服务意识，前面我们已经做出了论证。但是现在我们换个角度发现，即使是从客体的角度，校长这种掌握权力的所有者也仍然应该具有服务意识。因为其所围绕的是家长、教师、学生等当初让渡部分权利而形成政府权力的客体，他们才是权力背后真正的主人。或者说，权力是围绕权利建立的，那么以权利为核心的权力就应该以人的权利实现为目的，而权力仅仅是手段而已。另外，基于校长领导的学校教育是纯公共物品性质的教育产品，教育的任务就是培养人和促成人的成长完善。校长作为具有专业能力的职业领导者，学校的内涵和本质与权利对人的影响一致，都是以服务于人的成长与向善为己任。

（2）专业伦理的公共价值

每个人相同权利的让渡与自愿等值的付出就必然使得权力具有公共性的特质。而且，公立中小学作为公共教育实施的重要阶段，它的公共性尤为突出，它体现了国家通过公共财政、公共资源的分配首先应保证每个人都能

---

① 韩少华.专业伦理：校长专业发展的应然内涵[J].现代远距离教育，2008，(3)：28.

平等享受的、基本人权性质的公共性利益。因此，中小学校长作为此种性质的公共权力的接受者，掌握公共性权力的同时也就意味着公共性责任的结伴而行。

公共权力的道义性责任是从公共权力的公共性当中衍生出来的，中小学校长的公共权力具有不可否认的公共性，这种公共性所抽象出来的平等要求校长应该具有专业伦理的公共价值和责任感，而且是出于道义。这种道义来源于权力被授予之时就已经具有的一种义务性责任，即对权力掌握者的内在化动机以及对事情发展过程和结果的义务性担当。

2. 专业实践意义

(1) 专业实践正义

权力所形成的过程必然围绕的是伦理理念——正义，这种价值理念的基础使得中小学校长手中的权力必然始终在正义的范畴内活动，正是权力与伦理理念——正义之间的这种关系，衍生出了积极和消极两个方面。

所谓的积极方面，指的是中小学校长自己主动地让自己的行为出于正义、公正和负责任的动机，同时用责任感来保证自己行为结果的正义性；消极方面，就是说，校长需要道德和伦理性的权力制约，这种制约虽然不是强制力的约束，但起到了不可忽视的作用。

具有管理权力的校长，本身具有专业精神、专业素养和专业能力。在管理实践中，校长实现对学校专业引领、进行专业实践的前提就是维护正义，因此彰显了权力的积极方面。

(2) 专业实践责任

责任是权力产生之后，权力掌握者就必然具有的义务性要求。这种要求来源于权力的伦理性。而伦理作为价值理性就是指导权力这种工具的价值基础与价值方向，并且伦理作为价值理性，“与实践理性一样，可以直接作为日常生活行动的指南，但不是为了解决日常问题而计算手段与目标的关系，而是建基于某些价值信条之上，以某种特定的终极立场(或方向)为依归。”①

伦理是一种价值理性，权力的伦理性表现为权力的道德理性，这种道德理性

① 张德胜，金耀基，陈海文等.论中庸理性：工具理性、价值理性和沟通理性之外[J].社会学研究，2001，(2)：33-48.

包括对权力进行道德评价的原则和标准，也包括对“权力存在的道德目的的追问”[①]。而来源于权力伦理性的责任，是权力的道德原则对掌权人的道德要求。这种践行了道德要求的责任在中小学管理的实践中才能得以体现。

（二）校长专业引领的教育责任实现

校长作为教育家型领导，还应承担对学校发展专业引领的责任，一方面要关注以人为本的教学过程，并实现教学过程的价值最大化；另一方面，校长要适应时代的发展，具有前沿的教育思想与眼光，引领学校的教学改革，实现教师教学模式的改革与学生创新能力的养成。

1. 关注人性的教学过程价值最大化

当前对效率的过度追求，使得一些中小学校长实现教学领导和专业引领的价值取向变得功利化。在这种功利化价值观的导向下，校长的管理行为充斥着工具理性与技术理性。为了实现利益的最大化，他们过度强调教学成果和学生成绩，追逐高升学率等可量化的显性指标。这样，整个的学校组织、教师和学生都被物化，更谈不上师生在教育教学活动中的主体地位。

因此，提倡中小学校长关注教学过程的最大价值，就是对作为结果的学生成绩不再像传统的教学管理一样过度重视。这样的教学领导和专业引领既是对功利化价值导向的克服，也是对中小学生绝对平等的受教育权和受教育机会的尊重和保障。

2. 关注教学改革与创新能力培养

国家的改革向纵深发展，服务型政府理念与服务实践的进展，以及国家出台的一系列政策，为教育的发展指明了方向，也为教育提供了政策支持和制度保障。这既是教育发展的机遇，也是对学校教育的挑战。人们对教育的关注比以往任何时候都多，同样诉求和不满也不断增多，因此学校要承担起改革和创新的责任。

校长作为学校的领导者，实现专业引领的一个重要方面就是鼓励教师和学生实现从重知识到重能力的转变，从知识的灌输与记忆中解放出来，培养学生的批判精神和质疑能力，促进教育教学的模式创新、方法创新和内容创新。教师要

---

① 胡训玉.权力伦理的理念建构[M].北京：中国人民公安大学出版社，2010：33.

实现课程与教学的最佳效果，就要做到师生间的交流和沟通，使课程的设置和教学的内容适合中小学生，从而充分调动学生的主动性，实现为学生服务的责任。

概而言之，一方面，中小学校长权力伦理实现的前提是校长拥有专业伦理精神与实践责任。这种蕴含服务精神和公共精神、彰显责任伦理和正义追寻的伦理领导，是以公共、服务为教育理念的管理价值与管理实践，是校长实现专业引领的保障与基础；另一方面，中小学校长专业引领的实现主要表现在基于人性的教育过程价值最大化和不断的改革与创新等方面，避免出现过度功利化和压抑学生个性的现象，在专业领导实践中真正做到为学生服务。

四、校长：忠诚职业操守的社区责任

校长作为一种职业，除了具有一般职业的领导力，如决策、规划能力，交往、沟通能力，凝聚、激励能力，改革创新能力外，还有特殊的职业能力，包括专业精神与专业能力实现的专业引领能力；校园文化建设能力；构建学校外部和谐环境的能力；培育学校核心竞争力的能力等。

在本节中，我们只分析校长个体的权力忠诚和公共节操对服务社区的价值，以及实现学校开放的责任。在校长权力伦理的个体美德层面，校长对于权力的忠诚和公共节操的坚守是对公共利益的保障。对于中小学校长来说，在学校内部伦理环境的建设中，主要通过组织的制度伦理建设来保障制度的公平和正义，从而保障学生主体的学习利益。而中小学作为国家大系统中的一员，培养未成年人初衷的背后是服务社会这个庞大系统，以及其中的学生家长群体。或者我们可以把中小学可以辐射到的区域称作“社区”，这个社区类似于伦理学意义上的共同体。因此中小学外部的伦理环境建设和公益延伸也是中小学校长权力伦理体现的重要方面。

（一）中小学、社区融合的校长权力忠诚与公共节操

因为校长权力的本质和内在性质，使得权力的使用必须指向公益。“权力忠诚是权力系统有效运行的心理基础。”[①]因此，除了中小学校长担当伦理领导者

① 胡训玉.权力伦理的理念建构[M].北京：中国人民公安大学出版社，2010：214.

和专业引领的教育者责任，在教育发展的现阶段，校长的另一个职业责任就是承担中小学与社区融合的责任，这个责任的实现与校长的权力忠诚与公共节操密切相关，两者起到伦理规制的价值定位和实现作用。

1. 权力忠诚体现伦理规制的价值定位

(1) 主体意志：校长权力忠诚的个体认同

权力本身所具有的公益性以及权力的私人掌握性，使得权力的使用在指向公益的同时，必然具有指向非公益的可能性。因此，需要各方面规制权力的使用，包括外部法律等强制力的约束和对校长内心的规制，从而避免权力的异化发生。

对于中小学校长来说，由于学校的纯公益性质，由于中小学教育在我国是政府为人民提供的基本公共服务，得到了政府的绝对支持，因此校长权力异化的较大可能性来源于校长自身。而且权力本就与伦理有着很大的内在联系，所以，校长的权力伦理规制就有着必然性。

权力忠诚是对校长权力规制的价值定位。忠诚是人与人相处的基本道德原则，是人重要的行为品质，是道德修养的方法。“权力忠诚”是一种以‘至善’为目标的美德，而这里的至善，指的是与个人以外的全人类的善都是一致的。另外这种善还具有主体约束性，即主体的自主和自愿[①]。

权力忠诚的逻辑起点是认同，并以奉献为最终价值取向。“认同是心理学中用来解释人格统合机制的概念，即人格与社会及文化之间怎样互动而维系人格统一性和一贯性，认同是维系人格与社会及文化之间的内在力量，从而是维系人格统一性和一贯性的内在力量，因此这个概念又用来表示主体性、归属感。”[②]这表明，校长对权力的内在价值有了很高的认同甚至达到了对权力的伦理价值的内化程度，进而才可以自觉约束自己的行为。

由此，校长作为权力忠诚的主体，忠诚于权力对象可以使组织或民众以至善为终极追求目标。而且权力忠诚是自我意志的决定，也体现于权力运作的实践中。

(2) 组织服从：校长权力忠诚的基本前提

对于组织的服从是校长权力忠诚的基本前提，这种服从关键在于校长自身

① 胡训玉.权力伦理的理念建构[M].北京：中国人民公安大学出版社，2010：202-203.

② 沙莲香.社会心理学[M].北京：中国人民大学出版社，2011(1).

内心的认同感，即权力忠诚是一种自觉对权力本身所具有的公益性目标以及过程的维持。上级任务和目标是一种强制性的要求，这种强制性的要求必然是自觉对自我进行伦理约束的基本前提。“组织中个体对主体的服从，将直接影响到主体目标的实现；而组织目标的实现，又要靠个体去执行。因此，组织必须保证个体的行为与组织目标的一致性，才能保证预期结果的实现。”①

另外，服从其实是权力的强制性对于下级权力掌握者的一种要求和约束。权力的强制性属于权力最基本的性质，强制性产生的同时就必然产生相应的服从群体。这个服从的群体是相对的，各级掌握权力的人都必须具有服从性，甚至是对于一个国家的政府而言，具有的看似最大的权力，也要向产生这个权力的权利主体——大众服从。

(3) 客体至善：校长权力忠诚的层次本质

“权力忠诚的层次性，是指在不同的权力运行环境下，忠诚的客体呈现多样性。”②校长需要面对不同层次的不同客体，但是即使客体的层次有很大的不同，也需要认清目标和重点。服从于人民利益和权利是权力的具体掌握者所应该遵循的终极目标，也是客体至善的体现。所谓的客体至善，指的是对于权力所对应的客体应该以其为最适当的法则来对待，即以服务于他们为己任。

此外，校长这个特殊的权力群体，一方面是中小学这种生产纯公共教育产品的公益组织的领导；另一方面又是行政权力层次当中的一员，但是校长应该始终明白，这种角色背后的终极力量来自民众，这也就要求所谓的终极善，至善必然是应该以公众利益为最高目标的。

2. 公共节操是权力伦理规制的个体实现

我们知道，政府的民主行政本质上是追寻行政正义，也就是追寻人民权利的保障和实现，而不是对公共权力运作本身的追逐，因此是具有普遍性的行政责任伦理。同理，中小学教育的目标在于实现教育公平正义，即为了保障学生平等接受公共教育服务权利的实现，而不只是对教育权力的寻求，因此也是具有普遍性的责任伦理。也就是说，权力是应该关在“笼子”里的。

但是在现实当中，权力异化的现象在诸多领域存在，教育领域也未幸免。人的

① 胡训玉.权力伦理的理念建构[M].北京：中国人民公安大学出版社，2010：207.

② 胡训玉.权力伦理的理念建构[M].北京：中国人民公安大学出版社，2010：206.

欲望是无止境的，这种功利的本性促使人们总是想尽办法实现自身利益的最大化。于是，对优秀教育资源的争抢成为教育领域权力异化和腐败滋生的罪魁祸首。

公共节操指的是公职人员所具有的有道德意义的“公共生活的德性”，这种德性更加强调的是公共性和自觉性。校长作为教育行政授权的学校领导者，其个体的公共节操是对其权力伦理规制的实现。公共节操的形成受到几个因素的影响和制约。

（1）组织伦理：校长公共节操的外部环境

对于校长个体来说，其公共节操的形成无法去除外部环境的影响，对其影响最多的无非就是其所在的公立学校。如果说校长的公共节操是一种道德的内化，那么没有伦理性的组织环境，其道德的内化过程也无法完成。

校长所面对的外部环境是本身工作的学校，那么学校原有的文化积淀、人文精神等都会潜移默化地影响着校长公共节操的形成。反过来说，环境对人的影响的确很大，但是环境毕竟是外力，人们需要通过自身的认同和接纳，形成自己对事物的看法和内在的伦理素养。因此外部环境的伦理性和人的内在精神环境相辅相成，共同完善校长公共节操的形成。

（2）他人视野：校长公共节操的心灵结构

公共节操本身就具有相通于“人或者他人的情理联系的向度”。公共节操“具备一种他人的视野和道德思维的指向结构”[①]，“一种气质、性格等都要真正算得上美德，就必须具有合理性。而合理性就是要能够像看待自己的利益一样看待他人的利益，就是要能够将心比心、设身处地、共情想象。按这个标准，自私自然不是一种美德”[②]，而且“使得一个人为他自己做好事，并似乎与自私者的艺术的、智力的甚至政治的才能的发展相协调，只是他仅仅关心这些才能怎样影响自身：他自己的力量、知识、成就”[③]。

（3）制度理性：校长公共节操的基本要求

理性是人区别于动物的根本特点，“一个有理性的人，至少应该具备两种能力：第一，设想一种计划或掌握判断或行动规则的能力；第二，在具体情况下运

① 胡训玉.权力伦理的理念建构[M].北京：中国人民公安大学出版社，2010：278.

② 胡训玉.权力伦理的理念建构[M].北京：中国人民公安大学出版社，2010：277.

③ Slote M. From Morality to Virtue[M]. New York：Oxford University Press，1991：105－106.

用这一规则，或按照行动计划办事的能力”①。这种理性是一种以情感为基础而生发出来的对社会规则的遵守甚至是推己及人的内心道德约束。理性在现代社会还会被理解为“人们判断、衡量个人和社会的思想及行为的一种价值尺度，是最有效的对公共事务处理的制度安排”②。

对作为公共人的校长来说，社会及其所掌握的权力都对其提出公共节操的要求，而这种所谓的公共节操就是一种公共理性。“政治社会和每个理性的合理的行为主体”——无论该行为主体是一个个体，还是一个家庭或联合体，甚至是多政治社会的联邦——都具有一种将其计划公式化的方式，和将其目的置于优先地位并做出相应决定的方式。政治社会的这种行为方式便是它的理性，它是一种根植于其成员能力的理智能力和道德能力③。这种理性跟随政府的性质而改变，当政府代表的是一个以人民为主的国家时，“公共理性是一个民主国家的基本特征。它是人民的理性，是那些共享平等机会的人的理性。他们的目标是公共善，此乃政治正义观念对社会之基本制度结构的要求所在，也是这些服务的目标和目的所在。于是，公共理性便在三个方面是公共的：作为自身的理性，它是公共的理性；它的目标是公共的善和根本的正义；它的本性和内容是公共的，这一点由社会之政治正义观念表达的理想和原则所给定”④。可以说制度理性就是作为权力掌握者校长所应该具备的公共性与个体具有的私人性之间的连接点。或者说，理性是控制私人性欲望重要的内部力量。

由此得出，权力伦理规制的价值定位与实现是校长使社区公益最大化的个体道德基础。

(二) 中小学、社区与家长融合的开放性公共教育服务优势

1. 学校开放的理论与政策溯源

(1) 学校作为子系统的地位与开放可能

按照系统论的观点，教育系统作为社会母系统中的一个重要子系统，与外部环境

---

① ［美］科恩.论民主[M].聂崇信等译.北京：商务印书馆，1988.

② 姚尚建.在德性与理性之间——西方政府的文化传统与功能指向[J].广东行政学院学报，2007，(5)：85－88.

③ ［美］约翰·罗尔斯.政治自由主义[M].北京：译林出版社，2000：226.

④ ［美］约翰·罗尔斯.政治自由主义[M].北京：译林出版社，2000：226.

存在着输入—输出的互动关系。学校教育作为教育实施的主要形式，有着与其交流互动的相关利益者。人类的活动总是处于各种利益关系之中，学校也不例外。

对于中小学校长来说，需要重点处理的是学校与外部教育利益相关者的关系，包括与社会、社区和家长，以及与内部教师、学生主体间的关系。无论在学校内部还是外部，从竞争走向合作才有利于学校与社区的发展共赢。

(2) 学校开放责任的担当

《中华人民共和国教育法》第六章第 48 条规定："学校及其他教育机构在不影响正常教育教学活动前提下，应当积极参加当地的社会公益活动。"这是对学校作为公共组织应该服务于公共利益的法律规定。

1993 年的《中国教育改革和发展纲要》指出："支持和鼓励中小学……吸收社会各界支持学校建设，参与学校管理……探索出符合中小学特点的教育与社会结合的形式。"因为中小学作为社区中的一员，是国家为满足人民教育需求和保障人民受教育权的公共组织。中小学生的身心发展特点决定了社区在其生活和成长中必定留下深刻的印迹；中小学公共教育不仅帮助中小学生实现个体的个性化，确切地说还要实现其社会化。因此学校和社区的结合，才能实现完整的人的培养，从而共同完成公共利益的最大化。

因此，学校对社区开放有着政策的支撑，也是学校应尽的责任。要发挥中小学的开放性与合作性的职能，中小学校长作为决策者和规划者，有责任去付诸实践，实现公共资源的共享。这也是校长职业的责任伦理。

2. 中小学实现家校合作的合理性与意义

现实中存在的部分中小学行政化与封闭化现象制约着学校的发展。教育的国家性、社会性以及与每个单位家庭的相关性使得公共教育的实现不能归于学校自身。中小学接受国家委托进行公共教育，应该集合学校、社会和家庭三方力量，才能保障公共教育对人民服务的最优效果。那么，中小学家校合作的合理性是什么？为什么要实现合作？意义何在？

中小学家校合作与家庭教育在学生发展中的重要性有关；学校作为家庭教育的延续与补充，是对学生生活世界的延伸与拓展；家校合作的合理性和有效性得到政策的支持和保障。

(1) 家庭教育对儿童生活世界的影响

家庭作为儿童的第一教育场所，家长的教育理念与教养方式对儿童的发展有着终生的影响。俗话说得好“家长是孩子的第一任老师”，家长自身与家庭环境影响着孩子的成长，并对其留下深深的烙印。家庭教育成功或失败的例子自古以来比比皆是，足以说明家庭教育对一个人品格养成与行为能力获取的重要性。

(2) 学校教育向学生生活世界的靠拢

随着家庭教育的局限性在近代以来不断显现，家庭对儿童的主要教育权力实现了向学校教育的转移。学校接受家长让渡的教育权力，开启了近代学校教育的篇章，学校教育自此成为实现大规模人才培养的教育形式。家庭教育的功能逐渐萎缩至主要负责学龄前儿童的养育功能，再到后来学前教育又分担了家庭教育的部分功能。

中小学教育是家庭教育的延续。我们认为，只有努力向学生的生活世界靠拢，学校教育才会在实现人的自由发展上更有作为。这种生活世界的建构不仅仅是学生的日常生活世界的拓展，而是哲学意义上的有价值的生活世界。在这样的生活世界中，教育教学管理，教育教学活动以及师生关系都是令人期待的。

(3) 政策的支持促进家校共同成长

教育部 2013 年出台的《全面推进依法治校实施纲要》是在 1999 年和 2003 年的政策基础上对“依法治校”的进一步强调，提出家长委员会制度是中小学依法治校的重要内容。“在中小学全面建立家长委员会制度，既是促进家校合作与沟通的重要途径，也是保障学生家长能够有效参与学校管理，增加学校管理、决策的科学性、民主性，完善学校治理机构的重要机制。”

有了政策的保障和要求，学校要积极配合，提供条件，充分保障中小学家长委员会民主参与和做出决策的权利，使得家长委员会的职能得到充分发挥。因此对学生的培养需要教育的合力。家长对学校事务的深度参与既帮助自己的孩子也帮助孩子的伙伴们完成个体的社会化进程。孩子属于一个个小家庭，更属于社会这个大家庭。家长带着教育情怀、教育智慧与教育梦想，民主地参与学校的伦理管理和伦理建设，这种积极博爱的善行，乐于分享和奉献的品质，是人的德性升华的生命状态。学校的师生员工通过要求学生体贴父母、服务社区等形式获得家长和社区的认同，形成支持学校的正能量[①]。

---

① 陈大超，吕迎亮.中小学校长践行道德领导的路径[J].辽宁师范大学学报(社会科学版)，2011，(6)：59-63.

总而言之，家校合作在实现孩子共同成长的同时，也是对社会公益性的强调，推动了中小学公共教育服务职能的充分发挥。

(三)“大教育社区”实现的中小学校长责任

我们把中小学将公益辐射到社区形成的开放合作的共同体命名为“大教育社区”。它的功能不仅限于社区内公共设施的共享，内涵也不完全等同于目前多数研究中的社区界定。

我们理解的“大教育社区”应该从如下几个方面理解：一是中小学作为具有公共性和公益性的组织，是国家人为设定的公共教育服务组织，有责任服务于中小学区域内的社区；二是中小学要实现对社区的开放，开放的目的是打造国家与社会共融的公共性教育空间和自由交流的场所；三是因为依托于中小学，校长有责任建设中小学的公信力，并作为召集者构建和维护教育社区的道德秩序。

基于对“大教育社区”的定义，我们对其资源共享的教育图景进行描述，认为这是一个体现着国家与社会共融的公共教育空间，它存在的意义是使教育社区成为没有“围墙”的自由空间，开启“大教育”的公共教育服务组织样态；此外，基于中小学应该发挥的公共教育服务职能，我们对校长为建设本社区应该承担的权利责任伦理进行分析，认为校长应该承担道德秩序维护和中小学公信力建设的责任。

1.“大教育社区”的场景与存在意义

(1) 教育图景：国家与社会共融的公共伦理文化空间

对教育的设想总是如此美妙，因为那是每个教育研究者内心的期盼与想往。有着那么多国家未来人才的中小学，本来就是生命跃动的空间。那么，依托中小学建立的“大教育社区”又会是怎样的一幅场景呢？

这里是有着自由、公正、对话、开放与合作的道义性教育组织，这里是国家与社会共融的公共空间。伦理文化是它的底蕴，整合公共资源、共同学习和生命绽放是它的独特特征，个体充分、自由的发展是它的目的追寻。

在这里，学校教育的封闭性与强制性消失，自由、主体性、开放性、生活世界、对话、合作等成为“社区居民们”的生活常态。“学习者可以分享兴趣，尊重多元化，追求共同目标，并参与重要社会议题和非正式讨论。”[①]由于教育社区成长于

---

① 项亚光.营造学习型社区教育策略和规划探析[J].外国中小学教育，2006，(10)：12-13.

地域历史与文化土壤之中，因而具有历史性与境遇性的文化共同体意蕴。

(2) 服务价值：担当责任伦理的共同体

有学者以终身教育、全民教育、生活教育和一体感教育作为理论基础，详细分析了教育社区的构建，认为它的“意义在于实现学校教育的生活转向，以及大众生活的学习转向，从而成就绚丽的生命形式，开启学习的公共风景”①。教育本来就是带有理想的事业，这样的教育社区的确是令人向往的，所以笔者比较认同这样的观点。但是，基于责任伦理学的视角和公共教育服务理论来建构和理解为我们的“大教育社区”又将是一番新的图景——“大教育社区”存在的意义和价值在于，中小学校长权力责任伦理的担当使教育社区成为没有“围墙”的自由空间，开启了“大教育”的公共教育服务组织样态。

它是一个有着文化意蕴和公共精神的共同体。由于教育社区生长的位置有着地域的历史和文化的积淀，因此是具有历史性和文化意蕴的场所。中小学和社区具有丰富的历史文化资源，学生们既可以在此传承与发扬独特的社区文化精神，人们又可以将其作为公共服务的平台。

共同体模式的开启源于校长的权力责任伦理，处理好中小学与社区的关系是校长社会关怀尺度的拓展，因为校长权力的公共精神使学校更像学校，更能体现公益，从而共同完成组织的真正公共化进程；处理好中小学与公众的关系体现的是校长的开放性思维与校长的合作精神，是对学生生活世界的关注与构建。

承载着责任的教育社区作为一种共同体，本身的公共性和服务性使得公共教育服务成为其首要价值。

2. “大教育社区”的校长责任

(1) 道德秩序维护

秩序的定义包括“秩”和“序”两个方面：“秩”有常规、次第的意思。《诗·小推·宾之初筵》中有“是日既醉，不知其序。”这里的“秩”即为常规。因此，西汉学者毛亨曾云：“秩，常也。”“‘序’通常指次序。”②也就说秩序具有的含义是“有规则的状态”。有规则的状态既存在于自然当中，也存在于社会当中。“存在于自然界的自然秩序是自然界事物间客观规律的反映，它决定着事物的运动和发展，

① 唐松林，刘静．教育社区：一个学校教育与大众生活的融通模型思考[J]．湖南科技大学学报(社会科学版)，2014，(1)：58．

② 田润峰．论秩序[D]．陕西师范大学，2002．

并影响人与自然界的相互关系。人类社会秩序则是人与人之间关系的制度化和规范化。”[①]可以明显看出，自然界的秩序是天然的，而人类社会中的秩序确是人为制定的，在人为制定秩序的过程中就必然有一定的标准和价值方向，因此制度其实就是一种抽象价值的实践化。“秩序是人类共同体生活所需要的某种良好状态，是其正常生产生活的必需品，也是公共权力的道德性使命。”[②]对于人类社会来说，有不同的秩序，包括经济秩序、社会秩序、政治秩序等。对于本文来说，所研究的主要是中小学校长权力所具有的秩序性目的以及秩序性基础，以及对道德秩序的维护。

对于中小学校长的权力具有各个层次的规范要求，但是应该遵循的最基本目的就是对基本秩序的维护。“这种不可或缺的秩序，在本质上是一种最低限度的秩序，它意味着人的活动总是客观地受到一种既存秩序的牵引，不管人是否意识到这一点，这种牵引的作用始终存在，并顺从这种牵引作用。”[③]从产生开始，道德就被赋予了缓解矛盾和冲突、维护公益和公序的功能。这样，权力与道德的根本任务就是一致的，都是为了缓解和解决社会矛盾、调和群体与个人之间的利益冲突。校长作为“大教育社区”的召集者和参与者，将权力化作维护教育社区道德秩序的责任。

(2) 中小学公信力建设

我们认为，中小学公信力是指中小学的公共性、信任、能力的结合体，具体说来是中小学社区居民、政府和社会与中小学之间的一种信任关系，是中小学辐射到社区、凸显公益、赢得公众信任的一种能力。

首先，中小学应该基于学校的公共角色加强自身的公信力。所谓公共角色，是人类进入文明社会以后，人为设计出来的角色。公共角色内在的公共性要求其承担为人民公共福祉、公共利益提供便利，促进公共利益最大化的责任。这就是设立公共角色的目的。但是，学校、校长和教师只有自觉地以人民的教育需求为本位承担责任，这个角色才是优秀的、有用的、合理的。

其次，深入理解公益性。一是公益性是学校的责任，学校的产生与政府的产生一样，源于社会发展的必然。无数个家庭将自身的教育权利让渡，形成了

① 田润峰.论秩序[D].陕西师范大学，2002.
② 胡训玉.权力伦理的理念建构[M].北京：中国人民公安大学出版社，2010：35.
③ 江国华.权力秩序论[J].时代法学，2007，(2)：24－35.

学校的公权力。学生就具有了接受教育的权利，这就注定了学校公益性的内在属性。学校对于人民受教育的责任要求学校不断完善自身的责任范畴，提高自身的责任职能；学校是具有特殊社会意义的相对独立的教育组织，而中小学的特殊意义更加明显。二是制度安排保障公益性。在亨廷顿看来，具有高度制度化的管理组织才有可能实现公共利益。按照这种理解，学校要成为实现公共利益的组织，就应该加强制度化的管理，体现公益性的行政价值。

最后，校长责任是关键。校长作为学校行政的主要负责人，要实现对学校的伦理管理，就需要处理好与学校相关主体的关系，组织、协调和服务好学校的各项工作。学校中的相关主体包括学校的管理者、教师和学生，学校外的相关主体包括家长、社区等。处理好这些关系的同时，伦理管理也得以实现。

党组织领导下的校长与其他学校管理者都是学校的主要管理主体，他们共同完善学校的制度建设，共同承担学校工作的责任和义务。我们说管理也是服务，所以管理目标也是为教师和学生服务，归根结底是为学生服务，为人才培养服务。

校长与学生是服务的两端。校长作为服务主体，办学的目的就是为学生客体服务。校长应该树立“以学生为本”的学校发展观，尊重学生的价值和尊严。此外，学生也是学习的主体，校长应该在管理中维护学生的主体性，并采取积极有效的措施保障学生主体的发展。

随着大教育观念的形成，教育不再局限于围墙内的小教育，而是一个国家的重要事业，是关乎全社会的公共事务。因此，学校也从关起门来办学的组织成为开放的公共教育场所。学校与社会、家长之间的互动以及同行之间的互动成为中小学办学的新常态。新的发展趋势对校长的人际交往能力和合作精神提出了新的要求，校长必须承担整合学校与社区、家长等的教育资源形成教育合力的责任，拓展学校伦理环境的同时，建设公共教育服务意义上的大社区，为更大范围的公共利益服务。

人的发展归宿不是成为无思想、无创新、无合作的个体，而是成为敢于挑战、敢于尝试、乐于合作的群体。从学校教育中善的制度和善的行为，达至全社会寻求公共善的制度和行为，良好道德秩序的形成有了制度伦理的保障和个体伦理道德的支撑，真正意义上的公共教育服务就可以实现。

我们不能否认，无论学校、校长还是教师，服务的能力和范围都是有限的。

但是在组织的制度伦理关注和个体的美德伦理提升中，三个服务主体都在各尽其责中使学校逐渐摆脱“以教为主”的教育形态，代之“以学生需求”为主的校园伦理生态，从而推进中小学充分、明确地发挥公共教育服务职能。

第五章 中小学公共教育服务的教师责任伦理

基于教师角色的特征，教师角色的伦理内涵应该包括职业伦理和社会责任伦理，而这两者通常通过道德的发展来明确。教师只有明确了自身应该承担的责任，形成自己的个体美德伦理，才能在公共教育中更深入地提供优质服务。

教师伦理道德发展的境遇表现为：价值一元与多元的适度张力、道义取向与功利取向的有效平衡和道德认知与道德实践的相对统一。对于具有权威性的社会核心价值观，通常是共识和一元的。在学校教育中，师道尊严和尊敬师长都是核心的价值观。但是对于不同主体、不同时代表现出来的价值观通常有多样性的特征，如教师作为教育主体和学生客体之间的关系处理，学生作为学习主体的时代特征等。实际上，价值的一元和多元不是绝对对立的两极，而是相辅相成的。

在政府由全能型向服务型转变的历史时期，公共教育服务成为政府职能的重要组成部分。中小学教师作为直面学生的一线教育教学服务者，从责任伦理学角度研究其责任的应然实现路径是时代的紧迫需要。我们认为，研究中小学教师的责任伦理，应分析教师的主体特征及其蕴含的责任伦理，对教师的责任伦理进行解构：一是教学中对生命的尊重与课堂文化引领；二是构建师生关系中的关怀与对话；三是体现合格公民培养的责任伦理。

一、教师作为主体的责任伦理分析

（一）教师主体性特征蕴含责任

1. 教师作为主体的特征

在关于教育主体性的理论和实践研究中，强调学生主体性的研究偏多，涉及教师主体性的偏少。这种现象是在扭转教师主体和学生客体理论与实践的矫枉过正。实际上，教师主体性和学生主体性是相对而言的，教师是教育活动的设计者和执行者，具有主体的特征；学生作为受教育者，既是教育活动中的客体，又具有自主选择和自觉学习的主体特征。因此，教学双方互为主体。只强调学生主体性而忽略教师主体性是片面的理解，因为只有明确教师的主体特征，才能明确教师的主体责任。

中小学生是未成年人，在生理和心理上还不成熟，他们的生活经验不足，知识积累不够丰富，必须依靠教师的指导。如果只有学生的主体性而没有教师的主体性，就不能构成完整的教育环境。强调教师的主体性并非否定学生的主体性，两者是相辅相成的关系，也是目前教育理论研究中普遍认同的教师与学生的主体间性理论。

在计划经济体制下，教师和学生都是按指令行事，几乎没有话语权；在市场经济体制下，政府职能发生转变，开始彰显人的主体性，开始关注公共服务，使得学校有了办学自主权，促进了教育服务职能的发挥。

2. 权责对等是教师主体性的诉求

我们知道，责任是现代社会的基本伦理规范。马克斯·韦伯的“责任伦理”理论强调，社会某一角色人要履行其角色责任，并承担自己行为后果的责任。对教师来说，在整个教学活动中要对自己的行为负责，这是教师责任伦理的要求。

权力和责任的不可分割性使得法律在赋予法律关系主体权力的同时，也规定其应履行的责任。换句话说，对法律关系双方来说，法律在赋予一方权利时，也同时规定了另一方的责任。教师的权力和责任在不同场合也是互相交叉的，并可以相互转化。

对教师责任伦理的划分，有的学者从教师的事业追求视角来看，有的从教师的生存价值视角来看，从而有着不同的责任解构。

我们认为，教师有着自身必须承担的责任和义务，引领学生学习和成长的责任，通过实践产生教育智慧并促进自身专业发展的责任；教师作为社会中的一员负有相应的社会责任，如对国家、民族以及他人的生存发展必须承担的责任和使命，引领学生关心公共利益和全民族福祉的责任等。

教师对自身的责任，既要有教育理想和理念，又要为自己的理想守诺；教师的社会责任，则要求教育能够为后代和人类社会的文明担当多方面的责任，而且社会责任还会随社会化程度的提高而增多①。

教师的组织责任要求教师除了认真完成学校中的本职工作，还要乐于为学校的发展尽更多义务；教师的文化责任要求教师除了完成文化的传承，还要充分发挥个人智慧，推动文化知识的更新与发展；教师的教育责任要求教师除了具有为学生服务的意识，还要真心爱护和关心每一个孩子的成长。

教师的自我责任和社会责任既有区别又有联系，前者是基础，后者是关键，两者的密切联系充分展现了教师职业的社会特征。而且教师权力和责任对等是教师职业角色的要求。

3. 责任担当是教师服务本质的体现

教师只有明确自己的责任，才会有责任心和负责的态度。责任心和负责的态度是教师是否具有服务精神的基础性条件，是能催生教育智慧和教学能力的内在价值。也正是在这种责任担当的过程中，教师的社会意识和道德品质得以提升。在现代社会中，只有具有强烈责任心的人，才会自觉遵守法纪法规，遵守各种道德规范，对自己、他人和社会负责，处理好不同利益主体之间的关系，实现道德自律。

任何高尚的德行，都以某种责任心作为支撑。就是说，主体性不是事先存在的，而是在伦理关系中体现出来、在责任行为中构建起来的。“这种关系既不是知识关系也不是自我意愿的行为，而是一种为他者的无限负责的关系。正因为如此，这种关系可称为伦理关系。”②责任体现着利他的道义内涵，既是主体自身主体性的张扬，又是主体高尚人格的体现。伦理是一种价值理性，教师具有的教学权力的伦理性表现为权力的道德理性，这种道德理性包括对权力进行道德评价的原则和标准，而来源于权力伦理性的责任，是权力的道德原则对掌权人的道德要求。

换句话说，中小学教师作为一种公共角色，只有明确自己的责任伦理并实践负责任的教育教学行为，才能为学生提供优质的公共教育服务，并推动中小学公共教育服务职能的充分发挥。

---

① 李保强，陈忠伟.教师责任范畴：内涵、外延及其架构[J].教育科学研究，2013，(5)：11－17.

② Biesta G. Learning from Levinas: A Response [J]. Studies in Philosophy and Education, 2003,(22): 62.

（二）教师的教学责任伦理解析

教师作为提供公共教育服务的教学个体主体，对其进行责任伦理分析就意味着对教师的教学责任有新的理解和解读。在本书中，教师责任不是一般意义上的职业责任，而是建立在师生关系这样的伦理关系之上的责任。

本书基于责任伦理学视角，将教师的责任分解为互相呼应的三部分：生命课堂的构建、和谐公正的师生关系形成以及人民培养的道义责任。

1. 以“课堂”彰显跃动的生命个体

教师作为直接面对学生的教育者，所从事的教学活动本身就是具有人性内涵的教育实践。人是具有生命意义的存在，学校便是生命跃动的世界。每一个学生都是独一无二的个体，有着自由、平等的追求。因此教师在教育教学活动中，应本着创设生态化课堂的教学理念开展教学实践，让课堂成为充满生命活力的空间。

2. 以“对话”建构和谐的师生关系

和谐的师生关系意味着师生之间主体间性的平等与尊重，和谐的师生关系是教学双方“绿色有机”的相处方式。这种相处方式既有利于提升教育教学的效果，有利于学生文化学习与向善的追寻，也有利于教师教育理念的践行与教育梦想的实现。

要形成和谐的师生关系，教师与学生之间应该是主体间性的样态，教师应该构建师生间的“对话”。这种对话是师生间互相理解的过程，是在平等基础上的沟通与互动，是交互主体进行交流从而达成共识的手段和方式。而这种构建“对话”关系的责任，是伦理学意义上的教师应为，是教师应该承担的责任，也是公共教育服务意义上的责任伦理寻求。

3. 以“超越”培养合格的国民

教育是一种充满伦理关系的服务，师生关系是伦理关切对法律关系的超越。作为公益性的学校教育，教师有着培养学生成为合格人才的教育责任。对于中小学教师来说，教师职业角色所体现的生命关注和伦理关切与中小学教育这种纯公共物品的属性有着密不可分的关系。

中小学教育的纯公共物品性使得教师身份必然具有公共性的本质属性，蕴含着公正的伦理性价值原则和目标，以及维持教学秩序的工具性功能。这种基于公共性、以公正为目标的教师角色以承担责任义务的性质存在着。这种具有责任性和义务性的特征，并且关注教育教学活动的动机、发展和结果的本质就是责任的内涵。也就是说，教师角色具有天然的责任性。我们也可以说，教师角色蕴含着帮助学生实现个性化和社会化，成为合格国民的公共教育服务责任。

所以我们认为，教师要成为真正的公共教育服务者，与学校组织和学校管理者一起推动中小学公共教育服务职能的充分发挥。教师作为直接服务于学生的教育者必须保证上述三种责任的实现。概括来说，教师要成为德才兼备的君子，要成为爱护和关怀学生的师者，要成为自觉奉献的志者。正如冯契先生所说的"真正自由的道德行为……具有自觉原则与自愿原则统一，意志和理智统一的特征"①。

二、教师：创建生命课堂的引导责任

（一）生态型学校文化成为生命课堂的底色

学校文化是学校的灵魂，起着引领学校发展的作用。在龙山中学林群生校长的眼里，生态型学校文化就是打造师生发展的共同体。生态型学校文化是和谐的、有统一的核心价值观并且以建设文化底色的书香校园为同一愿景；生态型学校文化是彰显主体价值的，校长、教师和学生等学校文化各主体可以充分自由地展示其主体性；生态型学校文化是具有学习氛围的，学习型的文化价值取向促进师生的共同进步，实现"学生成长，教师进步，学校发展"②。

生态型学校文化又是和谐的校园文化。和谐的思想是学校的核心价值观，学校内部、学校与学校、学校与社会、学校与自然之间都体现着和谐的精神理念和伦理文化。这样和谐的文化和伦理环境促进了学校道德共同体的形成③。

在我们看来，生态型学校文化意味着和谐的校园伦理环境。和谐的校园伦理环境又包含：共同的价值观和先进的教育理念；教师责任伦理彰显的人格引领；学校的制度伦理和校风的公正平等。

---

① 崔宜明.道德哲学引论[M].上海：上海人民出版社，2006：269.
② 林群生.教育是一项"治心"的艺术[M].北京：光明日报出版社，2011：54 - 55.
③ 黄清霞.论伦理型学校的建设[J].基础教育研究，2014，(11)：8 - 11.

1. 共同的价值观与先进的教育理念

学校要提供优质的公共教育服务，就需要形成学校统一的核心价值观。这种共同的价值观成为学校发展的精神内核，成为学校发展的价值引导。此外，先进的教育理念是建设和谐校园伦理环境的根本。因此，学校精神系统的构建问题是首先要解决的。这种有着共同价值观、先进教育理念的学校才有可能成为人文化、人本化和伦理化的生态校园。

2. 人格引领与价值启蒙

教师的责任伦理意味着教师在教学中，利用自身的学识引导学生获得专业学科的基本素养和基本能力，学生未来的学科发展与选择权应该交给学生，尊重学生自己选择个人目标，成为自己人生的决定者；教师的责任伦理也意味着教师要言传身教，以自身的高尚人格影响学生，去挖掘、去唤醒、去培养学生的基本道德判断力，实现对学生人格的引领，以便学生将来形成自己独立自主的主体人格；教师的责任伦理还意味着教师对学生的价值启蒙，这种启蒙只是价值导向的指引，为学生将来能够自主、正确地建构自我价值世界奠定基础①。

简言之，学生能够按照自己的意愿和决定去生活，不必按照教师的预期与规约，这样的教师就是有着责任伦理的教师。

3. 制度伦理与公正平等的氛围

学校应当秉承平等公正的原则，使学生可以自由地学习和成长。在学校内部推行民主教学和教学民主，从而有助于教师提高教学伦理并不断反思自己的教学行为方式，实现学生的综合发展。

合理的规章制度反映着学校的管理思想和水平，也反映学校的精神和文化氛围。构建和谐的校园伦理环境需要一套能够反映学校发展要求的规范体系。因此，学校管理者要本着尊重学生权利的原则完善各项制度，并把人文价值渗透其中。学校制度既要保证强制性和奖惩性，更要保证学生选择和参与的权利。

因此，具有这些特征的校园伦理环境才是和谐的、生态的。生态文化校园中的校长文化、教师文化和学生文化三种文化主体和谐共处。先进的校长文化包括党组织领导下的学校核心价值观和办学理念，民主治校是其特色；先进的教师文化包括教师自身的文化价值观、道德观、知识能力、生活方式和生活习惯等；先

---

① 王延东.责任伦理：对教师责任与良心的重新审视[J] 教学与管理，2012，(4)：25－26.

进的学生文化是积极向上的价值观和文化取向。教师和学生在学校氛围中拥有归属感，教师和学生可以互相尊重、自由思考和自由表达。和谐的伦理氛围有助于学校形成生态的文化环境，有利于教育教学中形成和谐的师生关系，体现在学生身心浸润与熏陶的综合素质，表现为教师为学生服务的教学伦理和引导责任①。

（二）生命课堂样态体现教师的责任伦理价值

1. 教学伦理敏感是创建生命课堂的核心

教师和学生作为教学中的主体，教学过程中的公平主要表现为教师公正平等地对待每一个学生，尊重学生的人格和权利，使学生具有尊严感和自由感。基于檀传宝教授的观点，教师对学生的公平应做到以下几个方面：第一，平等地对待学生；第二，爱无差等，一视同仁；第三，实事求是，赏罚分明；第四，长善救失，因材施教；第五，面向全体，点面结合。在具体教学过程中，教师是有形或无形的教育资源的掌控者，对于资源的分配体现着教师是否公正，也反映出教师是否具有教学伦理的敏感性。

教师教学伦理敏感性是教师专业素养的重要组成部分，是教师专业成长的内在动力②。要成为教学道德的践行者和捍卫者，教师必须具有教学伦理敏感性。

2. 平视与倾听的生命尊重是课堂的样态

生态化的课堂是多样、开放和人性化的教育场域。在和谐、平等的生态课堂中，学生和教师可以“平视”，“平视”意味着师生目光在平行线上的相遇，意味着师生间的信任和尊重，意味着师生间的平等与和谐，意味着师生间的爱与关怀；学生和教师可以“互相倾听”，“倾听”可以是教师对成绩弱一点的学生的倾听，也可以是成绩强一点的学生对教师话语的反思与质疑式的倾听。在这里，倾听意味着思考，倾听意味着困惑，倾听意味着批判，倾听意味着对课堂生态氛围的诉求。

总之，生态化的课堂是思想的碰撞与思考的激发，是心灵的倾听与目光对视

---

① 陆岩，乔长水.和谐校园文化的内涵分析[J].思想政治教育研究，2008，(1)：11 - 13.

② 郑信军，吴琼琼.论教师的教学伦理敏感性及其发展[J].教育研究，2013，34，(4)：97 - 104.

的伦理关怀，是来自灵魂深处的平等与尊重，是真正的教育服务。

3. 对学生的幸福关怀是生命课堂的价值

生命课堂的价值在于通过教师的知识引领与精神指引使学生有幸福的体验。“教育以幸福为目的既是一种实然事实的存在，也是一种应然价值的追求。”[①]也就是说，教育以学生的幸福为最终目的。对学生的幸福关怀，是关怀所有学生的幸福。

在中小学的课堂中，对学生幸福的关怀就是要关心学生教育过程与结果的幸福，当下与未来的幸福。现实中，我们更多关怀学生未来的幸福，追寻“不受苦中苦，难为人上人”的今日之苦是为了成就未来之幸福的明日生活。可是，对于现代教育来说，我们更应该关心的是学生当下的学习过程是否幸福，是否在课堂中感受到公正、尊重和身心愉悦。

生命课堂的价值就是对学生当下幸福的关怀，也会使学生在未来幸福的追求中享受痛并快乐着的感觉。因为幸福“会以纯粹意义的方式被保存积累，会永远成为一个人生活世界中抹不掉的一层意义”[②]。因此，真正的幸福不是有更好的工作、更多的收入等更多利益的获得与种种欲望的满足，而是对人生意义与价值的追寻，教育的精神服务性与人追寻幸福的意义相吻合。教学活动是主体间直接进行灵魂交流的活动，因此教师对生命课堂的设计与实施要时刻关注学生的精神成长与幸福体验，使得教学的过程和结果都带给学生幸福的感受。

三、教师：构建师生和谐对话的责任

师生关系本身是非常有意义的教育活动。在传统意义上，教师和学生是教育双方中的主体和客体，这种二元对立的思维模式阻碍了师生精神生活上的“际遇”，因而师生关系没有得到健康的发展。师生关系构建的过程也就是展开“对话”的过程，“对话”的过程本质上是师生彼此“理解”的过程，“理解”是指两个主体基于平等对话前提下实现的“视域融合”。对师生关系的这种解释模式把“主

---

① 刘次林.幸福教育论[M].北京：人民教育出版社，2003：75.

② 赵汀阳.论可能生活[M].北京：中国人民大学出版社，2010：137.

客二分”的思维模式推进到了“主体间性”，为人们理解教育师生关系提供了一种崭新的视角[①]。

和谐师生关系的生成是直接投身于教育实践的教师的责任伦理。在中小学教育中，和谐的师生关系是怎样的、为什么要研究它、有构建的可能吗？现代师生关系如何构建？构建了和谐的师生关系就意味着教师践行了公共教育服务意义上的责任伦理吗？

我们认为，教师自身的道德修养是构建和谐师生关系的根本；教师对于公正和平等的维护是和谐师生关系的内容，是对一视同仁和因材施教关系的伦理阐释；教师与学生的对话所体现的关怀与爱是学生向善的精神源泉。

(一) 中小学师生和谐对话关系构建的理由

1. 传统“圣人”师德观与现时代的不契合

中国的传统教育是美德至上的教育，强调教师具有“圣人”的美德和品行；而现代教育则是权利至上的教育，强调教师对学生成长的责任。

美德至上的中国传统“圣人”师德观要求教师成为“道德超人”，树立向往和努力却永远无法企及的个体美德梦想。我国传统师德的内容十分丰富：要求教师有“身体力行”“严以律己，宽以待人”的品质；有“克己内省”“改过迁善”“诲人不倦”“循循善诱”“不耻下问”的师德修养。在教师观上，强调教师塑造“文质彬彬，然后君子”的理想人格；在师德规范上，要求教师做到教书育人，通过“立人达人”去启发每个人的内在自觉，教会学生如何“做人”；在师德养成上，重视“慎独”“内省”“自律”等[②]。

一言以蔽之，传统教育要求教师成为“圣人”，门槛之高是普通人难以跨越的。教师作为一种职业，必须具有相应的职业道德和责任伦理；教师又是生活在社会中的个体，需要承担社会要求的责任和义务。

2. 权利至上的现代“中人”师德观对教师角色定位的偏差

我们不主张把教师神话为圣人，教师应该具有的职业责任是对教师最基本的道德要求。教师的社会人属性要求教师承担应尽的社会责任。

---

① 王岳喜，李洪星.平等对话：哲学解释学视域中的师生关系[J].中国成人教育，2013，(3)：24-26.

② 黄永刚，张健华.关于中国传统师德的批判与继承[J].道德与文明，2001，(4)：61-62.

现实中,教师职业道德出现了一些失范问题。究其内因,教师自身角色定位偏差和职业道德缺乏是主要因素。问题主要表现在五个方面:价值观念、敬业精神、工作态度、师生关系以及生活作风。

(1) 价值观方面。随着现代化进程的加速,当人们享受着改革开放带来的美好生活的同时,对名利的崇拜滋生着腐败与贪欲,于是有的教师身上表现出对奉献的淡漠和对私利的追逐。每个人的生活领域都包括公共领域与私人领域。在私人领域中,个体有道德判断和行为选择的自由;但是在公共领域中,就必须以实现公益为最终目标,任何损公肥私的行为都是对职业道德的违背。

教师角色是国家政府为了学校教育的需要而设置的角色,教师在获得此公共角色的同时也被赋予了与角色对应的公共责任,那就是为学生的成长服务。我们知道,公共服务是讲奉献的,而不是讲索取的。教育服务追求的最高境界是无私奉献,对工作的冷漠和徇私就是责任缺乏的表现。对于中小学教师来说,这就是违背公共教育服务理念的行为和表现。

(2) 敬业精神方面。少数教师存在着职业倦怠和缺乏创新精神的问题,但是教育观念和教育思想在不断更新和发展,这就要求教师不断学习和完善自我,树立先进的教育教学理念,并落实到教育教学的实践中去。因为教育是需要付诸热爱的职业,践行责任伦理的教师应该做到爱岗敬业,不断改进教育教学方法,培养学生的创新精神。

(3) 工作态度方面。部分教师缺乏合作精神,对教育工作的协同性缺乏认识,没有意识到教师职业应该具有的强烈责任感,在工作上表现出消极完成任务的态度,缺少积极的参与意识与合作意愿,从而导致合作的困难。

当前社会中,团队合作精神是事业成功的强大伦理支持。教师的工作更加强调合作的重要性,因为良好的合作关系才能提高教师的教学质量和科研水平,才能使教师与学生之间形成良好的师生关系。

(4) 师生关系方面。少数教师对学生缺乏爱心并做出种种违背原则良心的事情。体罚和放任都是对学生不负责任的表现,也是对学生缺乏爱的表现。教师之间、教师和学生之间缺乏联系直接影响了教师自身能力的提高,不利于提升教学质量,也不利于教师与学生之间的沟通。

(5) 生活作风方面。个别疏于修养、自律不严的现象存在于教师队伍之中,个别侵害学生利益的教师破坏了教师队伍的形象,表现为失德、懒散、功利、庸俗与缺乏公共精神和公德意识等。

总体上说，为人师表的教师不是圣人，需要从天上回到人间，这是对教师的正确期待；但是，教师仅以社会中"中人"道德的标准来定位自身是不够的。党的二十大报告中明确指出，要"全面贯彻党的教育方针，落实立德树人根本任务"。教师作为教育人、服务人的特殊职业，作为为学生提供特殊精神服务的教育者，有着更高的从业标准。教师必须遵守该职业的职业道德，具有更加高尚的品格素养和美德伦理，贯彻立德树人的理念。

3. 和谐对话的师生关系是教育的内在要求

教师和学生这两种角色理应饱含丰富的伦理内涵和道德意蕴。在教师遵守自身职业道德和加强自身品德修养的前提下，师生之间的关系建构就有了伦理基础。教师作为教育教学的主体，基于中小学生群体的年龄特征，需要对其进行更多品德修养与行为习惯的引导，因此中小学教师的责任显得尤其重大。

无论是文化知识的传承，学生能力的培养，还是学生道德品质的养成，都是浸润在学校场域的教育教学活动中得以形成的。因此，师生关系不仅贯穿在课堂教学中，还存在于校园内外，可以表现在教师、学生、家长、社区与整个社会当中。师生关系的和谐与否影响着教师的职业角色，影响着青少年对公正、平等、信任和尊重等观念的看法，影响着他们人生观、价值观和世界观的养成，甚至延伸到对社会的信任和对自身责任的认识。

因此，在中小学教育中，和谐对话的师生关系是可以构建的，而且必须构建。因为师生是教育教学活动得以开展的双方，师生关系则是双方必须维系的身份存在。

（二）和谐对话的师生关系实现的可能

1. 道德危机促成人们对和谐关系回归的渴望

我国改革开放以来人民生活水平不断提高，这与国家的宏观政策有关，而人们对经济状况改善的强大欲望和不懈努力也刺激了经济的高速发展。但在我们沉浸于开放成果享受的同时，社会的道德精神滑坡也结伴而行，具体表现为道德情感的冷漠、道德精神动力的缺失以及道德失范等等。市场经济的"双刃剑"功能凸显。当人为物欲所困，便会带来价值观的改变。人们道德精神动力的逐渐匮乏，道德价值标准的不断扭曲，使得人的道德生活没有了支撑点，没有了目标和方向。

西方文化可以如此“长驱直入”，与国人对于文化的不自信密切相关。市场经济只是促成道德危机的影响因素之一，人自身的道德素养与价值倾向才是根本原因。人无止境的欲望和对权力、名利的追逐才是道德危机产生的根源。曾被奉为真理的公共道德信仰被金钱关系所取代，道德理想目标的丧失和道德理想的贬值成为社会信仰危机出现的一个重要原因。

失去了道德信仰的社会是无序的，表现为整体道德的无序和个体心灵的无序。公共道德准则逐渐被淡化，道德带来的尊严感和愉悦感等感受被大大降低，公共道德的信仰危机也会随之越来越深。

当社会陷入公共道德信仰危机的时候，我们的教育应该做些什么？人说“十年树木，百年树人”，可见改变和培养人的观念意识需要较长的时间。但是，不去做出改变，就会停滞不前或者倒退。在这种背景下，人们渴望和谐关系的回归，也充分体现树立文化自信的重要性。

从长远考虑，学校教育应该有所作为，社会对中小学教育的关注，使得构建和谐的师生关系成为社会、家长、教师和学生的共同愿望。于是和谐师生关系的建构既能让未成年学生们开启道德的重塑，也对国家人才的培养和社会正义的维护起到了一定的作用。

2. 政府行政伦理建设对公共服务的关注

中国建设高效服务型政府，关注各种公共服务是政府的伦理职责。公共教育是公共服务的一部分，中小学义务教育是公共教育的重要组成部分。具有公共性的服务对中小学教师提出了新的要求：公平公正，一视同仁。教育不应该只关注优等生，而应该关注所有的学生。现在许多学校只考虑家长和社会的要求，以升学率为重点，牺牲后进生的利益，将重点放在个别学习成绩优秀的学生上，忽略了教育的公共立场。这样，教育基础成为缺失公共理性、放逐公共利益的事务，是对教育本真的抛弃。

教师应该为学生提供最优质的教育教学服务，关注学生人格发展，关注特殊学生群体，搭建各种平台满足学生的差异选择和个性发展。对于“潜力生”和“发展生”，做到“有教无类”和“不能让他成才，就让他成人”，成为“富有爱心、懂得感恩、学会合作、共享成功”的有德之人。这是符合公共服务宗旨的。

3. 课程体系成为教师服务于学生的载体

我们认为，师生关系除了尊重、关爱、平等、引导等，更多是基于责任的教师为学生提供精神服务的关系状态，而且课程是服务得以产生的媒介。

关于课程的本质，众说纷纭。比较有代表性的三个观点将课程表述为：课程是知识、课程是活动、课程是经验。"课程是知识"的观点是近代以来比较古老和传统的观点，曾经对教育发展起过推动作用。随着现代教育的发展，人们在知识课程论的基础上进行批判和反思，提出"课程是经验"和"课程是活动"的观点，这两种观点都突出了学生的主体性和课程参与的主观能动性，是课程理论和实践的进步。

从立新教授持课程是经验的观点，认为这个观点"具有较强的理论和实践意义。这种观点不仅可以包容用知识定义课程时所含的全部内容，更重要的是能够将学习者主动获取的过程也包括进去。"[①]并且认为这种观点有利于学生的发展。

我国有学者对课程本质具有完全不同的看法，廖哲勋认为"当代课程的本质不是知识，也不是经验。当代新课程是在一定培养目标指引下，由系列化的课程目标、课程内容及学习活动方式组成的，具有复杂结构与运行活力的，用以促进学生各项基本素质主动发展的指南。"[②]此观点是大课程的观点，是以促进学生主动发展自身基本素质为课程设置的目的的。

从课程目标分析，当前我国强调培养学生的核心素养。"中国学生发展核心素养"以培养"全面发展的人"为核心，分为文化基础、自主发展、社会参与三个方面，综合表现为人文底蕴、科学精神，学会学习、健康生活、责任担当、实践创新六大素养，具体细化为人文积淀、理性思维、信息意识、珍爱生命、国家认同、问题解决等十八个基本要点。对标这些要素，不同学科、不同年级的中小学教师根据不同年龄阶段学生的身心特点展开教学，服务于学生的发展。

课程理论的研究成果非常丰富，有不同的认识和争鸣，在此不多展开。从本书的角度，我们认为，学校课程除了对国家和地方课程的甄选使用，一个具体学

---

① 从立新.知识、经验、活动与课程的本质[J].北京师范大学学报(社会科学版)，1998，(4)：25－30.

② 廖哲勋.我对当代课程本质的看法(上)[J].课程·教材·教法，2006，(7)：10.

校的课程应该将基础课程与针对学校和学生现实情况编制的校本课程相结合，形成具有特色的课程体系，把握的宗旨就是为学生提供合适的、有利于学生学习和成长的精神服务。因为学校是具有精神内涵的公共组织，学生作为其中的学习主体，应该享用学校为其提供的公共教育服务。

中小学教育作为基础教育的主要组成部分，其核心内容就是课程。课程设置与功能发挥的好坏直接影响着学生的未来。要培养高质量的学生，就要科学地设置课程，使课程的功能得以最好的发挥。以人为本是我国中小学课程设置的宗旨，也就是以学生为出发点和归宿，使课程作为服务载体的功能得以实现。

（三）责任是师生伦理关系发展的水到渠成

公共教育服务理念对教师提出的要求是促进每一个学生德智体美劳的全面发展，树立人人可以成才的教育信念；因为人与人之间存在先天差异，教师要秉持多样化的人才观念，促进学生个性发展，做到人尽其才的教育，就是成功的教育。教师还要尊重学生的主体性，培养学生的选择能力和责任担当。

中小学公共教育服务意义上师生关系建构的价值考量主要表现为：以中小学生身心发展的特点作为出发点；以中小学义务教育教学的公共性、公益性、平等性和强制性特点为依据；有利于师生双方发挥自身的作用和实现自身的价值；符合现代教育追寻的民主、平等和服务理念；把服务于学生的自由、民主和平等的发展作为最核心的价值尺度①。而学生的发展指的是学生个体身心等方面的和谐发展；是针对每一个学生组成的集体的发展；是符合学生个性、和谐、可持续的发展。

综上，真正合理的、符合时代特征的师生关系是有助于学生各方面和谐发展的师生关系，是促使教育回归本真的师生关系，是以公正、平等、自由、民主为特征的公共教育服务意义上的师生关系。

1. 服务意义上的师生关系是伦理关系对法律关系的超越

服务意义上的师生关系是伦理关系的结合体。爱学生是师生关系中教师责

---

① 邵晓枫，廖其发.我们究竟需要什么样的师生关系——对我国当代师生关系理论构建的思考[J].教育理论与实践，2007，(10)：47-50.

任的源泉，而践行公共教育服务理念的教师努力构建的师生关系是教师责任伦理发展的水到渠成。

(1) 法律对师生关系的确定

法律上对教师身份的确定是教师与其周围教育环境之间关系的主要依据。很多发达国家对教育在国家中的重要性进行分析、对教师的工作性质和责任的特殊性进行研究后，通过法律确定了教师的公务员身份。这样，一定程度上增强了优秀人才从教的吸引力，有利于教师的资格认定与配置流动，有利于明确教师自身的职责与责任。

在《教育法》中，教师和学生是教育与被教育的关系，管理与被管理的关系，相互平等的关系，保护与被保护的关系。

(2) 伦理对师生关系的规定

伦理关系是社会根据一定的教育理念对教师和学生各自应该承担的责任、义务和应该得到的权利的规定。这种规定是一般的、非个人的。任何时期，社会对于师生相互之间应该承担的责任、义务和享有的权利都有明确规定。在实施新课程条件下，“民主、平等和促进个性发展”是对新型师生关系的一种规定。

教师的个体美德伦理是教师责任伦理实现的前提。教师自我修养的提高和职业道德的坚守是教师能够自觉践行责任伦理的根本。在师生关系中，教师不仅要“教书”，还要“育人”。教师不仅要“言教”，更重要的是要身教。教师直接用自己的品格影响着学生的品格，所以教师无论何时何地，都必须在思想品德、学识才能、生活方式等方面“以身立教”，为学生做出榜样。

(3) 生活世界的伦理关切是对法律关系的超越

公共教育服务意义上的师生关系是基于生活世界的关系，是教师践行责任伦理的实践建构。这样的师生关系既要讲师道尊严，又要是良师益友，师生共同感到学校这个大家庭的温暖。

在内含公共教育服务意义的生活世界中，师生双方带着对自己、对彼此的关切走进对方的视域，生命的意义得以拓展，形成新的“视界融合”，从而提升彼此的生命境界和生活质量①。这种立足于生活世界并以关切为内涵的师生交往，

① 王啸.教育人学内涵分析[J].华东师范大学学报(教育科学版),2006,(1):23-29.

已经超越了法律意义上的师生关系，是一种对生命的关切、尊重与服务。

2. “教育爱”做源泉的教师责任是师生关系追求的理想

爱是责任的源泉，没有了爱，责任也就消失了。苏霍姆林斯基曾经说过：“如果你厌恶学生，那么当你工作刚开始，就已结束了。”①所以，爱学生是教师的天职和底线。这种爱不仅是教育发生的前提，也贯穿于教育过程的始终。

爱是教育永恒的主题，并在教育中起着重要的作用，因此人们习惯上把它称作“教育爱”。但是，在工具理性与功利主义盛行的现时代，教育爱也不断被腐蚀与放逐，因此重新强调教师责任的源泉——教育爱，是对教师责任伦理理想的追寻，有着别样的意义。

在教育理论研究中已经存在对“教育爱”的理解，通常是指教师热爱教育事业和教师爱学生两个方面，是教师在教育教学过程中表现出的敬业精神、高尚的人格和伦理关怀。

我们认为，教育是一项关乎爱的事业，教育爱是大教育视域中的爱，是贯穿于整个教育事业、校园内外、社区共同体和教育教学过程中的爱。政府的教育资源配置均衡反映了政府的爱是公平和正义的；校长在学校管理中遵循权力伦理并保持高度的责任感反映了校长的爱是真诚和尊重的；教师在教育教学中遵循教学伦理和教育公正反映了直接面对学生的教师之爱是理解和负责的。

对于教师来说，从师生关系和教师责任视角审视教师行为的伦理内涵，并且把人性的善恶渗透在具有伦理性质的教师行业制度中，进一步体现了教师责任的深层内涵。“教师责任是基于伦理之上产生的责任，是师生关系中的责任。这一社会责任便意味着教师与社会之间存在着‘契约关系’。”②教师与社会间的这种契约关系不同于一般意义上的契约关系，而是对教师关爱学生、服务学生的约定。

3. 以公共服务为媒介使人向善的师生关系是教师责任的最高价值

人格至善是古代教育伦理思想的核心。正如《大学》开篇就提到的：“大学之道，在明德，在亲民，在止于至善。”教育自古对善的追求也逐渐发展成为现代教

---

① ［苏］B. A. 苏霍姆林斯基.把整个心灵献给孩子[M].唐其慈等译.天津：天津人民出版社，1981：145.

② 沈璿.主体间性视阈下教师责任伦理的探究[J].当代教师教育，2009，(4)：5－9.

育的真正目的。

在使人向善的师生关系中，当教师把为学生提供公共教育服务作为从业方式、学生向善作为归宿时，教师责任就成为教师角色伦理的核心，其最高价值得以凸显。

教师是直面教育对象的人，服务于学生是教师职业的从业方式，是将品德、知识、文化、能力传递给学生的媒介。服务的目的不是仅仅完成这样一种形式和过程，而是有着伦理和道德的目的。因为人本身就是道德的存在，人的任何社会活动都蕴含着对某一道德目的的实现的追寻。作为师生关系中实现文化传承与人性塑造的教师教育活动，更是肩负伦理道德的使命。

教师为学生提供服务的道德目的在于使人向善，并逐步到达至善。这是教师责任的伦理维度，也是公共教育服务的伦理追求。正如亚里士多德所说："万物都是向善的"①。

四、教师：培养合格国民的责任

在现代民主国家中，教育的现代化和国家的发展要求赋予了学校培养合格国民的责任和义务。中小学生人民意识的培养与养成成为中小学的责任。于是，对于直接投身教育实践的中小学教师来说，他们的教育使命是"使人成为人"，更准确地说，是通过提供公共服务意义上的教育教学使学生成长为社会人、公共人，成长为合格的国民。这样的教育服务内含的文化传承、要遵守的职业道德、要达成的国家目标、要实现的人的自由发展，进一步显现了教师职业的道义责任和公共教育服务价值。

（一）教师角色特征与伦理属性剖析

1. 基于人才培养责任的教师角色

（1）教师角色的一般特征

我们知道，"角色"一词源于戏剧，它的概念最初被用来说明个体在舞台上的

① ［古希腊］亚里士多德.尼各马科伦理学［M］//苗力田译.亚里士多德选集：伦理学卷.北京：中国人民大学出版社，1999：7.

身份及行为，后来被广泛应用于社会学和心理学的研究当中。教师的角色内涵一般指处在教育系统中的教师所表现出来的、由其特殊地位决定的、符合社会期望的行为模式。

对于教师角色的比喻和描述有很多种，如传道者角色、授业者角色、管理者角色、示范者角色、朋友角色、研究者角色等，各种角色特征随时代的变迁发生重点的转移。

(2) 教师角色错位和违背教学伦理的表现

教师角色的错位。尊师重教是中华民族的传统美德。教师作为学生成长的领路人，理应获得尊重与爱戴。但是教师的过分权威会对师生关系产生消极影响。在教师的职业生涯中，有的教师错误地将自己等同于普通个体，对待教育教学的理念和开展工作的行为多以自我为中心。掌握课堂的话语权，师生间缺乏对话、互动与交流，学生只能被灌输知识；掌握着“生杀大权”，例如过度体罚以及提出整齐划一的纪律要求，学生不能自主选择、不能批判和质疑等等。这样的角色错位成为和谐师生关系建构的拦路虎。

教学目的的功利化破坏了教学关系中的公平和民主，违背了教学伦理。教师公正和教学公平要求教师平等对待每一个学生，公平地给予每一个学生参与教学活动的机会。教师违背教学伦理的做法一方面来自外部的压力，学生的分数成了评价教师的主要依据，使得教学的本真目的发生异化，臣服于对分数的追逐行为；另一方面是在具体教学情境中，迫于外界的压力和自私的功利心态，教学过程成为压抑学生个性的过程，教学目的成为对学生成绩的追逐。

(3) 基于人才培养的教师角色特征

现代学校教育是人人可以享有的权利，是促进社会和个人发展的公共事业。学校教育的公平、平等、公正等公共价值的实现离不开社会成员广泛参与学校公共事务的协商和对话过程。因此，校长、教师、学生和家长等，只有在参与这样民主、开放的公共生活中才能真正体验责任和义务，因而为其人格的生成奠定实践基础。

现代教育的发展改变着教育教学的方法和实践，那么教师的角色随着时代的要求有所变化吗？答案是肯定的。但是无论何时，始终不变的是坚守/持为国家培养合格人才的宗旨。

自主学习是学生个性发展的基础和动力，教育的目的就是为学生学习服务。

但是，现代教育情境下的教师不能是片面地只抓学习的单一角色，而应是多角色的统一体。多角色统一与转化的能力是教师的基本素质，教师发挥多角色的作用才能更好地履行培养责任，提供公共教育服务。其中，教师对学生的道德引导和责任是最核心的角色特征。

2. 中小学教师角色的伦理属性剖析

(1) 中小学外在的制度伦理对教师角色的规定

现代学校制度通过自主管理升华为师生共同的奋斗目标和价值追求。法国社会学家埃米尔·涂尔干在论述职业伦理时指出："任何能够在整体社会中占据一席之地的活动形式，要想不陷入混乱无序的形态，就不能脱离所有明确的道德规定"①。

要实现教师素质的提高，除了教师自身主观努力外，还必须有一套科学的教师管理制度作规约，保障教师言行规范化、工作秩序正常化、管理要求标准化。同时，还要通过制度来激励教师积极地进行自主管理，实现自我发展和自我价值。

如何通过教师管理制度的制定与实施，在规约和激励的平衡中使教师管理制度更有效，更好地实现教师个体和学校的共同发展，是学校管理中面临的重要课题。通过制度对教师进行管理是一种手段，它的目的性在于促进教师的发展，增强教师的责任意识②。

(2) 中小学教师内在的个体伦理对教师属性的限定

教师责任是一个完整的体系，有广义和狭义之分。职业本分性、认识相对性、社会伦理性和权利对应性等是教师责任的主要属性。

教师的责任来源于对学生的爱，对学生的尊重。对学生的"尊重"表现为不挖苦、不讽刺、不歧视学生，不体罚或变相体罚学生，尊重学生人格，平等公正对待学生。教师的世界观、人生观等都将对学生产生重要的影响。

凡是要求学生做到的事，教师必须首先做到，凡是不让学生做的事，教师必须带头遵守。教师的角色要求教师做到诚信与自律，实现对学生的价值引导。我们提倡"无痕的教育"，主张将人格魅力与学识素养以"润物细无声"的方式达至学生们的心灵深处。这种美好的教育理想与实践归根结底是为了激励学生，

① ［法］涂尔干.职业伦理与公民道德［M］.渠敬东译.北京：商务印书馆，2015：12.

② 毕宏君.小学教师管理制度有效性的个案研究［D］.济南：山东师范大学，2008.

追求善并践行善。

总之，一个有责任感的教师，是具有内在伦理道德的教育者，会用自己对教师和教育的理解来明确自己的责任，是在特殊的教育情境中尽心尽力尽责的职业人；是公正、平等地对待每一个学生的民主型、对话型的益友；是能够激发学生学习动力、创造有利的学习环境、关注每个学生的发展、开发学生潜能的良师。

(3) 公共教育服务的理念实现教师外在伦理和内在伦理的结合

教育归根到底是为人的发展服务，学校作为教育组织和公共行政的一环，直接服务对象和主要受益者是学生。中小学教育作为基本公共教育服务性质的教育阶段，是政府在教育领域提供的基础性公共服务，是与全体人民群众最关心、最直接、最现实的切身利益密切相关的公共教育服务，是实现人终身发展的基本前提和基础。

随着政府财力的不断提高，保障公共教育的能力也在不断增强，我国实现了九年义务制教育。国家关于公共教育服务政策的出台为学校职能指出了方向并提供政策支持，义务教育成为国家公共教育服务体系的核心。我国公共教育服务的理念与政府实践，为中小学教师的外在伦理和内在伦理的结合提供了平台，能够激发教师的生命自觉和文化自觉，在对教育的反思与对话、促进自我成长的同时，积极担当为学生服务的责任。

总之，教师作为教育教学的主体，受其内在个体伦理和外在制度的约束，应负起职业责任伦理。教师的责任是职业伦理的必须，也是学生个体发展和社会发展的需要。

(二) 中小学教师实现人才培养的教育责任

按照德国著名教育学者本纳教授的观点，在现代条件下，学校应该成为按照国家法律建立，为成长中一代的每个个体开放，但独立于其宗教、民族成员或国家公民身份的公共教育机构。教育的目的不是为了造就一种身份，而是使个体成为具有个性、具有沟通能力和参与能力的国家人才，受教育者的个体性格必须在自我负责的行动中塑造和发展起来。但是公共教育的任务不是压制和灌输，而是使学生成为具有独立思考和判断、具有自主行动能力的人民[①]。

---

① 底特利希·本纳，彭正梅. 论现代教育学的若干成就[J]. 基础教育，2013，10(04)：5－12.

1.“权利优先于责任”的坚守

权利与责任是一种互相依赖的共存关系，体现在教育中就是权利本位的教育理念和责任本位的教育理念。只选择其中之一，都会有失偏颇，因为责任和权利本来就是一体两面、辩证统一的关系。

放在中小学教育情境中，这种关系要求教师以“权利优先于责任”的原则来培养学生[①]。我们既要借鉴西方的教育成果，又要实现理论的本土化。以人的权利为基础培养负责任的人的教育方式，既可以保障人民应有的权利，又可以促进人民履行应尽的责任，从而实现两者的交融与平衡。在实现权利与责任“你中有我，我中有你”的过程中，人的权利意识和责任意识都可以得到塑造，学校教育就可以实现培养合格国家人才的目标。

2.“负责任地生活”的指引

如何让学生更负责任地生活是人才培养的初衷和目的。在拉兹洛看来，“负责任地生活”要求：微观上，重视个人责任；中观上，关注企业责任；宏观上履行政治责任与社会责任[②]。另外从历史文化角度强调人的文化责任。这是作为负责任的人要“负责任地生活”所必须具有的负责态度，是对责任的概念内核的全方位表述。

中小学教育也以培养负责任地生活为最终目标。中小学教师作为直接参与学生成长过程的服务者，应该担当学生的健康、安全、关怀和照顾的责任，站在学生发展的立场，以学生的健康成长为目标；中小学教师作为直接进行人才培养的教育者，应该以指引和培养“负责任地生活”的人为旨归。

教师的责任伦理不以个人意志为转移，而是受其教育对象和教育目的的制约。中小学生身心还不成熟，因此具有很强的可塑性。具有健全人格的教师才能潜移默化地影响学生形成健全人格；教师业务精通才能使学生建构丰富的知识网络；教师热爱学生才能培养学生的爱心；教师责任心强才能培养学生的责任心；教师遵循公正、平等伦理价值原则才能培养学生具有人的责任人格。

概括而言，教师的教学伦理、教育公正和教育教学能力都与教师对教育事

---

① 叶飞.“权利优先”抑或“责任优先”——对当代公民教育价值取向的反思[J].高等教育研究，2012，(3)：18-22.

② [美]欧文·拉兹洛.布达佩斯俱乐部全球问题最新报告：第三个1000年[M].王宏昌等译.北京：社会科学文献出版社，2004.

业、对学生的责任相关,只有践行责任伦理的教师才能为学生将来的人生幸福和事业有成奠定坚实的基础。因此,明晰中小学教师的责任伦理是完成中小学教育任务的重要环节,也是实现中小学公共教育服务职能的要素之一。

第六章 中小学公共教育服务的政策建言

基于中小学的代理机构性质，我们给予中小学在实现责任方面的政策建议。为了更充分发挥中小学的公共教育服务职能，我们需要确立一种新的责任意识。这种责任不仅是关注实践的，更关注学校、校长和教师三个行为主体对学生提供公共教育服务结果的理性自觉，更关注主体将其内化为自身责任感的增强、内化为主体的道德自觉和内驱力。我们认为，中小学可以从四个方面进行公共教育服务的责任伦理建设：遵循伦理管理和彰显公共服务精神的价值选择；创设工具理性和价值理性有机结合的组织文化；实现学校组织主体、校长和教师个体主体的责任融合；形成学校、家长与社区互信互动的教育合力。

一、伦理管理：公共教育服务的价值选择

要实现中小学应然的公共教育服务职能，需要实现伦理和管理的结合，深入理解“管理就是服务”的伦理意义，并赋予伦理管理新的服务内涵和责任内涵。

（一）伦理与管理具有共同的价值取向

管理作为人类基本的社会实践活动，从古至今无处不在。从学校教育以正规教育的形式出现伊始，学校管理和制度设置就带有伦理道德的色彩。而且，作为学校管理主体的校长和作为教育教学主体的教师，必须具有其职业所要求的道德规范。

协调学校中人之与人之间的关系和构建良好的秩序成为管理和伦理的共同价值取向。协调关系和构建秩序成为学校管理的具体责任和行动目标，伦理精神成为学校教育场域中人文精神的核心，并渗透到学校管理的方方面面。制度

的设计和伦理的目的终归还是通过协调和处理人与人之间的关系，从而形成自由和谐的组织形态。

树立公共教育服务的理念伦理是中小学具有责任伦理的价值取向。中小学责任理念伦理是责任伦理应然状态的表现形式，是一种观念性的存在，与西方管理思想中的正义、公平、民主、参与以及我国管理思想中的和谐等都是相通的。中小学的公共教育服务理念表现为学校责任伦理价值目标的设定和责任伦理的发展方向。

（二）制度伦理是实现责任伦理的手段

制度伦理通常包括两个方面的理解：制度的伦理与伦理的制度。制度伦理是以伦理为中心，选择新制度的伦理价值，评价、监督和完善旧制度的伦理价值；伦理制度是以制度为中心，将伦理规范转化为约束和规范人们道德行为的制度。

学校制度的伦理价值通过制度的实施和遵守转化为普遍的道德理性，是学校道德建设的基础，因此要促进学校公共人格的形成和道德建设就必须加强学校的制度伦理建设。制度伦理作为对传统伦理进行深刻反思后的产物，是对包括学校在内的各种组织通过制度化来实现道德重建的提倡和认同，因此秉承中小学公共教育服务的制度伦理是实现责任伦理的手段。

（三）心性伦理是责任伦理生成的归宿

心性伦理也就是德性伦理，以关注个人内在的道德品质与道德情操为特点。在本书中，则表征为管理者和教育者自身个体责任伦理观的建构与个人道德修养的完善。中小学责任心性伦理侧重于管理者和教育者可以产生善的行为的内在品质和美德，只有有德性的学校组织成员才能做出善行，如校长和教师生成良好的公共人格。

如果说理念伦理是责任伦理的灵魂，制度伦理是责任伦理的核心，那么心性伦理就是责任伦理的归宿。中小学公共教育服务的责任伦理应该是个有机的结构，三要素的有机结合构成公共教育服务意义上责任伦理的整体结构，三要素间的有机联系体现了公共教育服务意义上中小学责任伦理的价值取向，即伦理的自律性与非自律性、伦理的个体性与公共性的统一。

此外，无论是作为公共组织的学校，还是作为公共管理者和教育者的校长、教师，他们既有个体伦理的特征，又有公共伦理的特征。公共教育服务意义上的学校责任伦理应该将组织集体和个人个体的公共伦理与个体美德相结合，从而实现两者的完美统一。

二、文化创生：公共教育服务的伦理基石

学校组织文化为中小学公共教育服务职能的合理性与合法性提供技术和价值上的解释资源，是公共教育服务制度伦理意义的基石。

（一）公共制度：工具理性和价值理性的有机契合

工具理性是实现效率不可或缺的方式，价值理性是行为主体对行为对象形成的一种立场和意识，因此两者是辩证统一的。“没有工具理性提供支撑，价值理性便无法实现而成为空想；如果我们完全不考虑价值判断或者不作价值选择，放任工具理性的无限膨胀，就难以充分体现人的完整性，进而导致行为主体所具有的基本特质的消失，即手段成为世界的真正主宰。”[①]但是在某种程度上，工具理性必须在价值判断的前提下才能体现。

公共制度作为具有超越性的制度形态，超越私人领域形成公共领域的空间。要想充分体现公共制度的功能，需要实现工具理性和价值理性的有机契合。中小学要成为公共教育服务组织，组织伦理和制度伦理建设是关键，学校的伦理规范、职责、义务、原则等都是人类理性能力的表现。在学校教育中，我们强调中小学教育中的公平正义，强调学校的服务职能，就必须实现工具理性和价值理性的有机结合。

（二）公共教育服务制度：追寻制度的价值理性

首先，对于中小学公共教育服务制度来说，其一，我们需要在“公共性”的信任基础上追寻制度的价值理性，确定公共教育服务制度构建的目的和意义，明确建立这种信念和践行这种行动的缘由；其二，也需要追寻制度的工具理性，从而确定价值实现的主要路径。虽然两者都是人类解释问题的方式，但工具理性必

① 教军章.公共制度意义建构的诠释维度[J].行政论坛，2014，21，(2)：1－6.

须在价值内在规定性的基础上合理选择表达的方式，即便不完全遵循理性计算的工具性手段，也必须符合人性的现实需求，追问手段运用的价值和合理性。

其次，我们需要关注制度的实施效果，即制度的实践理性。这要求我们不仅要在理论上构建完善的公共教育服务制度，更要在实际操作中不断检验和调整，确保制度能够有效地服务于学生和社会。

再次，公共教育服务制度的构建还需要考虑到社会的多样性和包容性。这意味着制度设计时，要充分考虑到不同地区、不同背景、不同需求的学生，确保每个孩子都能获得公平而优质的教育机会。

最后，公共教育服务制度的构建还需要注重可持续发展性。教育不仅仅是为了满足当前的需求，更是为了培养未来的人才。因此，制度设计时需要考虑到长远的教育目标和社会发展趋势，确保教育服务能够适应未来的变化和挑战。这包括对教育内容的更新、对教育技术的创新以及对教育模式的改革。

（三）组织文化：提供人文精神基础

组织文化是构建伦理组织的重要内容。对于中小学这样的公共教育服务组织来说，组织文化既实现对公共教育服务制度的接受，也实现对现实批判的拷问，从而不断完善和推进中小学职能进步和发展的自组织功能。

组织文化作为组织领域研究的主流问题，其内涵在不断丰富和完善。组织文化也在不断地实现自身建构，这种自我建构与学校自觉的、有意识的推进不仅可以增强学校自身的文化阐释能力，也为公共教育服务的行动方向提供了坚实的人文精神基础。

组织文化的核心在于价值观的塑造和传递。在中小学，这种文化的塑造尤为关键，因为它不仅影响着学生的行为和态度，还影响着教师的教学方法和学校的管理方式。

组织文化的建设还需要与社区和家庭紧密联系。中小学作为社区的一部分，其文化建设应当反映社区的价值观和期望。通过与家长和社区成员的合作，学校可以更好地理解学生的需求，同时也能够将学校的教育理念和目标传达给社区。这种互动不仅能够增强学校与社区的联系，还能够促进教育资源的有效利用和教育目标的实现。

组织文化的持续发展和创新是推动中小学教育服务不断进步的关键。随着社会的发展和教育需求的变化，组织文化也需要不断地进行自我更新和调整。这包括对教育理念的重新审视，对教学方法的创新，以及对学校管理策略的改进。通过这种持续的自我反思和创新，中小学才能够更好地适应教育环境的变化，为学生提供更加丰富和有效的学习体验。

三、责任共担：公共教育服务的主体意识

责任，是人的责任，是人之为人的道德。“责任是社会性个体间联结的内在基础，也是社会良性发展的道德基础。”①这说明责任本身的重要性，无论对于个体，还是对整个社会而言，责任都是具有基础作用的存在。我们也可以说，责任既有组织属性，又具有个体属性。

（一）组织主体责任与个体主体责任的相互融合

学校本身就是一种制度，学校的组织责任主要是一种制度责任，通过制度伦理的建设来创设公共教育服务的制度伦理环境；而组织的管理和教育行为的实施是靠人来实现的，这些特定的人员就是学校的管理者和教育者。管理者和教育者作为个体，具有个体应该承担的责任。

主体责任的组织属性表现为组织的责任意识与责任能力。对于一个组织来说，人们所追求的民主管理，必须以责任为道德基础。责任作为一种主体意识，具有不可替代性。在不同的社会领域，组织的责任意识具有不同的水平和特点。高度理性和自觉的责任是责任的最高境界，建立在对人存在本质的认识基础之上。在组织的成长和发展中，责任意识遵循从低水平的模糊状态向高水平的自觉理性状态发展的规律。

主体责任的个体属性表现为个体的责任感与责任行为。在中国传统儒家文化中，人存在的价值在于道德人格的形成。换句话说，儒家文化强调责任教育，并从本体论的高度来强调道德自律与社会责任感的重要性。但是中国封建社会严重影响了人的国民性，使中国人的性格相对保守。我们知道，自由和责任是相辅相成的。没有自由，就缺乏相应的责任感；缺乏责任感，就不会有负责任的行

① 宋晔.责任生成的道德内涵及其实现机制[J].南京师大学报(社会科学版)，2003，(4)：89.

为。因为个体所承担的社会角色的不同，责任的表现形式和内容也不同，也会因为个体对主客体关系认识的不同而发生变化。

（二）学校教育的内在属性需要组织责任的完善

组织责任通常可以体现组织的角色和功能。因此，学校作为服务于学生的组织，其责任的完善是学校教育的内在要求，也是学校的公共角色需要。学校教育的内在属性要求学校不仅要传授知识，更要培养学生的品德和社会责任感。

组织责任的完善是实现这一目标的基础。中小学作为基础教育的提供者，其组织责任的完善对于学生的成长至关重要。学校不仅要关注学生的学术成就，还要关注他们的身心健康和社会适应能力。这意味着学校需要提供全面的健康教育，包括心理健康支持和身体锻炼机会。

中小学作为开展精神性教育活动的组织，因其公共性、平等性和服务性的显著特征，对教育活动的对象——学生负有特别重要的责任。学校作为公共教育机构，必须确保所有学生，无论其背景如何，都能获得高质量的教育。这要求学校在资源分配、课程设计和教学方法上采取包容性策略，以满足不同学生的需求。

因此，学校产生和存在的意义注定了其负责任的内在属性，而中小学的基本人权性质更加彰显组织责任完善的关键作用。

（三）个体主体的职业特征需要个体责任的彰显

道义责任是个体对某种社会价值和规范认同的表现。校长和教师作为学校环境中的管理者和教育者，校长身份和教师身份作为一种职业的象征和符号，因为学校组织的特殊性而具有特殊的职业特征和职业规范。

党组织领导下的校长作为负有学校组织整体发展责任的领导者，是职业化的管理者。在现代化学校管理中，校长的角色定位越来越重要。斯佩克认为，校长应该扮演教育者、领导者和管理者三个角色。具体说，“校长以教育者的身份确定学校组织的性质及核心价值观，又以领导者的身份制定学校的发展规划，同时还以管理者的身份管理学校的工作。”[①]也就是说，校长作为一种职业，是三重

① 杨天平，孙孝花.校长：专业化教育者和职业化领导者的统一体[J].教育理论与实践，2004，(23)：19－23.

职业角色的汇聚者。

校长以其自身的职业特点与职业规范为学校相关主体提供直接或间接的公益性服务，学校相关主体包括教师群体、家长群体和学生群体等，而且除了获得物质报酬，校长以培养出素质高的人才作为内在动力和精神回报。校长职业需要领导力，也就是专门的领导知识和技能，要做好学校的管理，处理好教育领域内的上下级关系，同时也要处理好学校和家庭及社区等各方面的关系，以争取最广泛的办学支持。

对于教师来说，本真的教育过程是积极主动的，是与学生主体活动紧密相关的，学生应该有作为主体必须的自由，而不是被压制和压抑的受体。因为自由总是与责任相关联，没有了自由，责任也就无从谈起了。正如叶澜教授所说的，"自由、自主是责任产生的基础和根本前提……剥夺学生自由决定和自由创造的权利，也就取消了人们担负责任的内在根据"[①]。也就是说，自由意味着责任，责任产生于自由。

所以说，责任的组织属性决定了学校组织要为学生的自由选择和创造提供条件，责任的个体属性要求校长和教师在管理和教育活动中担负起应尽的责任，这样才有可能培养出能于负责和乐于负责的人才，这样的中小学才是为学生提供公共教育服务的场域。

四、多方合作：公共教育服务的责任

（一）公共与服务成为学校职能

在政府自觉发挥公共服务职能的时代背景下，义务教育必须有新的职能解读和新的责任内涵分析。中小学作为学生校园生活的主要场所，可以通过生活世界的构建，培养尊重与信任、负责与民主的学生公共人格；可以把为学生的自由发展提供公共教育服务作为学校伦理管理和自主办学的旨归，以此为原则进行制度伦理建设，使中小学成为公共教育服务意义上的伦理组织；还可以通过学校与学校之间的联盟与集团化办学，实现更高层次的资源共享与更加优质的公

① 鲁洁，逢贤.德育新论仁[M].南京：江苏教育出版社，2000：468.

共服务。

(二) 校长与教师履行自身责任

中小学校长作为党组织领导下的学校领导者,通过增强领导力建设,践行基于公共教育服务责任意义上的权力伦理,避免权力的异化,从而优化校长与教师、校长与学生以及校长与家长之间的伦理关系。

校长要将权力伦理转化为负责任的、服务性的实践。校长的服务意识与服务行为有利于构建人性化的教育环境,也有利于激发师生共同发展的理想追求。

中小学教师作为教育工作者,应该做到尽职尽责,具有教学伦理精神,用教师职业道德规范约束自身行为,通过教育智慧与关心、互动,在师生良性关系中体验责任的美好。

(三) 家长与社会承担合作责任

家长对于子女的养育与教育是一种原生性质的权利与责任,虽然近代以来公共教育的发展实现了家庭教育权利的转移,但是家长仍然拥有民主参与和监督学校教育的权利。因此,实现家校合作,既是为了形成教育合力,也是对家长权利的保障。此外,家长应该理性客观对待与孩子相关的事,经常与学校沟通,积极参与学校管理。真诚有效的沟通是搭建信任之桥的原材料,家长委员会、家校联系信箱和微信等都可以成为交流的平台,从而发挥家长和学校互相信任的教育合力,携手服务于学生的成长。

社会作为教育相关的一方,也有着自身应承担的责任,如助推良好社会风气的形成,秉持和谐共处的追求,拥有资源共享的开放心态,从而形成我们理想中的“大教育社区”。这样以中小学为依托形成的教育社区,可以充分发挥中小学的公信力,实现学校、家庭、社会的良性互动。

总之,要发挥中小学公共教育服务职能的最优化和公共利益的最大化,需要实现多方共担责任。

主要参考文献

Reference

中文文献

译著

[1] [古希腊] 亚里士多德.尼各马科伦理学[M]//苗力田译.亚里士多德选集：伦理学卷.北京：中国人民大学出版社，1999.

[2] [古希腊] 亚里士多德.政治学[M].吴寿彭译.北京：商务印书馆，1983.

[3] [古希腊] 柏拉图.理想国[M].郭斌和等译.北京：商务印书馆，1986.

[4] [苏] B.A.苏霍姆林斯基.把整个心灵献给孩子[M].唐其慈等译.天津：天津人民出版社，1981.

[5] [俄] 巴赫金.诗学与访谈[M].白春仁等译.石家庄：河北教育出版社，1998.

[6] [英] 伯特兰・罗素.权力论[M].靳建国译.北京：东方出版社，1988.

[7] [美] 戴维・波普诺.社会学[M].李强等译.北京：中国人民大学出版社，2007.

[8] [美] 杜威著.民主主义与教育[M].王承绪译.北京：人民教育出版社，2001.

[9] [德] 斐迪南・滕尼斯.共同体与社会[M].张巍卓译.北京：商务印书馆，1999.

[10] [美] 乔治・弗雷德里克森.公共行政的精神[M].张成福等译.北京：中国人民大学出版社，2003.

[11] [德] 汉娜・阿伦特.人的条件[M].竺乾威译.上海：上海人民出版社，1999.

[12] [美] 珍妮特・V.登哈特,罗伯特・B・登哈特.新公共服务:服务,而不是掌舵[M].丁煌译.北京:中国人民大学出版社,2004.

[13] [美] 詹姆斯・M.布坎南.公共财政[M].赵锡军等译.北京:中国财政经济出版社,1991.

[14] [加] 金里卡.当代政治哲学[M].刘莘译.上海:上海译文出版社,2011.

[15] [美] 约翰・罗尔斯.政治自由主义[M].万俊人译.南京:译林出版社,2000.

[16] [美] 约翰・罗尔斯.正义论[M].何怀宏等译.北京:中国社会科学出版社,1988.

[17] [美] 科恩著.论民主[M].聂崇信等译.北京:商务印书馆,1988

[18] [捷克] 夸美纽斯 J.A.大教学论[M].傅仁敢译.北京:人民教育出版社,1979.

[19] [加] 莱纳兹.教育的各种职能[M] //霍葆奎主编.教育学文集・教育与社会发展.北京:人民教育出版社,1989.

[20] [法] 卢梭.社会契约论[M].何兆武译.北京:商务印书馆,2003.

[21] [法] 卢梭.社会契约论[M].李平沤译.北京:商务印书馆,1980.

[22] [法] 莱昂・狄骥.公法的变迁[M].郑戈译.沈阳:辽海出版社,1999.

[23] [美] 欧文・拉兹洛,王宏昌等.布达佩斯俱乐部全球问题最新报告——第三个 1000 年[M].王宏昌等译.北京:社会科学文献出版社,2004.

[24] [美] 托马斯・J.萨乔万尼.道德领导抵及学校改善的核心[M].冯大鸣译.上海:上海教育出版社,2003.

[25] [美] 托马斯・J.萨乔万尼.校长学:一种反思性实践观[M].张虹译.上海:上海教育出版社,2004.

[26] [美] 特里・L.库珀.行政伦理学——实现行政责任的途径(第五版)[M].张秀琴译.北京:中国人民大学出版社,2010.

[27] 联合国教科文组织.学会生存[M].北京:教育科学出版社,1996.

[28] [美] W.理查德・斯科特.制度与组织——思想观念与物质利益[M].姚伟等译.北京:中国人民大学出版社,2008.

[29] [德] 雅斯贝尔斯.什么是教育[M].邹进译.北京:生活・读书・新知三联书店,1991.

[30] [日] 筑波大学教育学研究会编.现代教育学基础[M].钟启泉译.上海：上海教育出版社，2003.
[31] 涂尔干.职业伦理与人民道德[M].渠敬东译.北京：商务印书馆，2015.

原著

[32] 崔欣伟.学校责任教育论纲[M].北京：中国社会科学出版社，2012.
[33] 崔宜明.道德哲学引论[M].上海：上海人民出版社，2006.
[34] 褚宏启等.走向校长专业化[M].上海：上海教育出版社，2009.
[35] 陈振明等.公共服务导论[M].北京：北京大学出版社，2011.
[36] 程大中.生产者服务论—兼论中国服务业发展与开放[M].北京：文汇出版社，2006.
[37] 程东峰.责任伦理导论[M].北京：人民出版社，2010.
[38] 杜凡.转型社会公正问题研究[M].北京：知识产权出版社，2012.
[39] 傅树京.教育管理学导论[M].北京：原子能出版社，2007.
[40] 樊浩等.教育伦理[M].南京：南京大学出版社，2000.
[41] 甘绍平.应用伦理学前言问题研究[M].南昌：江西人民出版社，2002.
[42] 甘绍平.人权伦理学[M].北京：中国发展出版社，2009.
[43] 高兆明.伦理学理论与方法[M].北京：人民出版社，2013.
[44] 高兆明.制度伦理研究——一种宪政正义的理解[M]北京：商务印书馆，2011.
[45] 龚怡祖.当代教育行政管理[M].北京：北京大学出版社，2009.
[46] 何怀宏.伦理学是什么[M].北京：北京大学出版社，2008.
[47] 胡训玉.权力伦理的理念建构[M].北京：中国人民公安大学出版社，2010.
[48] 黄建中.比较教育学[M].济南：山东人民出版社，1998.
[49] 黄崴.主体性教育论[M].贵阳：贵州人民出版社，1997.
[50] 李建华.伦理学与公共事务[M].北京：北京大学出版社，2010.
[51] 李建华.行政伦理导论[M].长沙：中南大学出版社，2005.
[52] 李萍.伦理学基础[M].北京：首都经济贸易大学出版社，2004.
[53] 李伟.我国基本公共服务均等化研究[M].北京：经济科学出版社，2010.

[54] 李仁武.制度伦理研究——探寻公共道德理性的生成路径[M].北京：人民出版社,2009.
[55] 劳凯声主编.中国教育改革30年(政策与法律卷)[M].北京：北京师范大学出版社,2009.
[56] 刘次林.幸福教育论[M].北京：人民教育出版社,2003.
[57] 林崇德.教育与发展[M].北京：北京师范大学出版社,2002.
[58] 林群生.教育是一项“治心”的艺术[M].北京：光明日报出版社,2011.
[59] 蔺雷,吴贵生.服务创新(第2版)[M].北京：清华大学出版社,2007.
[60] 马和民.新编教育社会学[M].上海：华东师范大学出版社,2009.
[61] 倪愫襄.制度伦理研究[M].北京：人民出版社,2008.
[62] 彭澎.政府角色论[M].北京：中国社会科学出版社,2002.
[63] 彭未名.交往德育论[M].太原：山西教育出版社,2005.
[64] 曲创.公共物品的公共性与公共支出研究[M].北京：经济科学出版社,2010.
[65] 任杰.服务能力[M].北京：人民出版社,2005.
[66] 沙莲香.社会心理学[M].北京：中国人民大学出版社,2011.
[67] 石国亮,张超,徐子梁.国外公共服务理论与实践[M].北京：中国言实出版社,2011.
[68] 史万兵.教育行政管理[M].北京：教育科学出版社,2005.
[69] 田秀云.伦理学概论[M]北京：科学出版社,2009.
[70] 檀传宝.教师伦理学专题——教育伦理范畴研究[M].北京：北京师范大学出版社,2003.
[71] 魏志春.公共事业管理[M].上海：上海教育出版社,2004.
[72] 万俊仁.现代公共管理伦理导论[M].北京：人民出版社,2005.
[73] 王爱冬.政治权力论[M].保定：河北大学出版社,2003.
[74] 王道俊等.教育学[M].北京：人民教育出版社,2002.
[75] 王海明等.美德伦理学[M].北京：北京出版社,2011.
[76] 汪晖等.文化与公共性[M].北京：生活·读书·新知三联书店,2005.
[77] 王丽华.服务管理[M].北京：中国旅游出版社,2007.
[78] 王强.政府治理的现代视野[M].北京：中国时代经济出版社,2010.

[79] 徐辉.当代国外基础教育改革[M].重庆：西南师范大学出版社，2001.

[80] 辛鸣.制度论——关于制度哲学的理论建构[M].北京：人民出版社，2005.

[81] 袁建辉.政府公共服务中的伦理关系研究[M].长沙：湖南大学出版社，2011.

[82] 朱水萍.教师伦理——现实样态与未来重构[M].南京：南京大学出版社，2014.

[83] 张康之.公共生活的发生[M].北京：高等教育出版社，2010.

[84] 张康之等.共同体的进化[M].北京：中国社会科学出版社，2012.

[85] 张康之.公共管理伦理学[M].北京：中国人民大学出版社，2003.

[86] 张康之.行政伦理学[M].北京：中央广播电视大学出版社，2005.

[87] 张康之.寻找公共行政的伦理视角[M].北京：中国人民大学出版社，2002.

[88] 张康之.公共行政的哲学与伦理[M].北京：中国人民大学出版社，2004.

[89] 郑杰.改造学校待何时："另类"校长一家言[M].上海：华东师范大学出版社，2006.

辞书

[90] 井敏.服务型政府概念辨析[M]//谢庆奎，佟福玲.服务型政府与和谐社会.北京：北京大学出版社，2006.

[91] 中国大百科全书总编辑委员会《教育》编辑委员会.中国大百科全书·教育[M].北京：中国大百科全书出版社，1985.

[92] [英] 伊特韦尔等主编.新帕尔格雷夫经济学大辞典(第三卷)K-P[M].北京：经济科学出版社，1992.

期刊论文

[93] 陈大超，吕迎亮.中小学校长践行道德领导的路径[J].辽宁师范大学学报(社会科学版)，2011(6).

[94] 陈心慧.公共物品和公共服务的概念与范围的厘定[J].科教文汇，2008(27).

[95] 褚宏启.我们需要什么样的现代学校制度[J].教育研究,2004(12).
[96] 褚宏启.政府与学校的关系重构[J].教育科学研究,2005(1).
[97] 晁罡,程鹏,鲁常玉.西方商业伦理教育沿革及影响研究[J].华南理工大学学报(社会科学版),2012(3).
[98] 程东峰.责任:世俗社会的伦理[J].中国工人,2011(3).
[99] 程亮.学校的公共建构:基于人民教育的反思[J].教育发展研究,2013(6).
[100] 底特利希·本纳,彭正梅.论现代教育学的若干成就[J].基础教育,2013(4).
[101] 董翔薇,贾鹏飞.论行政主体的责任伦理建设[J].齐齐哈尔大学学报(哲学社会科学版),2012(2).
[102] 董文军.市场经济与学校的非教育职能膨胀[J].教育理论与实践,1994(6).
[103] 傅树京.发展多元化服务主体:公共教育改革的路径选择[J].中国行政管理,2007(11).
[104] 冯俊,张运来,崔正.服务概念的多层次理解[J].北京工商大学学报(社会科学版),2011(2).
[105] 郭凤英,邢永富.个体自由与国家共同善的和谐——T.H.格林的积极国家教育职能观分析[J].教育理论与实践,2014(34).
[106] 郭元祥."回归生活世界"的教学意蕴[J].全球教育展望,2005(9).
[107] 高鸿源.教育家校长的职业责任伦理与社会责任伦理[J].中国教育学刊,2010(9).
[108] 高振杨.政府与人民关系的历史逻辑[J].南京工业大学学报(社会科学版),2008(1).
[109] 贺武华.略论义务教育发展与政府职能拓展[J].教育发展研究,2005(2).
[110] 韩少华.专业伦理:校长专业发展的应然内涵[J].现代远距离教育,2008(3).
[111] 韩玉璞.道德重构的制度伦理之维[J].教育理论与实践,2013 (25).
[112] 侯建新,张晓晗.家庭教育:英国近代初等教育的催生剂[J].天津师范大学学报(社会科学版),2010(6).

［113］ 霍海洪，戴双翔.优良道德：教学伦理价值的时代诉求［J］.全球教育展望，2008（7）.
［114］ 黄清霞.论伦理型学校的建设［J］.基础教育研究，2014（11）.
［115］ 黄崴.西方古典组织理论及其模式在教育管理中的运用与发展［J］.华南师范大学学报（社会科学版），2000（6）.
［116］ 黄崴.20世纪西方教育管理理论及其模式的发展［J］.华东师范大学学报（教育科学版），2001（1）.
［117］ 黄永刚，张健华.关于中国传统师德的批判与继承［J］.道德与文明，2001（4）.
［118］ 金起文，吴英旗.公共服务型政府的内涵及其特征研究［J］.集团经济研究，2007（30）.
［119］ 靳希斌.论教育服务及其价值［J］.教育研究，2003（1）.
［120］ 金生鈜.为什么要塑造学校的道德文化——学校作为一个道德共同体的再道德化思考［J］.西北师大学报（社会科学版），2005（7）.
［121］ 金生鈜.保卫教育的公共性［J］.教育研究与实验，2007（3）.
［122］ 江国华.权力秩序论［J］.时代法学，2007（2）.
［123］ 江来登.中学校长权力伦理建设论［J］.湖南社会科学，2005（4）.
［124］ 李保强，陈忠伟.教师责任范畴：内涵、外延及其架构［J］.教育科学研究，2013（5）.
［125］ 李保强，马婷婷.公共教育服务的概念及其体系架构分析［J］.教育理论与实践，2014（7）.
［126］ 李彩虹.学校场域中非课堂教学空间的权力与控制［J］.中国教师，2014（15）.
［127］ 李高海.论角色视阈下的中小学校长职责［J］.科教导刊，2013（14）.
［128］ 李玲馨.教育公共性与有为政府分析［J］.阜阳师范学院学报（社会科学版），2010（1）.
［129］ 李润洲.学校场域中人民人格的文化建构［J］.教育发展研究，2012（2）.
［130］ 李文汇.人民权利与国家权力关系之法理分析［J］.社会主义研究，2000（3）.
［131］ 李西顺.服务价值：公共教育之吁求［J］.现代教育管理，2010（11）.

[132] 李朝祥.政府公共服务职能的市场化[J].广西社会科学,2003(4).
[133] 廖哲勋.我对当代课程本质的看法(上)[J].课程·教材·教法,2006(7).
[134] 鲁洁.教育：人之自我建构的实践活动[J].教育研究,1998(9).
[135] 卢艳红.从哲学的意义世界到道德教育的意义世界[J].教育理论与实践,2008(11).
[136] 陆岩,乔长水.和谐校园文化的内涵分析[J].思想政治教育研究,2008(1).
[137] 刘东杰.公共管理者角色转换：概念、类别[J].领导科学,2012(8).
[138] 刘圣中.私人性与公共性——公共权力的两重属性及其归宿[J].浙江学刊,2003(2).
[139] 刘选,张兴华.基于服务科学学科的服务概念界定[J].甘肃科技,2008(12).
[140] 劳凯声.人文社会科学研究的问题意识、学理意识和方法意识[J].北京师范大学学报(社会科学版),2009(1).
[141] 劳凯声.教育体制改革的公益性诉求[J].理论视野,2008(7).
[142] 马海永.迷失与追寻：校长管理伦理取向探究[J].教育管理研究,2008(5).
[143] 马蒙蒙.基于关怀理论视角对职业学校德育工作的思考——读内尔·诺丁斯的《学会关心——教育的另一种模式》[J].交通职业教育,2010(1).
[144] 孟繁华,田汉族.走向合作：现代学校组织的发展趋势[J].教育研究,2007(12).
[145] 孟旭,张树青.关于服务定义研究视角的探讨[J].商业时代,2009(15).
[146] 倪愫襄.商业伦理的基本原则及其建设[J].长沙理工大学学报(社会科学版),2004(3).
[147] 邱兴,邵英侠.现代学校制度与家长教育权利[J].四川教育学院学报,2006(01).
[148] 孙锦明,袁新海.校长责任：一个亟待重视和研究的问题[J].教学管理,2004(11).
[149] 孙秀艳.我国建立服务型政府理论的研究述评[J].中共福建省委党校学报,2004(4).

[150] 教军章.公共制度意义建构的诠释维度[J].行政论坛，2014(02).
[151] 宋晔.责任生成的道德内涵及其实现机制[J].南京师大学报(社会科学版)，2003(04).
[152] 杨天平，孙孝花.校长：专业化教育者和职业化领导者的统一体[J].教育理论与实践，2004(23).
[153] 石一.论学校道德领导[J].教学与管理，2004(10).
[154] 鄯爱红.公共服务的伦理内涵与价值[J].中国特色社会主义研究，2006(4).
[155] 沈璿.主体间性视阈下教师责任伦理的探究[J].当代教师教育，2009(4).
[156] 邵晓枫，廖其发.我们究竟需要什么样的师生关系——对我国当代师生关系理论构建的思考[J]. 教育理论与实践，2007(10).
[157] 田秀云，白臣.当代中国责任伦理研究的回顾与展望[J].伦理学研究，2010(3).
[158] 唐松林，刘静.教育社区：一个学校教育与大众生活的融通模型思考[J].湖南科技大学学报(社会科学版)，2014(1).
[159] [美]沃尔特·范伯格.重思公共教育的作用[J].陈佳译.复旦教育论坛，2011(2).
[160] 王枬，黄健毅.广西边境学校职能现状的调查研究[J].教育研究，2011(3).
[161] 王娟.服务型政府的内涵和要求[J].郧阳师范高等专科学校学报，2007(2).
[162] 王策三.教育主体哲学当议[J].北京师范大学学报(社会科学版)，1994(4).
[163] 王道俊.关于教育的主体性问题[J].教育研究与实验，1996(2).
[164] 王家军.学校管理制度伦理论略[J].教育理论与实践，2011(2).
[165] 王桃英.伦理管理——学校组织管理新趋势[J].教育导刊，2009(10).
[166] 王啸.教育人学内涵探析[J].华东师范大学学报(教育科学版)，2006(3).
[167] 王晓辉.关注教育平等[J].教育学报，2005(3).
[168] 王延东.责任伦理：对教师责任与良心的重新审视[J].教学与管理，2012(4).

［169］ 王岳喜，李洪星.平等对话：哲学解释学视域中的师生关系［J］.中国成人教育，2013(3).
［170］ 肖川，李玉侠.生命化教育视野下的课堂教学［J］.衡水学院学报，2011(2).
［171］ 肖川.瞭望“生命教育”的风景线［J］.福建论坛，2009(1).
［172］ 项亚光.营造学习型社区教育策略和规划探析［J］.外国中小学教育，2006(10).
［173］ 许杰.教育分权：公共教育体制范式的转变［J］.教育研究，2004(2).
［174］ 谢凌凌.基本公共教育服务体系：一个理论框架的构建［J］.教育学术月刊，2012(8).
［175］ 谢兰荣.学校职能再认识［J］.教育研究与实验，1991(3).
［176］ 邢红军.再论中国基础教育课程改革：方向迷失的危险之旅［J］.教育科学研究，2011(10).
［177］ 邢永富.服务型政府背景下的教育服务性［J］.中国教育学刊，2009(2).
［178］ 邢永富.教育公益性原则略论［J］.北京师范大学学报(人文社会科学版)，2001(2).
［179］ 邢永富.“公共教育”是现代教育的本体制度［J］.国家教育行政学院学报，2012(11).
［180］ 邢永富，吕秋芳.“和谐教育”重在组织和制度创新［J］.首都师范大学学报(社会科学版)，2006(4).
［181］ 邢永富.应为学校留下道德实践空间——写在我国“侵权责任法”施行之际［J］.北京电子科技学院学报，2010(3).
［182］ 叶飞.“权利优先”抑或“责任优先”——对当代人民教育价值取向的反思［J］.高等教育研究，2012(3).
［183］ 叶飞.学校公共生活的建构与人民品质的教育［J］.中小学德育，2012(1).
［184］ 叶飞，楚燕.道德教育：从日常生活走向自觉的文化生活［J］.全球教育展望，2009(2).
［185］ 叶忠.学校与政府关系的转型：从国家管理到公共治理［J］.教育科学研究，2009(08).
［186］ 余世喜.公共服务型政府的内涵及其分析基础［J］.暨南学报(哲学社会科

学版),2007(3).
[187] 于燕燕.政府在社区服务中的作用[J].北京社会科学,2006(S1).
[188] 姚尚建.在德性与理性之间——西方政府的文化传统与功能指向[J].广东行政学院学报,2007(5).
[189] 杨光飞.企业伦理：意涵及其功能[J].伦理学研究,2005(6).
[190] 杨慧敏.美国家长参与学校教育情况透视[J].外国中小学教育,2004(10).
[191] 杨建军.论中国古代国家职能[J].沈阳师范大学学报(社会科学版),2010(4).
[192] 杨丽敏.浅析教育职能和教育功能[J].中国劳动关系学院学报,2010(3).
[193] 杨启光,陈明选.家庭与学校教育改革的关系：西方的经验与中国的问题[J].华东师范大学学报(教育科学版),2011(12).
[194] 周益霞,申鸣.农村中小学教育职能转变探析——农村留守儿童教育问题研究[J].现代中小学教育,2011(1).
[195] 周义程.公共利益、公共事务和公共事业的概念界说[J].南京社会科学,2007(1).
[196] 周勇.论责任、企业责任与企业社会责任[J].武汉科技大学学报(社会科学版),2003(4).
[197] 曾坚.对中国人民权利意识的历史考察及反思[J].贵州大学学报(社会科学版),2001(1).
[198] 朱金瑞.当代中国企业伦理的研究历程及若干热点问题述评[J].中州学刊,2007(1).
[199] 朱利霞.转型期西方公共教育发展前瞻[J].教育发展研究,2006(11).
[200] 朱小蔓,刘贵华.功能·环境·制度——基于生态理念的现代学校制度建设[J].华东师范大学学报(教育科学版),2006(2).
[201] 庄丽娟.服务定义的研究线索和理论界定[J].中国流通经济,2004(9).
[202] 赵苗苗,侯怀银.学校职能的冲突与融合[J].教育理论与实践,2011(11).
[203] 赵新宇,范欣.教育影响幸福吗？——基于中国问卷调查数据的实证研究[J].吉林大学社会科学学报,2014(1).
[204] 张康之.限制政府规模的理念[J].行政论坛,2000(4).

[205] 郑巧.义务教育均衡推进:公共服务型政府的选择[J].福州党校学报,2007(2).
[206] 郑淑娟.论责任伦理的价值——基于新公共服务范式对自由裁量权规制理路的解读[J]. 中国石油大学学报(社会科学版),2008(3).
[207] 郑信军,吴琼琼.论教师的教学伦理敏感性及其发展[J].教育研究,2013(4).
[208] 从立新.知识、经验、活动与课程的本质[J].北京师范大学学报(社会科学版),1998(4).

学位论文

[209] 何鹏程.教育公共服务体系构建研究——以上海实践为例[D].华东师范大学,2012.
[210] 孔令军.转型时期中国企业社会责任研究[D].吉林大学,2008.
[211] 刘厚金.我国政府转型进程中的公共服务研究[D].华东师范大学,2007.
[212] 苏令.校长服务论——校长角色定位及服务能力研究[D].南京师范大学,2004.
[213] 孙锦明.中学校长领导力研究[D].华东师范大学,2009.
[214] 师月月.我国中小学校长道德领导价值及实现途径研究[D].首都师范大学,2013.
[215] 田润峰.论秩序[D].陕西师范大学,2002.
[216] 吴景松.政府职能转变视野中的公共教育治理范式研究[D].华东师范大学,2008.
[217] 王慧.服务型政府背景下的学校教育服务[D].首都师范大学,2009.
[218] 徐金海.领导转型:校长领导伦理的寻求与建构[D].南京师范大学,2011.
[219] 周兰领.论政府与公立学校的行政法律关系[D].中国政法大学,2007.
[220] 张弘弘.新课程改革视角下教学伦理的缺失与构建[D].山西师范大学,2014.
[221] 邓凡.中小学管理中的伦理价值研究[D].广西师范大学,2008.
[222] 毕宏君.小学教师管理制度有效性的个案研究[D].山东师范大学,2008.

政策

[223] 中国教育改革和发展纲要[J].中国高等教育，1993(04).

[224] 中华人民共和国教育法[EB/OL].(1995 - 03 - 18)[2013 - 09 - 15]. http://www.moe.gov.cn/publicfiles/business/htmlfiles/moe/moe_619/200407/1316.html

[225] 义务教育法[EB/OL].(2006 - 06 - 15)[2013 - 09 - 15]. http://www.moe.gov.cn/publicfiles/business/htmlfiles/moe/moe_619/200606/15687.html

[226] 国务院.国家中长期人才发展规划纲要(2010—2020年)[EB/OL].(2010 - 06 - 06)[2013 - 09 - 15].http://www.gov.cn/jrzg/2010-06/06/content_1621777.htm

[227] 国务院.国家基本公共服务体系“十二五”规划[EB/OL].(2012 - 07 - 11)[2013 - 09 - 15]. http://www.gov.cn/zwgk/2012-07/20/content_2187242.htm

[228] 国务院关于深入推进义务教育均衡发展的意见[EB/OL].(2012 - 09 - 05)[2013 - 09 - 15]. http://www.gov.cn/zhengce/content/2012-09/07/content_5339.htm

[229] 关于深化教育改革全面推进素质教育的决定[EB/OL].(1999 - 06 - 13)[1999 - 06 - 17]. https://www.gmw.cn/01gmrb/1999-06/17/GB/18090%5EGM1-1706.HTM

[230] 习近平：高举中国特色社会主义伟大旗帜 为全面建设社会主义现代化国家而团结奋斗——在中国共产党第二十次全国代表大会上的报告[EB/OL].(2022 - 10 - 16)[2022 - 10 - 25]. https://www.gov.cn/xinwen/2022-10/25/content_5721685.htm

[231] 国务院.关于构建优质均衡的基本公共教育服务体系的意见[EB/OL].(2023 - 06 - 13)[2023 - 06 - 30].https://www.gov.cn/gongbao/2023/issue_10546/202306/content_6888957.html

[232] 新华社.习近平在全国教育大会上强调 紧紧围绕立德树人根本任务 朝着建成教育强国战略目标扎实迈进[EB/OL].(2024 - 09 - 09)[2024 - 09 - 10]. https://www.cac.gov.cn/2024-09/10/c_1727654609245631.htm

[233] 中共中央关于教育体制改革的决定[EB/OL].(1985 - 05 - 27)[2013 - 09 - 15]. http://www.moe.edu.cn/publicfiles/business/htmlfiles/moe/moe_177/200407/2482.html

外文文献

[234] Donnelley S, Jonas H. the Philosophy of Nature and the Ethics of Responsibility[J].Social Research, 1989.

[235] Dewey J. Democracy and Education [M]. New York: The Free Press, 1916.

[236] Fenstermacher G. D., et al. The Elicitation and Reconstruction of Practical Arguments in Teaching[J].Journal of Curriculum Studies, 1993.

[237] Goold A, Coldwell J. Teaching ethics in a virtual classroom[A]//In Proceedings of the 10th Annual SIGCSE Conferene on innovation and Technology in Computer Science Education. ITICSE '05[C], 2005.

[238] Gui-lin L, Ling-wen Y. The Professional Ethics of Teachers in the Primary and Secondary Schools: Issues and Strategy[J]. Journal of Zhaotong Teacher's College, 2008.

[239] Higgins C, Abowitz K. What Makes a Public School Public? A Framework for Evaluating the Civic Substance of Schooling [J]. Educational Theory, 2011.

[240] Ji-xing C. Responsibility for students, the important content of teacher's vocational ethics [J]. Journal of Fujian Agriculture and Forestry University(Philosophy and Social Sciences), 2006.

[241] Lawlor R. Moral theories in teaching applied ethics [J]. Journal of Medical Ethics, 2007.

[242] Luckowski J. A. A Virtue-Centered Approach to Ethics Education[J]. Journal of Teacher Education, 1997.

[243] McGrory K. Ethics in teaching: Putting it together[J].New Directions for Teaching and Learning, 1996.

[244] McKerrow K.Ethical Administration：An Oxymoron? [J].Journal of School Leadership，1997.

[245] Slote M.From Morality to Virtue[M].New York：Oxford University Press，1991.

[246] Biesta G. Learning from Levinas：A response[J].Studies in Philosophy and Education，2003.

[247] Mikitka Gomez K. F.，Holowach K. Ethics in Teaching and Learning [J].Issues in Teacher Education，2013.

[248] Fraser C，Robins D，et al. Ethics in early china：an anthology [M]. Hong Kong：Hong Kong University Press，2011.

[249] Hirst P. Democracy and Governance [A]//Pierre J. Debating Governance[C].New York：Oxford University Press，2000.

[250] Puiu S. Role Of Ethics In Teaching Institutions [J]. General Information，2014.

[251] Rich J. M. Professional Ethics Instruction in Teacher Education[J]. Education Digest，1986.

[252] Rhodes R. A. W. The New Governance：Governing without Government? [J].Political Studies，1996.

[253] Sergiovanni T.J.Refocusing Leadership：to Build Community[J].The High School Magazine，September，1999.

[254] Xuan S. On Teacher's Responsibility Ethics from the Perspective of Intersubjectivity[J]. Contemporary Teacher Education，2009.

[255] Audi R. Practical Reasoning and Ethical Decision[M]. New York：Routledge，2005.

索引

Index

后记

Postscript

光阴似箭，在博士论文基础上修改和完善的拙著即将付梓之际，回忆过往，由于对学术的敬畏感与置身于学术的崇高感，我没有想象中的解脱和释然。但是，在灵魂深处，我却被喜悦与感恩包裹着。略作叙述，是以为记。

2015 年，论文完成之际，北京已是洒满阳光、绿意盎然的季节，无法阻挡的生机似乎预示着一段新生活的开始。在学习与工作交错的日子里，在南方与北方的位移中，生命也在四十多载的季节轮回中延展。回顾走过的岁月，既有痛苦与快乐的交织，也有理想与现实的调和，是痛并快乐着的一万多个日日夜夜。一路走来，在我生命里出现的人和事，都成为我生命的底色，带给我温暖、豁达、历练与成长。

2012 年，感恩首都师范大学给予不惑之年的我攻读博士学位的机会，感谢教育学院对我的接纳与教导，而能师从我的导师邢永富先生，更是我今生之大幸！问学于恩师门下，我不仅在学术上受到洗礼，也开启自我的理性蜕变。恩师在我国教育学原理和哲学方法论领域的造诣人所共知；恩师的博学与严谨、仁爱与宽厚、包容与豁达都深深印在脑海中，成为我前行的动力与为学的楷模。整个求学期间，从逻辑思维的训练，到哲学本体的追问，恩师循循善诱、不厌其烦；从论文开题到构思到写作，恩师在繁重的教学、科研工作之余，给我以悉心的指导和帮助；尤其是在恩师身体不适的日子里，还忍着病痛给予我面对面的指导。每每想起这些，我都满是愧疚与感动，唯有尽力将论文写好来报答恩师的教诲。将论文公开出版，是一直以来的想法，由于种种原因，拖了这么久。恩师已仙逝，思念心痛之余，他对我国公共教育服务的持续关注和深入研究，他对教育公益性的独到见解，让我终生难忘。由于本人的愚钝和学术功底浅薄，只能在拙著中些许体现恩师高屋建瓴的指引。

感谢康老师在我导师生病期间、于繁忙的工作之中毅然承担我们师门三位同学的论文指导工作。与康老师的结缘，让我感受到了她治学的严谨与负责，为人的坦诚与体贴，工作生活的和谐与优雅。

感谢吕师母，她用热心与关爱为我们记录下一个个美丽瞬间；感恩她乐观开朗、追寻本真的人生态度带给我的触动与反思。感谢我的硕士生导师和师母多年来给予我的帮助和指点，无论学习、工作还是女儿的教育，我都从他们那里学到很多、收获很多。

感谢我所有博士学位课程的授课老师，他们凭借在各自研究领域中的智慧与造诣拓展了我的学术视野，陶冶了我的思维品质，锻造了我的学术素养，带给我无数次的震撼与启迪；感谢学院两位李老师的关心与照顾；感谢首都师范大学和教育学院为学生们提供服务和帮助的所有教职员工们，是他们为我们的学习生活提供便捷和保障，为我们的安全付出艰辛和汗水。

感谢各位教授在我论文开题时给出的宝贵意见和建议，这些都为论文的最终定稿奠定了基础。

感谢同门郑师兄一直以来给予我学术上的鼓励与帮助，感谢他对我论文写作的指点迷津、生活的关照问候；感谢张师妹陪伴我的时光和给予我的帮助，这将是我生命中的一段美好回忆；感谢师兄弟姐妹们在三年学习生活中带给我的友谊和快乐；感谢刘博士经常的问候与交流，使我受益匪浅；感谢博士、硕士师弟师妹等学友的陪伴与交流。

还要特别感谢两位同学，朱学妹和房学妹。读博期间，她们给予我莫大的帮助与关心。无数次漫步操场，无数次深夜畅谈，无数次学业指点，无数次相约就餐……因为有了她们的陪伴，三年的学习生活不再枯燥与孤单。一个聪明正直、理性豁达、幽默热情；一个执着认真、积极上进、理性规划，她们深深感染着我，她们的友谊是我今生的财富！

要感谢的人还有很多很多，他们的友情与亲情，他们的疼爱与关心，他们的鼓励与陪伴，他们的倾听与建言，他们的理解与支持，是支撑我前行的力量，在此一并表示感谢！

最后要感谢的是我年迈的婆婆和父亲，没有他们帮我照顾女儿，我无法安心完成三年的博士学习；还要感谢能干的先生，既要经营公司为我和女儿提供物质支持，还要频繁奔波于山东和上海两地照顾女儿；非常感谢我的女儿，初中四年我有一半的时间不在她身边，想起来深感愧疚。女儿的阳光与率真、懂事与体贴，让我的生活多彩与幸福！看到已然亭亭玉立、一米七多的个头、瞬间就会让快乐满溢的女儿，多年的家庭付出与追求梦想的艰辛再也不是事儿！

本著作是我三年首师大学习生活的浓缩与再现，对公共教育服务的思考还在进行，对责任伦理的追问还在继续。尽管尚有不足与缺憾，但背后凝结的是浓浓的师情、友情和亲情！学位的获得是一个阶段的结束，却是真正做学问的开始；将著作公开发表，是学术道路上的又一次跨越。

路漫漫，吾将求索不止！

郭凤英

2024 年 9 月

当郭老师告知我，要对博士学位论文进行修改并尝试出版时，我真心为她高兴，希望她得偿所愿，不负梦想，不负未来。由于论文完成于 2015 年，距今九年有余，在这期间，教育领域已出现诸多新理念、新概念和新方法，故有必要“观古宜鉴今”。因我有教育学和管理学背景以及从事过公共管理学博士后研究工作，有幸全程参与修改她的博士学位论文。作为一个学术新人，我以新时代的学术思维来研读论文，重点对论文的论证逻辑和文字表述进行修改。

郭晓琳

2024 年 9 月